国家社会科学基金项目"资源约束下的现代农业建设研究"
（项目编号:07BJL025）

国家哲学社会科学基金重点项目"国际粮价波动及其对中国粮食安全影响研究"（12AJY007）

资源约束、国际粮价波动与中国粮食安全

高　峰　王学真　公茂刚　著

人民出版社

责任编辑:宫 共
封面设计:源 源
责任校对:徐林香

图书在版编目(CIP)数据

资源约束、国际粮价波动与中国粮食安全/高峰,王学真,公茂刚 著. —北京:
 人民出版社,2021.6
ISBN 978-7-01-023328-4

Ⅰ.①资… Ⅱ.①高… ②王… ③公… Ⅲ.①粮食问题-研究-中国
Ⅳ.①F326.11

中国版本图书馆 CIP 数据核字(2021)第 065242 号

资源约束、国际粮价波动与中国粮食安全

ZIYUAN YUESHU GUOJI LIANGJIA BODONG YU ZHONGGUO LIANGSHI ANQUAN

高 峰 王学真 公茂刚 著

人民出版社 出版发行
(100706 北京市东城区隆福寺街 99 号)

环球东方(北京)印务有限公司印刷 新华书店经销

2021 年 6 月第 1 版 2021 年 6 月北京第 1 次印刷
开本:710 毫米×1000 毫米 1/16 印张:20.25 字数:300 千字

ISBN 978-7-01-023328-4 定价:58.00 元

邮购地址 100706 北京市东城区隆福寺街 99 号
人民东方图书销售中心 电话 (010)65250042 65289539

目　录

引　言

一、研究背景

中国有句俗语，叫作"民以食为天，食以粮为本"，充分体现了粮食在人们的生存、生活中的重要性。美国前国务卿基辛格也曾说过一句话，"谁控制了石油，谁就控制了所有国家；谁控制了粮食，谁就控制了人类；谁掌握了货币发行权，谁就掌握了世界"。这句话充分体现了粮食的重要作用和战略意义，将粮食看作了与石油、货币发行权同等重要的控制人类和世界的重要武器。粮食的问题，实际就是粮食安全的问题。粮食安全是指确保任何人在任何时候既有充足的粮食供应又能够获得为了生存和健康所必需的足够的既安全又有营养的食物，其本质是既要保证粮食供应充足又要确保每个人都有能力得到足够的粮食。资源约束以及国际粮食价格变化会导致粮食供需波动进而影响粮食安全。

（一）资源约束方面

农业资源约束是我国现代农业建设中的一个重要问题，城市化、工业化和国际化是我国经济发展的三大趋势。

我国农业自然资源的特征是总量比较丰富而人均占有量较小。目前，我国农业生产的快速发展，很大程度上靠的是大量的物质资源消耗，增长方式粗放、资源利用率较低、浪费现象较为严重。随着工业化进程的加快，农业机械、化肥、农药等生产资料的大量使用在提高农业生产效率的同时也带来了比较严重的环境污染。工业化和城市化进程的加快，增加了对土地、水以及劳动力资源的需求，使我国用于农业的土地、水和劳动力等资源的数量都不可避免地处于下降趋势。总之，工业化和城市化进程的不断推进，一方面提升了我国利用工业技术提高农业产出的能力，另一方面，也使我国本来就比较稀缺的农业资源变得更加稀缺，现代农业建设面临着日益严重的农业资源稀缺的约束。为突破农业资源约束的"瓶颈"，我们必须实现各种农业资源的高效集约利用，立足战略高层次，把我国现代农业建设列为重要目标，确保农业长远、可持续发展，全方面改善农业的竞争力。

从总体上讲，中国发展现代农业的目标概括起来可以描述为"实现五个转变"，即：从农产品生产与服务的自给性向商品交换与社会服务性转变，由粮食增产型向质量效益与特色农业转变，从传统技术与劳动型向现代农业技术与知识型转变，从劳动密集型向劳动、知识、技术、资本、管理等要素集约化投入和提高劳动生产率转变，从资源消耗与污染环境的增长方式向资源高效利用、保护生态环境与可持续发展的增长方式转变。概而言之，中国发展现代农业就是要使农业基础设施和生产条件得到逐步改善，农业科技自主创新能力和技术应用能力得到实质性加强，土地产出率和农业劳动生产率得到大幅度提高，产业发展水平和市场竞争能力得到空前的提升，农业的生态功能和可持续发展能力得到显著增强。我国的现代农业建设可以说是一项长期的、复杂的、艰巨的系统工程，建设现代农业必须从我们国家的国情出发，要遵循客观规律，有重点、有计划、有步骤地去推进，努力走出一条具有中国特色的现代农业发展之路。

（二）国际粮价波动

自进入 21 世纪以来，粮价上涨幅度越来越大，特别是国际粮价波动幅度逐渐增大。根据联合国粮农组织数据，从 2006 年 1 月到 2008 年 6 月，国际谷物实际价格指数由 93.7 增加到 208.5 的最高点，增长了 122.5%。由于粮价的大幅上涨，大量发展中国家因此遭受严重的粮食危机，人们的粮食安全受到威胁，不少国家还因此爆发动乱和流血冲突。2008年下半年以后，由于受到金融危机的影响，国际粮价开始逐步回落，到了2008年12月，国际谷物实际价格指数降为134.4，与最高点相比，下降了36%。之后国际粮食价格又有小幅波动，直到2010年3月，国际粮食价格又开始了新一轮上涨，而且保持高位波动。国际谷物实际价格在2011年4月达到这一轮的最高点192.1，略低于之前的最高点。之后国际粮食价格开始持续下跌，到2015年11月，国际谷物实际价格指数下降到115.4，与之前最近的一次最高点相比下降了40%。国际粮食价格最近几年不但频频出现迅速上涨的状况，而且当价格越高时，波动幅度也越大，两者体现出明显的正相关，不但总体粮食价格如此，各类主要粮食作物价格也是如此。

国际粮食价格不断高涨且波动性日益加剧，逐渐引起了决策者和相关利益集团的关注。粮价波动，特别是高位波动是影响粮食安全的主要因素，尤其是对贫困人口粮食安全的影响更为不利。根据联合国联农组织（FAO）2009年作出的界定，粮食安全是指所有人在任何时候都能够获得足够、安全和富有营养的食物，来满足其积极和健康生活的膳食需要及食物喜好。即确保粮食安全不仅要有充足的粮食供给，还要有足够的粮食获取能力。粮食价格的波动不仅会影响到粮食供给的稳定性，还会对人们的购买力水平进而对粮食获取能力产生影响。粮价波动影响粮食供给表现在不仅影响国内粮食生产，也影响国内粮食进口。粮食价格高涨并频繁波动影响人们的购买能力，主要表现在粮食是一种必需品，其需求价格弹性极低，因此当粮食价格上涨时，人们也要满足基本的粮食消费，这样会增加人们粮食购买的费用。对于收入较低的贫困人口而言，粮食价格波动对其粮食获取能力的影响更大。可见，国际粮食价格波动会给一国的粮食安全带来巨大风险。

由此，密切关注国际粮食价格走势，了解国际粮价波动特点，分析国际粮价波动的原因及国际粮食定价机理，预测国际粮价波动对中国粮食安全的影响，有助于采取及时、有效的措施稳定粮食价格，减少或避免国际粮食价格波动通过价格传导效应传导到国内粮食市场，进而影响到粮食安全的实现，这对于中国这样一个人口众多且越来越依赖粮食进口的大国来说，具有重要的理论意义和现实意义。

二、研究现状综述

（一）关于资源约束的研究

1. 关于农业资源的研究。叶依广等（1999）认为我国农业生产面临着农业资源的约束，即耕地生产的约束表现在数量和质量约束两个方面；水资源约束表现在时空分布极不平衡，数量相差悬殊，水土资源的组合、人均水资源的分配在地区上极不平衡；森林资源的约束表现在林地用地面积虽大，但利用率低，林地分布不均匀；海洋资源目前的约束性最小，其挖掘潜力巨大。蔡运龙等（2004），杨瑞珍（2005），张克锋（2006）认为我国土地资源退化总体态势较为严重，土地资源总体退化指数呈增加趋势。谭荣、曲福田（2005）认为我国由于市场和政府失灵，造成了巨大的农地非农化过度性损失。张士功（2005）在分析中国耕地资源的现状、1996 年以来中国耕地数量减少的途径的基础上，指出造成中国耕地非农化无序流转的主要原因在于盲目的城市化、土地管理法制化建设滞后、利益驱动、执法和监管不力等方面，提出要贯彻落实"十分珍惜和合理利用每一寸土地，切实保护耕地"的基本国策，确保国家粮食安全。孙婷、周宝同（2006），程丽莉（2006）通过实证分析，认为我国土地资源的人口承载率已经过高，存在粮食需求缺口。李炅清、汤松柏（2008）认为我国农业自然资源的基本特征是总量比较丰富，但人均占有量不足，资源利用率低下且浪费现象比较严重。李明扬、胡建（2009）认为我国粮食生产面临的耕地资源约束表现为在人均耕地资源极其匮乏的条件下，耕地面积连年减少；水资源的约束表现为水资源不足，且分布极不均衡，而且水土资源配合欠佳的状况进一步加剧了我国农业生产的缺水程度。周颖（2009）认为 21 世纪我国农业发展将面临严重的水资源短缺问题，而且水资源短缺对农业和农村经济发展的制约作用有可能超过耕地，成为制约农业和农村经济持续稳定发展的重要因素之一。

2. 关于工业化、城市化与农业现代化关系的研究。张培刚教授在 1945 年完成的博士论文中就对农业和工业的相互依存关系及其调整和变动问题进行了分析。近年来随着我国工业化和城市化的快速发展，它们与农业现代化的关系研究成为热点问题。林毅夫（2002），王伟华（2004），蔡昉（2006）等认为工业化、城市（镇）化和现代农业建设之间存在着相辅相成的关系，工业化和城市（镇）化是实现我国农业现代化的前提。翟雪玲、赵长保（2007）简要回顾了巴西如何处理工业化、城市化与农业现代化的关系及由此带来的后果，巴西的经验教训为中国在经济发展过程中应当如何处理工业化、城市化与农业现代化的关系提供了深刻启示。闫观渭、赵欢（2009）认为城市化进程与农业和工业化紧密关联，农业和工业为城市化提供了动力，同时城市化又加速了农业现代化和工业化的进程。鲁碧华（2009）深入分析了毛泽东关于工业化同农业现代化之间的辩证关系，重点阐述了毛泽东的四个经典论断，对推进农村改革发展具有重大的启示和借鉴作用。

3. 关于农业国际化与农业现代化关系的研究。柯炳生（2003），张莉琴（2003），田维明（2005），程国强（2005）等分析了农业国际化背景下的农业保护支持问题，认为应实施国内农业支持政策，变外汇贡献目标为就业贡献目标。卢锋（1997），朱晶（2003），黄照影（2006）等认为中国具有比较优势和国际竞争力的农产品主要是劳动密集型的产品，土地密集型的粮食产品则大多缺乏比较优势。陈丹妮（2008）提出农业国际化是全球农业生产力水平不断提高的结果，并借助加入世贸组织前后我国农产品国际贸易数据分别计算了我国农产品产业内贸易和产业间贸易的发展指数，实证分析了我国农产品在加入世贸组织前后竞争优势的演变。张凯（2007）提出发展现代农业必须全面深入地研究和探讨我国农业国际化经营问题。高飞（2008）通过研究农业国际化的定义、特征，分析农业国际化对我国农业可持续发展的机遇与挑战，为我国农业国际化可持续发展提供了对策与建议。我们曾以胶东地区农业现代化与国际化发展的实践为依据，使用胶东地区七地市的数据，运用脉冲响应函数和面板数据定量分析了农业现代化与国际化之间相互关系，研究结果表明农业现代化和国际化之间具有互动发展的关系，但是，这一互动发展不会自动完成，需要政府采取措施适度掌握国际化的进程，并进一步促进农业现代化。因此，我们认为，农业现代化体现为农业技术的全面升级、农业结构的现代转型和农业制度的现代变迁。农业国际化对农业现代化具有积极的推动作用。

4. 关于粮食安全的研究。大家目前比较倾向于粮食安全除了粮食自给率外，还要考虑购买能力和国际供给问题（柯炳生，1995）。Josef（2000）通过运用 OECD Aglink 模型，分三种方案分析了中国加入世界谷物、油料和畜产品市场以后价格及进口量的变化。在研究中，根据中美双边协议和中欧协定作出的农业贸易政策改革方案，其模拟结果表明对中国进口增长的刺激非常有限；而根据贸易和国内政策综合改革方案，其模拟结果表明两者的综合影响将导致贸易量和价格显著的变化。黄季焜等（2006）认为中国经济增长对中国及世界食物安全的影响不大。钟甫宁（2001），樊明太（2005）等分析了贸易自由化对中国粮食安全的影响。钟甫宁（1994），朱晶（2004）等认为统一市场有利于中国的粮食安全。赵予新、钟雪莲（2009）提出欠发达主销区是中国粮食安全的重点，实现这类地区粮食安全的关键是协调好中央政府和欠发达主销区政府之间、政府和农户之间以及欠发达主销区和主产区之间的博弈关系，通过合理的制度设计，使各博弈方相互配合，形成合力最大化，为构建粮食安全长效机制创造条件。龙方（2009）指出要保障中国粮食安全，必须建立包括粮食安全责任分担机制、耕地保护机制、水资源保护机制、农业科技创新机制、农业基础设施保障机制、粮食生产动力机制等长效机制。刘海波、陈奇琦（2009）从粮食危机入手，分析中国粮食生产现状及粮食生产中存在的问题，并提出应对粮食危机、保证粮食安全的几点措施。曾晓昀（2009）指出由美国次贷危机引发的全球金融危机依旧肆虐，粮食危机、能源危机随之而来。粮食安全是民生之根本，具有重要的经济政治利益，必须制定

《粮食安全法》，赋予粮食安全权，将粮食安全保障法律制度与粮食政策相结合，推进政府在资源保护、政策扶持、危机防范等方面的法治化。

5.关于农业现代化问题的研究。刘易斯（Lewis，1961）和舒尔茨（Schltz，1964）提出了改造传统农业理论，认为农业现代化的过程就是现代农业要素对低收益率的传统农业要素替代的过程。速水、拉坦提出了诱致性技术和制度变迁理论，解释了农业现代化的内在动力。我国的很多学者（黄祖辉，2003；杨万江，2001；张晓山，2006）对农业现代化的内涵、模式、指标体系和评价、机制以及道路等问题也进行了深入研究。王国敏（2009）提出中国特色农业现代化道路面临八大"瓶颈"约束：人口众多与耕地面积锐减的矛盾；农业总产值低与农村劳动力众多的矛盾；大量农业劳动力转移与城市吸纳能力较弱的矛盾；农业劳动力生产率低、土地零碎化严重与农民渴望增收的愿望相矛盾；农村壮劳力的大量转移与农业现代化建设的矛盾；国家粮食安全与农民种粮积极性低的矛盾；粮食供给与需求的矛盾；农业基础设施薄弱与农业战略地位不相称的矛盾，并提出了相应的政策建议。杨赛明、徐跃通（2009）提出农业信息化是国民经济和社会信息化的重要组成部分，以农业信息化促进农业现代化，对于国民经济和社会持续协调发展具有重要作用。段学军、崔大树（1999），吴宝平、杨金丰（2009）对我国农业现代化的制约因素、制约因素形成的原因及实现途径进行了详细的阐述。蒋和平（2009）对中国的国情和资源禀赋的现状进行了分析，指出在建设特色农业现代化过程中面临的困难和存在的问题，认为像中国这样一个人多地少、基础薄弱的国家建设特色农业现代化，没有现成经验可以借鉴，只有靠我们自己探索和试验，走出一条有中国特色农业现代化的道路。王黎萍、李燕琼（2007），丁谦等（2009）在分析我国农业现代化的外在制约因素和中国特色农业现代化的内在要求的基础上，提出了促进中国特色农业现代化的政策建议。张新光（2008）指出农业现代化的实质和核心是化"农"，就是农民比重大幅减少、农业比重大幅下降、城市化水平大幅提高的过程，当前我国面临的两大实践难题是如何实现小农制与现代农业的有效衔接，如何培育农业资本的生成机制，而解决问题的根本出路在于发展资本农业和外向型经济。万宝瑞（2009）提出发展高效生态农业是现代农业建设的必由之路。

（二）关于国际粮价波动与中国粮食安全的研究

国际粮食价格波动关系国计民生、社会稳定，特别是近年来，国际粮食价格大幅波动，引发了学者、政府部门的广泛关注。本文旨在研究国际粮价波动及其对中国粮食安全影响。

国内相关研究来说，就文献数量、来源、发表级别及发表时间而言，以中国知网为搜索引擎，结果见表0.1。具体来说，搜索条件为：主题中包含"国际粮食价格波动"，相关文献共有40篇，时间跨度是2008—2016年，其中，3篇博士论文、8篇硕士论文，29篇期刊报纸文章，期刊论文中17篇发表在核心期刊；当检索条件为摘要中包含"国际粮食价格波动"，相关文献共有33篇，时间跨度是2009—2016年，其中，3篇博士论文、8篇硕士论文、22篇期刊报纸文章，期刊论文中14篇发表在核心期刊；进一步地，精确检索范围，条件为：篇名中包含"国际粮食价格波动"，相关文献共有15篇，时间跨度是2008—2016年，其中，2篇硕士论文，13篇期刊报纸文章，期刊论文中8篇发表在核心期刊；条件为：关键词中包含"国际粮食价格波动"，相关文献共有4篇，时间跨度是2009—2013年，其中，2篇硕士论文，2篇期刊论文，期刊论文均发表在核心期刊。

表0.1　中国知网搜索结果

搜索主题　　　来源数据库	文献总数	年份	博士论文（篇）	硕士论文（篇）	期刊报纸（篇）	核心期刊（篇）
主题包含"国际粮食价格波动"	40	2008—2016	3	8	29	17
摘要包含"国际粮食价格波动"	33	2009—2016	3	8	22	14
篇名包含"国际粮食价格波动"	15	2008—2016		2	13	8
关键词包含"国际粮食价格波动"	4	2009—2013		2	2	2

就研究内容而言，以最宽泛的搜索条件为考察对象，即主题中包含"国际粮食价格波动"，相关文献共 40 篇，结果见表 0.2。具体来说，定性分析有 16 篇，定量分析有 24 篇。定量分析中包括 3 篇博士论文、8 篇硕士论文、13 篇期刊报纸，期刊论文均发表在核心期刊。定性分析 16 篇中有 4 篇发表在核心期刊。研究内容主要体现在四个方面：国际粮食价格波动对国内粮食价格的传递溢出效应、国际粮食价格波动原因、国际粮食价格波动规律、国际粮食价格波动的影响（主要是对粮食供求、CPI、粮食进口、粮食安全、贸易政策）、文献综述。"国际粮食价格波动对国内粮食价格的传递溢出效应"相关研究共 11 篇，其中定性分析 2 篇、定量分析 9 篇；"国际粮食价格波动原因"相关研究共 11 篇，其中定性分析 4 篇、定量分析 7 篇；"国际粮食价格波动规律"相关研究共 3 篇，其中定性分析 2 篇、定量分析 1 篇；"国际粮食价格波动的影响"相关研究共 14 篇，其中定性分析 7 篇、定量分析 7 篇。

表 0.2　研究内容分布

研究内容	总数	定性	定量
国际粮食价格波动对国内粮食价格的传递溢出效应	11	2	9
国际粮食价格波动原因	11	4	7
国际粮食价格波动规律	3	2	1
国际粮食价格波动的影响	14	7	7
文献综述	1	1	

国外相关研究起步较早，研究内容较为深入、具体。相关文献通过外文数据库搜索得到，利用外文数据库主要是 IDEAS（https：//ideas.repec.org/）、（http：//scholar.glgoo.org/）。研究内容主要体现在三个方面：国际粮食价格波动原因、国际粮食价格波动规律、国际粮食价格波动的影响。国际粮食价格波动国内与国外研究相较而言，研究内容基本一致。总体来看，国外相关研究起步较早，研究内容深入、系统，而国内研究起步相对较晚，研究内容较为"粗放"。具体而言，就国际粮食价格波动原因而言：

国内主要集中考虑到供求基本面因素的影响，近年来也考虑到一些"新兴要素"对国际粮食价格波动的影响，如美元指数、能源价格。而国外研究较为深入、系统，不但研究供求面基本因素的影响时考虑到影响供求的期初库存、期末库存，而且也注意到国际热钱对粮食价格波动的影响。不但考虑了粮食作为一个整体其价格波动的影响因素，而且也对分粮食品种进行了研究；就国际粮食价格波动的影响而言：国内相关研究主要考虑了国际粮食价格波动对宏观经济的影响，如 CPI、粮食安全、粮食进口、贸易政策，而国际相关研究较为全面，不但包括对宏观经济的影响，也考虑了对微观主体的影响，如贫困、收入分配、政治稳定、消费者福利、粮食安全、国内粮食价格、资源分配、饮食习惯等。就国际粮食价格波动规律而言：国内的相关研究，在研究方法上，ARCH 类模型较广泛的应用主要集中在股票价格和期货类产品价格的研究领域。国内采用 ARCH 类模型对粮食价格波动进行研究的还较少。在研究内容上，对国际粮价波动的研究还主要以粮食总体为对象或者是分门别类的比较研究，很少将不同种类粮食的国际价格波动间的关系作为研究对象。而国外，研究方法上 ARCH 类模型应用的较广泛，研究内容上，不但以粮食总体为对象，而且分门别类进行了比较研究，也考虑了不同种类粮食的国际价格波动间的关系。

综上，相关成果主要体现在以下三个方面：

1. 国际粮价波动的模式。国内外学者对粮食价格波动模式的分析主要表现在分析价格波动的大小及价格波动特征，如集簇性、非对称性、持久性等。就粮食价格波动方向和程度而言，不同阶段、不同粮食品种呈现出不同的特点。

关于粮食价格波动大小尚没有统一的结论，不同农产品价格上涨幅度不同。Gilbert（2006）的研究表明农产品价格波动在 20 世纪 60 年代较低，但在 70 年代和 80 年代前半期较高，在 20 世纪 80 年代和 90 年代后半期回落，但仍远高于 20 世纪 60 年代的水平。Ivanic and Martin（2008）研究发现 2005—2008 年间稻米价格上涨了 25%，小麦、玉米、奶制品价格分别上涨 70%、80%、90%。Gilber and Morgan（2010）分析了国际粮食价格的长期趋势，研究发现：与 1970—1989 年间相比，1990 年以来，国际粮食价格波动性较低。Gilbert（2011）研究表明在过去十年间，粮食价格经历了历史最高水平，然后下降，出现了很大的波动，但除稻米之外，其他粮食价格的波动规律还在历史经验内，并没有强有力的证据表明价格波动出现了广泛意义上的增长。刘喜民（2006）研究表明国际粮食价格波动具有周期性的特点，大约七八年为一个周期。何启志（2010）运用 VAR 模型、ES 模型以及后验检验方法分析了国际农产品价格波动的风险特征，研究发现：国际农产品价格波动风险比国内大，且 2005 年以来波动性风险明显增大。

关于国际粮食价格波动特点的研究。Apergis & Rezitis（2003）使用 GARCH 模型研究了农业投入价格、农产品价格和食品零售价格之间的波动溢出效应。研究结果表明：农产品价格比农业投入价格和食品零售价格更具有波动性。Gilbert & Morgan（2010）利用 GARCH（1，1）模型研究了 2007—2009 年的国际粮价波动模式，结果表明在这三年间粮食价格呈现较高波动性，花生油、大豆和豆油的条件异方差显著上升。FAO（2011）指出许多观察者发现粮食价格预期继续走高且具有挥发性。Zhao et al.（2011）研究了美国大豆和玉米价格之间的波动溢出效应，研究结果表明：玉米价格对大豆价格具有波动溢出效应，而大豆价格对玉米价格不存在这种关系。Rapsomanikis & Mugera（2011）研究了世界市场与发展中国家小麦、稻米和玉米之间的价格波动溢出效应，研究结果表明：世界市场粮食价格的波动溢出效应仅在世界市场粮食价格极端波动时才发挥作用。就国内学者研究而言，冯云（2008）运用 ARCH 模型分析了 1978—2000 年间中国粮食价格波动的特点及原因，研究结果表明，中国粮食价格波动具有集簇性和明显的非对称性。傅晓、牛宝俊（2009）分析了 1980—2008 年间国际农产品价格的波动特点，结果表明农产品价格与原油价格呈现出一致的特点，但与美元指数走势相反。罗万纯、刘锐（2010）运用 ARCH 模型分析了中国籼稻、粳稻、大豆、小麦和玉米的价格特点，结果表明小麦和玉米市场不具有高风险、高回报的特征。林光华和陈铁（2011）运用 ARCH 类模型，分析国际稻米价格的波动规律及其影响因素。研究结果表明：国际稻米价格存在一阶 ARCH 效应和杠杆效应，且价格冲击对国际稻米价格波动的影响具有持续性。孙林、倪卡卡（2013）运用 ARCH 族模型分析了世界小麦、玉米、大豆和稻米四种期货产品价格收益率的特征，结果表明国际粮食价格波动具有尖峰后尾的非正态分布特征，国际粮食期货价格存在显著的集簇性和非对称性。肖小勇等（2014）运用 VEC-BECC-GARCH 模型分析了 2002—2012 年间玉米、大豆、小麦和稻米国际价格对中国粮食价格的溢出效应，研究结果表明：不同的粮食品种，国际价格和中国粮食价格之间的均值溢出效应有所区别。国际粮食价格对中国粮食价格存在均值溢出效应，且显著，大豆国内外价格间具有双向波动溢出效应，而稻米、小麦和玉米国际价格对国内价格不存在波动溢出效应。刘雯（2014）研究发现国际粮食价格波动具有长期趋势、周期循环和非对称性的特点。

2. 国际粮价波动的原因。关于国际粮食价格波动的原因，相关学者尚未达成一致的结论。许多学者提出了不同的观点甚至相反的观点，也有学者提出国际粮食价格波动的原因应区分不同的粮食品种。Starleaf（1982）研究发现农业生产周期较长，通常来说，作出生产决策的时间要大大早于产品销售时期，从而粮食供给对需求缺乏快速的反应。Ott（2014）实证观察表明粮食价格波动的影响因素包括库存、需求和供给冲击。Gilbert et al. (2010) 研究发现针对不同的粮食品种，粮食价格波动的影响因素也不同。Wright（2011）研究发现目前的粮食价格波动并不像许多人提到的那样不寻常，消费、可获得的供给和库存之间的平衡仍然像几十年前一样能够解释粮食价格波动。粮价波动的重要来源被普遍认为是天气等自然因素对农业生产的冲击，然而需求冲击，尤其是收入冲击（Gilbert，2010）和政策冲击（Christiaensen，2009）也是粮价波动的主要原因。Gilbert（2010）认为中国及其他亚洲经济体的快速增长是粮价高企的原因。林光华、陈铁（2011）研究发现国际市场稻米价格波动的影响因素包括库存、贸易自由化、国际石油价格上涨以及美元贬值。杜丽永

（2013）分析了 1986—2012 年间国际市场大豆价格波动的影响因素，回归模型中影响因素包括：人口增长、大豆库存、生物质能源发展、能源价格、美元汇率、金融投机及中国进口因素。

根据供需均衡理论，当粮食供给量大于需求量时，粮食价格下跌；需求量大于供给量时，粮食价格上涨；供需均衡时粮价保持稳定。可以说，粮食价格波动的主要原因是供需的变动，粮食价格波动幅度的大小，也由供需波动的大小来决定。这样，对于粮价波动的原因可以从供给和需求两个方面分析，且影响国际粮食供给和需求波动的因素也就是影响国际粮食价格波动的因素。供给方面因素主要有自然灾害、气候变化、战争等导致粮食产量的波动。需求方面因素主要有消费结构升级、人口增加、生物燃料的生产。但只是这样简单分析并不能真正解释价格时高时低的波动性，充其量只能解释粮价上涨，只有将供给和需求两者结合起来辩证地分析才能真正找到价格波动的根源。此外，粮食价格受期货投资、炒作等活动的影响，粮食价格具有了金融产品的属性，且粮食具有的金融属性在解释国际粮食价格波动的原因中所起的作用也越来越明显，特别是恐慌性购买和煽动远景悲观预期的国际投机热钱的大举进入，即国际游资的冲击，对国际粮价波动具有关键影响。当然根据价值规律，粮食价格是由粮食的价值决定，而粮食的价值取决于凝结在粮食生产中的无差别的人类劳动，即劳动时间的多少。所需的劳动时间越多，商品的价值和价格越高。体现劳动时间的是劳动生产率，因此，劳动生产率也是影响粮食价格的一个因素。接下来，从供给、需求、国际贸易以及投机四个方面综述国内外学者对国际粮食价格形成影响因素的分析。

（1）供给因素影响粮食价格波动。粮食供给由生产和库存两部分构成，所以，粮食供给对粮食价格波动的影响主要体现在粮食生产和库存引起粮食价格波动。

首先，生产对粮食价格波动的影响表现在：一是自然资源变动影响粮食价格生产，进而影响粮食价格；二是生产成本变动影响粮食生产，进而影响粮食价格。

　　自然资源变动影响粮食生产主要体现在耕地、天气等粮食生产投入要素的变动。Burch et al.（2007）发现长久以来的农业投资不足是粮食价格波动的重要原因。Thurow & Kilman（2009）研究发现：这对于发展中国家来说是严峻的，主要是因为发展中国家道路、仓储、港口设施等农业基础建设较为落后，土壤养分流失，耕作技术和农村信贷落后以及对新种子的研究不足。这些因素降低了农民的生产率，加剧了价格波动。不可预测的、不可避免的外部冲击，比如天气，也会影响粮食生产率，造成粮食生产波动。Brunner（2002）结果表明气候变化对商品价格有较大影响。许多研究者指出 2006 年和 2007 年澳大利亚（Mitchell，2008）以及 2007 年欧洲的小麦歉收是价格波动的原因，或者说使得 2006—2008 年粮食价格达到最高值。Gilbert et al.（2010）研究发现全球变暖可能导致更加极端的天气，引起粮食产量更大的波动。

　　生产成本影响粮食生产，主要体现在不断上涨的能源和化肥价格导致粮食生产成本增加。粮食生产离不开石油等能源以及化肥、病虫控制及各种其他投入等石油附属品，粮食加工、运输和存储也同样对石油有较强的依附性。这些投入要素的价格变动能够传递给粮食。许多研究表明世界粮食价格与世界原油价格波动有正向相关关系。Baffes（2007）估计油价对粮食价格的传导作用为 17%。Gohin and Chantret（2010）的 CGE 模型研究结果表明：由于原油价格对整个经济有较大影响，从而原油价格有显著的实际收入效应。Haigh and Bryant（2001）研究表明驳船和海洋运费的波动性对粮食价格有重要影响。Mitchell（2008）研究表明生物燃料需求能够较好地解释粮食价格上涨，但没有进行量化分析。同时，他也指出美国和欧盟生物燃料生产是解释粮食价格上涨的最重要因素。Ahmed et al.（2014）研究发现农业生产、加工、运输、存储成本以及肥料、病虫害防治等各种投入要素都依赖于石油等能源，这些投入要素价格的变动将传递给粮食价格。陈宇峰等（2012）利用 LSTAR 模型，分析国际油价波动对国内农产品价格的传导效应，包括直接影响和间接影响，研究结果表明：直接影响不显著，间接影响是主要渠道。但 Gilbert（2010）研究发现

2008 年粮食投入要素价格急速升高，特别是肥料价格，它们滞后于粮食价格上涨。

其次，对库存引起粮食价格波动的研究中，Nichols and Zeckhauser (1977) 研究表明面临出口卡特尔时，粮食消费大国实施的库存政策能够较好地发挥作用。Massell (1969) 研究发现假设库存成本不太高，库存政策有助于可储存商品的价格稳定，社会福利是增加的。这个模型中既包括受益者，也包括损失者，但社会总福利是增加的。受益者从商品价格稳定中获得的好处大于受损者的福利损失。因此，可以通过某种补偿，使得每个人都能从所实施的库存政策中获得福利。Newbery and Stiglitz (1979) 研究发现 Massell 提到的模型中假设存储成本为零，如果存在库存成本，那么通过库存保持绝对的价格稳定就不再最优。更实际的办法是实施价格区间政策，即保证价格被稳定在一个区间范围之内。然而，通过调整库存使得价格能够保持在一个区间范围内也是不可行的。比如为了保证农民收入所实施的农产品价格支持政策，这可能导致实际库存大大高于目标库存。Gardner (1979) 研究发现将实际库存缩减到目标库存需要几十年的时间，这很常见。Peterson and Tomek (2005) 研究发现库存理论能够很好地解释玉米价格波动。Gilbert (2010) 研究表明粮食库存下降是导致 2006—2008 年价格达到顶峰的原因之一。Wright (2011) 研究发现 1973—1974、1983—1984、2007—2008 年间世界库存使用比较低，与此同时，粮食市场价格达到顶峰。FAO & OECD (2011) 研究发现发展中国家大多数贫穷的农民不得不在丰收之后以较低的价格马上卖出粮食，在歉收的时候买进粮食，造成粮食价格上扬，之所以出现这样的现象部分原因在于粮食收获之后的处理、存储以及加工技术和设施较为落后。卢锋、谢亚 (2008) 研究表明：就我国粮食库存相关研究而言，存在研究少、数据透明度低、系统性差以及质量较差等问题。

新近农业发展理论认为，农业发展主要取决于提高土地和劳动力生产率所做的政策安排。就政策对国际粮食价格的影响而言，主要取决于粮食主产国实施的粮食出口政策。这是因为国际粮食价格的高低取决于国际粮食市场上的供给与需求，也就是取决于粮食主产国在国际市场上的出口量和粮食进口国在国际市场上的进口量。粮食是人类赖以生存的必需品和前提，具有需求价格弹性较低的特点，所以，国际粮食市场上的出口量对粮食价格的影响较大。而粮食主产国为了控制国内粮食价格上涨而采取粮食出口限制、粮食出口禁止、提高出口关税、降低出口退税等政策增加国内粮食供给，从而会对国际粮食价格波动产生较大影响。

（2）需求因素影响粮食价格波动。影响国际粮食价格的需求因素表现在许多方面，如经济增长、工业化发展大大增加了石油需求，导致石油价格迅猛增加并剧烈波动，从而引致用粮食生产生物燃料。美国和欧盟启动生物乙醇和生物燃油项目，使一些粮食用于生产生物燃料。此外，当邻近国家发生战争时，难民可能会涌入，这也可能对本国的粮食产生需求冲击。可见，需求冲击能够引起粮食价格波动。但迄今为止，尚没有实证支持需求冲击以及使用粮食生产生物燃料对粮食价格波动的影响（Mitchell 2008）。

Mitchell and Vallee（2005）研究发现亚洲快速的需求增长可能引致将来粮食价格上涨，波动性增大。Abbott et al.（2011）研究表明近年来，粮食价格上涨的主要原因在于中国、印度等新兴经济体的经济持续增长。卢锋、谢亚（2008）研究结果表明人口增长、收入增长是粮食需求增长的最重要因素。其中人口增长对粮食需求增长的影响表现在两个方面：人口总量增长增加粮食需求，人口结构变动影响粮食需求。收入增长对粮食需求增长的影响因收入增长的不同阶段有所区别。王文斌、戴金平（2009）运用协整分析、脉冲响应函数以及方差分解分析了国际粮食价格波动的影响因素，研究表明：库存是最重要的影响因素，其次是粮食消费水平，而产量影响相对较小。顾国达、方晨靓（2010）研究发现国际农产品价格上涨的原因在于：全球主要农产品需求的持续增加、石油价格上涨、生物能源开发、产出下降、基金持仓和农产品国际垄断组织操控、投机因素，进一步地，他们运用马尔科夫局面转移向量误差修正模型（MS-VECM）分析了中国农产品价格波动的国际影响因素，选取的指标包括：美国 GDP、全

球农产品供需和库存、美国农业部对来年农产品期末库存的预测、CBOT
收盘价美元、国际食品价格指数、国际石油价格指数和美元指数。胡冰川
(2010) 研究发现农产品价格波动原因之一在于城乡居民收入水平不断提
高所引起的农产品需求持续快速增长和消费结构不断升级。戴鹏 (2014)
分析了 1985—2011 年间中国谷物进口的影响因素，研究发现：回归结果
中谷物进口的弹性较大，这和预期相反。他指出原因之一为进口谷物主要
用于饲料和工业消费，而不是口粮，饲料用粮、工业用粮的需求弹性比口
粮消费更富有弹性。而税尚楠 (2008) 研究发现尽管一些国家经济较快发
展，特别是新兴经济"金砖四国"，其人均肉食消费量不断增长，这被许
多学者认为是引发农产品价格上涨的主要原因。但他指出"金砖四国"农
业生产潜力大，加上农业贸易中四个国家有较强的互补性，从而，经济增
长带来食品消费结构的变动不会引发粮食价格飙升。

　　就生物能源发展对粮食需求的冲击而言，Gilbert (2010) 研究表明没
有发现证据证明新的生物燃料需求导致粮食价格上扬。他提到微观要素对
于 1973—1974 年或 2006—2008 年的粮食价格上扬没有解释力，而汇率、
世界经济活动、货币扩张等宏观要素能够解释大多数商品的价格波动。
Gardebroek dez (2013) 运用多元 GARCH 检验了 1997—2011 年间美国汽
油、乙醇和玉米价格波动性之间的传递关系。估计结果表明：近年来，乙
醇和玉米市场有较高的相关性。就波动性而言，玉米价格对于乙醇价格具
有传递作用，而乙醇价格对玉米价格没有显著的影响。同时，也没有证据
表明石油价格对玉米价格有传递作用，因而没有证据表明能源市场的价格
波动造成了粮食市场价格波动。也有学者提出不同的观点。Schmidhuber
(2006)，Tyner & Taheripour (2008) 研究发现由于补贴及政府对生物产业
的支持，使市场对玉米及大豆的需求倍增，造成粮价波动。IMF (2007)
研究表明生物能源需求量的增加造成了玉米等粮食产品价格上涨。Wright
(2011) 研究发现近年来，生物燃料发展迅速，导致世界粮食储量降低，
粮食市场对供给冲击更加敏感。

　　(3) 国际贸易影响国际粮食价格。贸易国际化程度能够影响商品的

波动性，同样，贸易限制也会对波动性产生影响。

传统的新古典主义认为，实行对外开放的国家越多，价格的波动率越低，这是因为这些国家所受到的冲击能够在国际市场上得到抵消。Newbery and Stiglitz（1979）and Bigman（1982）研究发现自由贸易能够平滑价格波动，自由贸易同库存一样具有缓冲作用，可以作为库存的替代品，但比库存成本低。也有学者提出了相反的观点。Heady and Fan（2008）研究发现政府的出口禁止、关税以及出口补贴等贸易政策加剧世界市场上供给短缺，特别是稻米。Martin and Anderson（2011）研究表明国家的出口限制政策能够解释 2006—2008 年间 45% 稻米价格的上涨、能解释 30% 小麦价格的上涨。Anderson and Nelgen（2012）研究发现：2005—2008 年间国际稻米价格上涨。其中，一半的上涨归咎于一些国家所实施的出口限制等贸易政策，实施这些贸易政策的目标是为了使自己国家免受国际粮食市场价格上扬的压力。Ahmed et al.（2014）研究发现当粮食价格波动发生在全世界范围内时，通过贸易（即库存的替代变量）来解决粮食价格波动是无效的。目前的文章试图解释这个争论，主要从两方面入手，即出口份额和赫芬达尔指数。出口份额的计算公式是世界粮食出口量除以世界生产量，主要为了衡量该国的国际化程度。后者主要是衡量给定商品出口国家的集中度，计算公式是每个出口国家出口份额的平方之和。孙林（2011）运用普通最小二乘法、脉冲响应函数分析了稻米主产国出口限制政策对国际粮食价格的影响。研究表明：出口限制政策造成了国际稻米价格短期内大幅上涨，主张区域合作框架范围内粮食主产国磋商、限制出口限制政策的使用，从而抑制国际粮食价格大幅波动。

此外，汇率也会通过贸易扭曲效应对粮食价格波动产生影响。国际贸易中的交易货币多数是美元，所以相关研究主要围绕美元汇率的变动展开。就汇率变动对国际商品价格的影响尚没有统一的结论（Piesse and Thirtle，2009）。有的学者认为汇率变动对国际粮食价格影响不大。Mitchell（2008）研究发现 2002 年 1 月—2004 年 11 月，粮食价格上涨了 24%，美元对欧元汇率下降了 34%。2005 年 1 月—2007 年 11 月，粮食价格上涨 65%，而美元对欧元汇率下降 10%。整个经济周期中，美元贬值能解释粮食价格上涨的 20%。Gilbert（2008）发现美元贬值幅度不大，不具有普遍性，不应成为粮食价格上涨的主要解释变量。有的学者认为汇率变动对国际粮食价格有重要影响。Abbott and Battisti（2010）分析了国际粮食价格波动的原因，包括供给、需求、生物燃料的发展、汇率等金融因素。Bahmani-Oskooee and Kovyryalova（2008）以 177 种商品为研究对象，研究表明：英国和美国之间的实际汇率波动对农产品贸易有负向影响，这个结果也适用于发展中国家。Shaun（2010）运用 GARCH 模型分析 20 世纪 90 年代以来粮食价格长期波动变化的影响因素，研究发现：通货膨胀率和美元汇率是主要影响因素。Nazlioglu & Soytas（2011）的研究表明：无论短期还是长期，世界石油价格和美元实际有效汇率的波动对农产品价格都具有显著影响。

（4）投机因素影响国际粮食价格。投机对价格波动性的影响长期以来一直处于争论之中（IMF，2008）。有的学者认为，投机对国际粮食价格没有影响或影响较小。Irwin and Holt（2004）研究发现投机对粮食价格波动没有显著影响。Robles，Torero and Braun（2009），Boadu and Zereyesus（2009）研究表明没有发现有任何证据表明 2005—2008 年间投机活动影响农产品价格。

有的学者认为，投机与国际粮食价格波动关系密切。Bigman et al.（1983）运用线性回归方法验证了芝加哥期货交易所小麦、玉米、大豆的期货价格与其现货价格之间关系密切。Pindyck（1994）研究表明短期内投机因素是解释粮价波动的重要变量。Frankel（2006）研究发现实施的降低利率等宽松的货币政策促进了市场投资，反过来动摇了现货市场价格。高帆、龚芳（2011）运用基于残差序列的二阶自相关性构建的对数线性模型分析了 1961—1999 年、2000—2010 年两个时间段的国际粮食价格波动原因。结果表明，供给、需求和库存能够较好地解释 1961—1999 年间国际粮食价格波动，而 2000—2010 年间粮价波动的主要因素变为金融和能源。吕捷、林宇洁（2013）运用经典时态转换模型及结构性突变模型发现：2006 年 9 月前后，国际玉米价格波动出现了结构性变化，是生物能源、投机炒作、流动性过剩、美元贬值、国际粮食垄断组织操纵等新生供需因素导致的结果。

就投机对国际粮食价格波动的影响方向而言，尚没有统一结论。Cooke & Robles（2009），Gilbert（2010）研究表明投机可能对粮食价格波动有正向或负向影响，途径是持有股票或者购买和销售商品期货或者其他的衍生工具合约。传统观点认为投机有利于降低波动性，原因在于：在粮食充足的的时候，投机者可以存储粮食。在粮食稀缺的时候，可以从仓储中投放粮食。但如果市场参与者不理性，基于情感和从众心理参与贸易，价格波动就会增加。Peck（1981），Brorsen（1989）and Streeter and Tomek（1992）研究表明投机活动与粮食价格波动呈负向相关关系。Bessembinder and Seguin（1993）等学者研究表明期货市场规模和粮食价格波动呈现正向相关关系。Crain and Lee（1996）研究表明：小麦现货和远期市场的波动性与变换的政府项目高度相关，市场导向型项目引致较低的波动性。而 Weaver and Natcher（2000）得出了相反的研究结论，随着政府项目的市场化导向，玉米、大豆和小麦现货价格的波动性增加。

除了上述原因之外，也有学者指出粮食生产本身的周期性特点、缺乏对需求冲击快速的反应等也会引起国际粮食价格剧烈波动。胡冰川（2010）研究发现生产周期变动等农业特有的生产特点能够引起农产品价格波动。

由于货币量化宽松政策的实施，导致国际金融市场上流动性过剩。资本的逐利本性使其投到一切可以带来利润的领域，粮食作为大宗商品，而且具有重要战略意义，因此成为国际资本纷纷投机的主要目标，使得粮食具有了金融属性，粮食市场与金融市场、货币市场、农产品期货市场以及外汇市场的联系日益密切。粮食价格也越来越多地受到金融因素的影响。

3. 国际粮价波动的影响。国际粮食价格波动会对贫困、收入分配、政治稳定、消费者福利、粮食安全、国内粮食价格、资源分配等产生较大影响。Dawe and Timmer（2012）研究表明粮食价格波动会影响贫穷的消费者、生产者和宏观经济。Gustafson（2013）研究发现自 2007 年以来的较高的粮食价格有短期影响也有长期影响，影响方向有好也有坏。关于粮食价格波动的福利效果，目前为止尚未达成一致的结论。

　　一些学者主张粮食价格波动。当价格变动是由供给层面因素引起时，价格与数量呈现反向变动关系。这样，稳定粮食价格可能加剧生产者收入的不确定性（Newbery and Stiglitz，1981）。World Bank（2005）研究表明，政府应该将稳定价格的战略转变为稳定宏观经济变量，通过货币政策、财政政策、贸易和汇率政策等来实现宏观经济稳定，这是确保经济增长最合适的策略。Myers（2006）运用标准的福利分析法，研究发现粮食价格稳定对经济效率、穷人的影响较小，对大规模粮食生产者有较大影响。当价格由市场形成时，价格能够反映产品的稀缺程度信号，实行价格稳定政策将破坏资源配置效率（Demeke et al.，2012）。

　　一些学者反对国际粮食价格波动，原因在于国际粮食价格波动与通货膨胀、贫困、社会动乱等相连，国际粮食价格波动不利于生产者、消费者、整个宏观经济的稳定。Timmer（2002）研究表明 20 世纪 70 年代，稻米价格稳定将带动印尼 GDP 年增长率增加 0.5%—1%。具体而言：

　　国际粮价波动与通货膨胀。Caglayan & Filiztekin（2003）的研究发现粮食产品价格的波动对通货膨胀率具有非线性影响。Marktanner，Noiset（2013）研究发现由于 20 世纪 70 年代油价上涨，2007 年出现粮食价格危机，可以说是最大的成本推动型通货膨胀。孙国锋（2008）研究表明国际粮价的持续上涨会诱发全球通货膨胀、社会动荡乃至战争。金三林（2010）研究表明国际粮食价格对我国 CPI 的影响越来越大，影响渠道主要是进口和期货市场。并提到未来 10 年，国际粮食价格呈现出波动中上涨的趋势，对我国 CPI 将产生较大冲击。

　　国际粮价波动与贫困。波动会对增长、贫困等宏观经济变量产生不利影响（Rodrick，1999）。也有学者指出波动和危机相连，高波动性会导致经济危机（Acemoglu et al.，2003）。Dessus et al.（2008）等人发现

2006—2008 年的粮食价格冲击使 20 亿人口陷入贫困。Headey and Fan（2008）研究发现商品价格波动性的增加会带来风险。在金融市场，期权费达到顶峰。在实体经济中，波动会损害生产部门的投资及收入，相应地，降低消费者福利。Ivanic and Martin（2014）研究发现粮食价格上涨严重恶化了穷人的状况，对全球发展来说都是直接的威胁。Nicholas（2014）研究发现粮食价格波动给非洲的穷人带来了巨大风险，原因在于：相较于其他地区，非洲国家主食价格波动较大。穷人的食物消费支出在总消费支出中占有较大份额，从而食物价格波动对购买力有较大影响。且非洲地区大部分人口对农业有较强的依赖性。

国际粮价波动引发动乱。Schneider（2008）研究发现根据恩格尔定律，相对于高收入家庭而言，低收入家庭粮食消费在总消费中所占比重较大。由此，近期的粮食价格迅猛增加对穷人影响更大，这种真实收入不对称的恶化给政治稳定带来较大风险，很可能引发世界范围的反政府动乱。

国际粮价波动对国内粮食价格的传导。由于国际粮食价格在不同时段、不同粮食品种间呈现出不同的特点。进而，国际粮食价格对国内粮食价格的传导在传导方式、传导程度及传导机制上也表现出差异化的特点。

Ianchovichina and Loening（2014）运用门槛回归方法研究了中东和南非 18 个国家国际粮食价格波动对国内粮食价格波动的传导作用。研究结果表明：传递具有不对称性，国际粮食价格升高能够显著地传递到国内，使国内粮食价格升高，而国际粮食价格下降几乎不会影响国内粮食价格，原因在于政策和市场扭曲。李先德、王士海（2009）分析了国际粮食价格波动对中国的影响，研究发现，国际粮食价格波动对中国的影响有积极和消极两方面的影响。消极影响包括加剧国内粮价上涨压力、引发通货膨胀、增加粮食进口支出，积极影响体现在为提高国内农产品价格提供了上涨的空间。丁守海（2009），潘苏、熊启泉（2011），方晨靓、顾国达（2012）研究发现国际粮价波动对我国粮价波动具有传递效应。高帆、龚芳（2012）运用协整分析和 VEC 模型分析了国内外粮价之间的长期关联，并运用脉冲响应和方差分解分析了国际粮价对国内粮价的影响程度及传导时滞，指出传导机制体现为贸易传导和信息诱发机制，时间范围是 1997 年 4 月—2012 年 3 月。苏梽芳、王祥、陈昌楠（2012）运用成分 GARCH 模型分析了 1998—2010 年间中国粮食价格低频波动的决定因素，研究结果表明：生产成本和国际粮食价格变动有较强解释力。

除此之外，也有学者指出国际粮食价格波动的影响还包括影响粮食贸易政策、饮食习惯等。Byerlee（2006）研究发现一些国家考虑到国际粮食价格波动的影响，不愿意实行粮食市场自由化战略，他们认为粮食市场自由化的国家，粮食价格更加不稳定。尹靖华、顾国达（2015）在 Anderson 等（2013）提出的模型的基础上分析了 1992—2011 年间国际粮食价格波动对中国及其主要粮食贸易伙伴国贸易政策的影响机理及影响效果。研究结果表明：国际小麦、稻米和玉米价格波动能够引发贸易隔离，口粮的国际价格波动会引发更大的贸易隔离。Jones et al.（2014）研究表明粮食价格上涨改变消费者饮食习惯、购买策略，是造成不健康饮食的重要因素。

综上所述，目前关于粮食价格波动引发了许多关注和政策效果分析，国际粮价波动的研究已取得以上显著成果，但在国际粮食价格波动特点、国际粮食价格波动的影响因素、国际粮价波动的传导机制以及国际粮价波动对中国粮食安全影响方面的研究尚未达成一致的结论。

研究价格波动的主要方法是 ARCH 类模型。价格这类时间序列数据通常呈现出阶段性的较大波动和阶段性的相对稳定，即存在条件异方差。ARCH 类模型能较好地模拟时间序列的波动特征并把握风险。ARCH 类模型较广泛地应用在股票价格和期货类产品价格的研究领域。采用 ARCH 类模型对粮价波动的研究还较少，而且缺乏将粮食分为不同品种比较分析其价格波动不同特征及相关关联的研究。本书将利用 ARCH 类模型和 VAR 模型对国际粮价波动模式和各类粮食价格波动关系作系统地实证研究，探究国际粮价波动根源。

关于宏观、市场、基本供求面、货币和金融等不同要素对国际粮食价格波动的作用大小尚没有统一结论，原因在于尚没有将这些要素放到同一个框架中进行分析的研究。本书将综合考虑国际粮食价格波动的影响因素，探索国际粮食价格的定价机理。

关于国际粮食价格对国内粮食价格的传导、国际粮食价格波动的影响，特别是关于国际粮食价格波动对粮食安全影响的研究还不够深入、系统。本文将在分析国际粮食价格波动的直接影响和间接影响基础上，从粮食安全的两个方面，即粮食供给能力和粮食获取能力，实证分析国际粮食价格波动对中国粮食安全的影响效果。

三、研究的意义

（一）中国既是农业资源稀缺的国家，也是国际贸易意义上的大国，同时，中国又处于快速城市化和工业化之中，这使农业土地和水资源更加稀缺。从这个角度分析中国的现代农业建设问题，可以得到的初步结论是中国的现代农业建设必须利用国际资源，特别是通过贸易的方式进口稀缺资源密集型的农产品，但作为一个大国，进口的增加必然会引起农产品国际市场价格的上升，导致中国农产品贸易条件的恶化，在对外战略中，可能会引起其他粮食进口国的反对。因此，需要在粮食进口和自给之间达到一定的平衡；同时，为了提高农业的劳动生产率，缓解农业资源稀缺的压力，又需要提高资源的利用效率，调整农产品的生产结构。工业化也导致中国农业生产中各种化学物品的使用和农业资源的污染，产生了农业资源的退化和"食物安全"问题。因此，中国的现代农业建设是一个复杂的系统工程，需要对以上问题进行综合考虑，这是当前研究工作的一个薄弱环节。中国现代农业建设的复杂性也使中国的农业发展有别于其他国家和地区的农业发展，需要中国化的发展经济学作出系统回答，本成果就适应了这种需要，促进了发展经济学的中国化。将资源约束、工业化和城市化发展以及国际经济一体化趋势统一到我国现代农业建设这一命题之下，为更全面系统地研究我国农业经济和农村发展提供了有益的视角和范式。本研究的现实意义在于，以资源约束为条件，从理论和实践两个层面分析中国的农业发展问题，可以使我们更深刻地认识中国现代农业建设的复杂性和艰巨性，提出具有较强针对性和可操作性的发展战略和政策建议，为我国相关政策的制定提供理论基础和政策参考。

（二）研究国际粮价波动与中国粮食安全不论在理论上还是实践上都具有重要研究意义，具体体现在以下两个方面。

第一，本研究具有重要的理论意义。中国加入 WTO 之后，粮食市场对外开放程度逐步提高，粮食进口量大幅增加，特别是大豆，从而，研究国际粮食价格与国内粮食价格之间的关系，考察国际粮食价格波动对粮食安全的影响，至关重要。目前，国内关于国际粮食价格波动的研究，相对来说，数量较少，研究内容不够深入、系统。

用 ARCH 类模型和 SVAR 模型分析国际粮价波动及其原因，既是价格波动理论的应用，同时也是对理论的验证、丰富和发展。对国际粮食定价机理的实证研究也是对定价理论的丰富和发展，定价理论的研究多集中在金融产品领域，粮食定价既有金融产品的属性，也是商品定价的范畴，将两者结合起来研究也将丰富和完善定价理论。粮价波动既影响粮食供给又影响人们的粮食获取能力，因此，必然会影响一国粮食安全，粮价波动对粮食安全的影响研究还将从粮食供给和粮食获取两个方面丰富粮食安全理论。

第二，本研究具有重要实际应用价值。国际粮食价格近年来波动异常，给大量发展中国家的粮食安全带来巨大冲击，导致了一系列动乱和流血冲突。本研究的结论有利于发展中国家认清国际粮食价格波动的根源、国际粮食价格形成的机理及影响因素，从而采取有效措施降低国际粮食价格波动带来的不利影响，并采取有效策略争取国际粮食价格的定价权，维护其粮食安全。目前粮食进口也逐渐成为我国粮食供给的重要来源，国际粮食价格的波动势必对我国的粮食安全带来不利影响。根据美国农业部数据，2014 年，我国大豆进口总量达到 7835 万吨，约占世界大豆进口总量的 64.18%，即在大豆贸易中接近 2/3 的大豆都是由中国进口的。而且 2003 年的大豆危机给我国大豆产业带来巨大损失。2003 年 8 月，美国农业部调整了大豆库存数据，芝加哥期货交易所（CBOT）的大豆期货合约价格因此迅速上涨。期货价格的大幅上涨导致大豆现货交易价格也快速上涨。中国豆油压榨企业担心大豆价格继续上涨，因此都纷纷加大采购力度。2004 年 4 月，美国农业部又调高了大豆产量数据，国际投资基金马上大量抛出大豆期货，大豆期货价格立即直线下降，拦腰折去一半还多，给中国大豆压榨企业带来巨大损失。而且随着国际大豆价格的下跌，国内大豆价格也大幅下降，给豆农也造成巨大损失，因此国内大豆种植迅速减少，国外转基因大豆趁机占领中国大豆市场，这就是著名的 2004 年中国大豆危机。本研究在分析国际粮食价格形成机理的基础上，提出了我国应对国际粮食价格波动、争取国际粮食价格定价权的对策，这对我国避免粮食危机、保障粮食安全具有重要意义。国际粮价近年来波动异常，给许多国家的粮食安全带来巨大冲击，不少国家也因此发生动乱和流血冲突。粮食安全问题是一个相当重要的世界问题，在发展中国家表现尤为突出。本研究将有利于认清国际粮价波动模式，找到国际粮价波动根源，分析国际粮价定价机理，对政策制定者制定确保粮食安全政策具有重要借鉴意义，特别是对于贫困人口较多的发展中国家有效地开展保障粮食安全的实践工作具有重要指导意义。

四、研究的主要内容

（一）中国农业资源的总体概况及区域类型划分。从土地、热量、水资源以及农业机械化和基础设施等方面分析了中国农业资源的概况及区域分布。

（二）资源丰缺度不同国家农业现代化的比较。比较分析了美国、亚洲及西欧农业现代化模式的形成及其特点，并总结了资源丰缺度不同国家农业现代化模式的经验教训。

（三）工业化和城市化对中国农业资源变化的影响。在总结中国工业化、城市化进程的基础上，具体分析了工业化、城市化对农业劳动力的非农化，提高农业的人均耕地面积和劳动生产率的影响，以及工业化和城市化对农业资源的减少和污染的影响。

（四）国际粮价波动原因分析。对于粮价波动的原因可以从供给和需求两个方面分析。供给方面因素主要有自然灾害、气候变暖等导致粮食产量的波动。需求方面因素主要有消费结构升级、人口增加、生物燃料的生产。但只是这样简单分析并不能真正解释价格时高时低的波动性，充其量只能解释粮价上涨，只有将供给和需求两者结合起来辩证地分析才能找到国际粮食价格波动的真正根源。而且目前恐慌性购买和煽动远景悲观预期的国际投机热钱的大举进入，国际游资的冲击对国际粮价波动的影响也不容忽视。

（五）国际粮食定价机理。粮价波动与国际粮食定价机理息息相关，国际粮食定价权一直以来被芝加哥商品交易所实际掌控。发展中国家没有定价权使其丧失了粮食生产和消费的自主权，很容易受到国际粮价波动的影响，导致了只要粮价高涨必然会产生粮食危机的恶果，争取国际粮食定价权对发展中国家特别是中国的粮食安全意义重大。因此需要在国际粮食定价模式研究的基础上从理论和实证两方面探寻国际粮食定价机理，掌握定价规律。

（六）国际粮价波动对中国粮食安全的影响。粮食安全的两个核心要素是粮食供给和粮食获取。国际粮食价格波动对中国粮食安全的影响主要表现为国际粮食价格波动对粮食供给的影响以及对粮食获取的影响。国际粮食价格波动对粮食供给的影响渠道为：国际粮食价格波动对中国国内粮食价格的溢出传导效应，进而影响粮食供给。国际粮食价格波动对粮食获取的影响渠道为：国际粮食价格波动对中国国内粮食价格的溢出传导效应，进而影响粮食获取。由此，研究国际粮食价格波动对中国粮食安全的影响就转化为研究国际粮食价格波动对中国粮食价格的溢出传导效应以及中国粮食价格波动对粮食安全的影响。国际粮价波动对国内粮价波动具有溢出传导效应，而国内粮价波动必然会影响国内粮食生产和需求，从而对供需均衡产生冲击，带来粮食安全问题。

（七）中国农产品的供需分析及粮食安全目标的确定。在建立预测模型的基础上，分别预测了中国未来的粮食消费量及粮食产量，分析了中国未来的粮食供需均衡状况。

（八）农业国际化与中国农业资源的拓展。在总结中国农业国际化进程的基础上，分析了农业国际化对中国农业自然及社会资源的影响，并提出了中国拓展农业资源的相关战略。

（九）资源约束下中国现代农业建设的目标思路与政策建议。依据现代农业建设的相关理论提出了资源约束下中国现代农业建设的目标与思路及中国现代农业建设的政策建议。

（十）中国参与国际粮食定价的策略。中国在应对国际粮价波动的不利影响时应积极应对、争取国际粮食定价主导权，这需要降低国内粮食供求波动，加强资本及期权期货市场的建设，影响全球经济形势、实施企业联盟和走出去的战略以及制定弹性汇率机制等。

五、研究的方法与课题的创新之处

（一）研究方法

1. 理论分析与经验归纳相结合的研究方法。在分析城市化、工业化和国际化与现代农业建设之间的相互关系时，首先根据西方经济学、发展经济学、国际贸易理论的有关分析工具建立起基本分析框架，再运用有关国家及我国的经验材料验证城市化、工业化和国际化与农业现代化的关系。在前人研究的基础上综述粮价波动理论的发展脉络，并结合当前粮价波动的特点，进行更加明确的理论阐释，为国际粮价波动问题的研究提供新的理论框架。

2. 理论分析与实证分析相结合的方法。对国际粮价波动本质、根源以及国际粮食定价机理的分析上利用农业经济学、定价理论、国际经济学相关理论进行理论分析；利用一阶自相关模型分析国际粮食价格波动的均值回复过程；利用混合 OLS 模型、差分 GMM 和系统 GMM 分析国际粮食价格波动的影响因素；运用 FM 回归、截面回归、FE 模型、RE 模型、混合 OLS 模型分析国际粮食供给波动、国际粮食需求波动的影响因素；利用混合 OLS 模型分析国际粮食生产、国内粮食使用的影响因素；在国际粮价波动对中国粮食安全影响的实证分析中，利用 HP 滤波方法度量粮价波动，利用时间序列回归分析国际粮价波动对中国粮价波动的影响，利用格兰杰因果关系检验分析国际粮价波动与中国粮价波动之间的关系，运用脉冲响应揭示国际粮价波动对中国粮价波动影响传导的时滞性，利用 Structural VAR 从多国的角度分析国际粮价波动对中国粮价波动的影响，利用 ARMA Maximum Likelihood（OPG-BHHH）估计中国粮价波动对中国粮食自给率的影响，利用自回归分布滞后模型和格兰杰因果关系检验分析中国粮价波动对中国粮食安全的影响。采取 Panel Data 理论，系统研究城市化和工业化对农业生产资源变化的影响，并研究其相应的短期与长期影响机制；利用灰色系统模型预测中国的未来的粮食产量等。

3. 比较归纳分析法。比较美、欧、亚资源丰缺度不同的国家和地区农业现代化建设的模式以及成功的经验和失败的教训，并进行归纳总结，为我国的现代农业建设提供借鉴。对粮食价格波动模式的分析采用分类比较的分析方法，分类研究稻米、小麦、玉米、高粱、大豆的价格波动模式；分类研究稻米、小麦、玉米、大豆四类主要粮食作物价格波动与石油价格波动之间的关系；比较分析高粮价波动样本组与低粮价波动样本组在粮食供给、粮食供给波动率、粮食需求、粮食需求波动率及国际热钱等方面的差别；根据粮食生产、国内粮食使用分组，利用单变量组间差异检验分析不同组别的国家特征；在国际粮食价格波动对中国粮食价格影响的研究中，不但分品种，而且分国家进行比较。在中国粮价波动对中国粮食安全影响的研究中分品种进行比较。

（二）创新之处

1. 研究视角的创新。从农业资源约束的角度出发，结合我国快速工业化和城市化，以及经济国际化的趋势来探究现代农业建设问题。

2. 根据我国各地区资源禀赋的不同，将我国分为 7 个地区，分别分析了各地区的资源状况，并根据各地区资源禀赋的差异，提出了适宜各地区特色的现代农业建设路径。

3. 将供给和需求两方面结合起来辩证分析国际粮食价格波动原因，探寻国际粮价波动的根源，并强调国际游资的作用。本文建立在较为宽阔的视角上，不但考虑了供求基本面传统因素的影响，也将投机这一新兴因素纳入其中。不但进行了理论分析，也进行了实证分析。实证分析中首先运用一阶自相关模型等进行了统计性分析，在此基础上，运用面板数据模型进行实证分析。考虑到结论的可靠性，本文运用不同的回归方法进行了稳健性检验，如在国际粮食价格波动影响因素检验中运用混合 OLS、差分 GMM、系统 GMM 进行估计；在国际粮食供给波动影响因素、国际粮食需求波动影响因素检验中运用 FM、截面回归、固定效应模型、加入时间虚拟变量，采用固定效应模型、随机效应模型；在粮食生产、粮食使用影响因素分析中，先用单变量组间差异进行了统计性分析，进而用混合 OLS 模型进行检验。

4. 对国际粮食定价机理进行尝试性的理论探讨。在劳动价值论、供需价格论、制度政策论分析基础上，探索国际粮食价格定价机理。在此基础上，构建多元动态时间序列模型实证分析各主要因素对粮食价格的影响，之后通过各序列的自相关函数与偏自相关函数图对模型进行识别，并对模型进行影响系数估计，分析了长期均衡方程和误差修正方程。

5. 分析国际粮价波动对中国粮食安全的影响机制，特别是实证分析国际粮价波动对中国粮食价格波动的溢出传导效应，以及中国粮食价格波动对中国粮食自给率、粮食供给和粮食获取的影响。在分析国际粮价波动对中国粮食价格波动的溢出传导效应时，首先从整体上进行分析，其次进行多国分析。此外，从宏观和微观、供给和获取两个角度，分析了中国粮食价格波动对中国粮食自给率、粮食供给以及粮食获取的影响。

第一章　中国农业资源的总体概况
及区域类型划分

第一节　中国农业资源总体概况

一、我国土地资源概况

从总量来看，中国土地总面积 960 万平方公里，仅次于俄罗斯和加拿大居世界第三位。从土地利用的现状来看，根据 2007 年土地利用变更调查结果，全国耕地 12173.52 万公顷（18.26 亿亩），园地 1181.31 万公顷（1.77 亿亩），林地 23611.74 万公顷（35.42 亿亩），牧草地 26186.46 万公顷（39.28 亿亩），其他农用地 2549.11 万公顷（3.82 亿亩），居民点及独立工矿用地 2664.72 万公顷（4.00 亿亩），交通运输用地 244.43 万公顷（0.37 亿亩），水利设施用地 362.86 万公顷（0.54 亿亩），其余为未利用地。我国土地资源的分布也呈现一定的规律性。耕地 90% 分布在东部受季风影响的平原、盆地和浅丘地区，其中年降水量大于 800 毫米的地区（相当于秦岭—淮河一线以南），集中了全国 93% 的水田；此线以北地区集中了全国 85% 的旱耕地。天然林地主要分布在东北、西南和华南山区，人造林地主要分布于城镇及农村居民点附近，沿铁路、公路及平原区耕地集中区分布着防护林网，灌木林则分布于东部和南部山丘。天然草场主要分布于西北半壁，包括内蒙古、宁夏、甘肃河西、新疆、青海和西藏。沙漠和戈壁主要分布于西北干旱区，如塔里木、准噶尔、柴达木三大盆地及内蒙古西部。高寒荒漠集中在西藏北部。沼泽地主要分布于东北三江平原、青藏高原河源区，以及长江口以北滨海区。盐碱地主要分布在西北干旱区各灌区的尾间，是采用落后的大水漫灌方式的产物。此外，黄淮海平原和北方滨海地带也有大面积的盐碱地。

我国耕地资源的数量在逐年减少。1996 年耕地面积为 130039.2 千公顷，2007 年下降到 121735.20 千公顷，11 年间减少了 8304 千公顷（表1.1）。从耕地减少的绝对量来看，陕西、内蒙古、四川、河北、山西、广东、贵州、甘肃、云南 9 省耕地减少都在 30 万公顷以上，其中陕西和内蒙古耕地减少量超过 100 万公顷；从各地区耕地减少占 1996 年耕地面积比重来看，北京、陕西、青海、上海、广东、内蒙古、宁夏、山西、四川都超过 10%，其中北京高达 32.48%。在现有的耕地中，水土流失依然严重，土地沙化面积在逐步扩大。中国是沙漠化危害严重的国家之一。全国沙漠化土地面积约 3340 万公顷，其中在人类史前早已存在的沙漠化土地约占 1200 万公顷，近 50 年来形成的现代沙漠化土地有 500 万公顷，还有潜在沙化危险的土地约 1600 万公顷。若和沙漠、戈壁合计，则有 15330 万公顷，占到全国土地面积的 15.9%。

表 1.1 1996—2007 年我国耕地资源的动态变化

地区	1996 年耕地面积（千公顷）	2007 年耕地面积（千公顷）	1996—2007 年耕地减少（千公顷）	减少耕地占 1996 年耕地面积比重（%）
北京	343.9	232.19	111.71	32.48
天津	485.6	443.68	41.92	8.63
河北	6883.3	6315.14	568.16	8.25
山西	4588.6	4053.45	535.15	11.66
内蒙古	8201	7146.28	1054.72	12.86
辽宁	4174.8	4085.17	89.63	2.15
吉林	5578.4	5535.02	43.38	0.78
黑龙江	11773	11838.37	65.37	0.56
上海	315.1	259.63	55.47	17.6

地区	1996 年耕地面积（千公顷）	2007 年耕地面积（千公顷）	1996—2007 年耕地减少（千公顷）	减少耕地占 1996 年耕地面积比重（%）
江苏	5061.7	4763.77	297.93	5.89
浙江	2125.3	1917.54	207.76	9.78
安徽	5971.7	5728.15	243.55	4.08
福建	1434.7	1333.08	101.62	7.08
江西	2993.4	2826.75	166.65	5.57
山东	7689.3	7507.06	182.24	2.37
河南	8110.3	7926.03	184.27	2.27
湖北	4949.5	4663.36	286.14	5.78
湖南	3953	3788.97	164.03	4.15
广东	3272.2	2847.66	424.54	12.97
广西	4407.9	4214.7	193.2	4.38
海南	762.1	727.5	34.6	4.54
四川	9169.1	8189.2	979.9	10.69
贵州	4903.5	4487.46	416.04	8.48
云南	6421.6	6072.36	349.24	5.44
西藏	362.6	361.14	1.46	0.4
陕西	5140.5	4049.04	1091.46	21.23
甘肃	5024.7	4659.75	364.95	7.26
青海	688	542.2	145.8	21.19
宁夏	1268.8	1106.34	162.46	12.8
新疆	3985.7	4114.22	128.52	3.22
全国	130039.2	121735.2	8304	6.38

数据来源：相关年份《中国统计年鉴》。除非特别指明，本部分中所有数据均根据相关年份《中国统计年鉴》整理。本表中重庆的耕地并入四川省。

从人均占有量来看，我国人均土地面积只有世界人均水平的 29%，分别是澳大利亚、加拿大、俄罗斯、美国人均土地的 1.8%、2.4%、7.0% 和 21.0%。人均占有的耕地、草地、林地分别是世界人均占有量的 33%、

42% 和 26%。并且，我国农垦历史悠久，质量好的土地资源绝大多数已被开发利用，土地后备资源潜力较小。并且我国土地资源中难以利用的土地资源面积大，后备土地资源潜力不足，特别是耕地后备资源不足。据有关方面统计，我国目前还有土地后备资源 12500 万公顷，但其中可供开垦种植农作物和牧草的宜农荒地仅约 3400 万公顷，而其中宜耕荒地资源只有 1360 万公顷。在这全部 3400 万公顷宜农荒地中，现为天然草场的约占 40%。这些荒地即使开垦，一般也应用于种植饲草、饲料。另有 670 万公顷荒地零星分布在南部山丘地区，应主要用于发展经济林木。实际上可开垦为农用地的不足 1300 万公顷，主要分布在黑龙江、新疆，开垦后可得耕地仅 670—800 万公顷。此外，目前还有部分工矿废弃地，但可复垦为耕地的数量不大。根据现有开发复垦能力，我国今后 15 年最多可开发 500 万公顷土地。

二、我国热量资源概况

热量资源主要来自太阳辐射，通常以温度指标表示。我国地处世界上最大的陆地——欧亚大陆的东南部，大陆性气候显著。我国大陆性气候的特征主要表现在气温的年、日变化大；冬季寒冷，南北温差悬殊；夏季炎热，全国气温普遍较高。最冷月多出现在 1 月份，最冷月平均气温远低于全世界同纬度的平均值。年最低气温的多年平均值在我国最北部低于 -45℃，而在海南岛即达 11℃，相差 50℃ 以上。夏季，我国又是世界同纬度上，除沙漠干旱地区外最热的国家。最热的月份几乎都出现在 7 月，我国东部淮河以南月平均气温基本上都在 28—30℃ 之间。但是，由于我国气候的大陆性强，最热月平均气温的南北差异远比最冷月平均气温的南北差异小得多。全国气温年较差基本上随纬度升高而增加，黑龙江省的大部分和新疆的准噶尔盆地、吐鲁番盆地年较差都在 40℃ 以上，最大的接近 50℃；黄河流域为 30℃ 左右；长江中下游为 20℃ 左右；珠江流域约 15℃。平均气温日较差也和年较差一样，越向西北内陆越大。大体上淮河、秦岭一线以南小于 10℃；往北至华北平原增大到 10—12℃，黄土高原和东北大部分为 12—14℃，蒙新、青藏可达 14—16℃以上。

以活动积温为标准，我国自南而北可以划分为赤道带、热带、亚热带、暖温带、中温带、寒温带、高原带 7 个热量带，以及一个特殊的青藏高寒区。（1）赤道带。位于北纬 10 度以南的南海岛屿地区。年积温达 9000℃，年平均气温在 26℃以上，气温变化很小，四季雨量分配较平均。（2）热带。包括台湾省的南部、雷州半岛和海南岛等地。年积温≥8000℃，最冷月平均气温不低于 16℃，年极端最低气温多年平均不低于 5℃，极端最低气温一般不低于 0℃，终年无霜。（3）亚热带。包括华北和华南地区。年积温在 4500—8000℃之间，最冷月平均气温 -8—0℃，是副热带与温带之间的过渡地带，夏季气温相当高（候平均气温≥25℃至少有 6 个候，即 30 天），冬季气温相当低。（4）暖温带和中温带。包括内蒙古和新疆北部地区。年积温在 1600—3400℃之间，最冷月平均气温在 -28—8℃、夏季平均气温多数仍超过 22℃，但超过 25℃的已很少见。（5）寒温带。我国东北地区的北部属于此种类型的气候。年积温低于 1600℃，最冷月平均气温低于 -28℃，冬季严寒程度比温带更甚，寒冷期比温带更长。（6）高原带。我国青藏高原属于此种类型的气候。年积温低于 2000℃，日平均气温低于 10℃，最热的气温也低于 5℃，甚至低于 0℃。气温日较差大而年较差较小，但太阳辐射强，日照充足。

三、我国水资源概况

据水利部水资源公报，2007 年全国水资源总量为 25255.16 亿立方米，人均水资源量为 211616.93 立方米 / 人。其中地表水资源量 24242.47 亿立方米，折合径流深 256.0 毫米；矿化度≤2g/L 地区的地下水资源量为 7617 亿立方米，平原区地下水资源量为 1674 亿立方米，山丘区地下水资源量为 6238 亿立方米，平原区与山丘区之间的地下水资源重复计算量为 295 亿立方米。分省来看，我国水资源总量最多的省份是西藏，高达 4321.38 亿立方米；其次是四川和云南，分别为 2299.84 亿立方米和 2255.52 亿立方米；广东、湖南、广西、江西、福建、贵州、湖北七省的水资源总量也

超过 1000 亿立方米。从人均水资源占有量来看，西藏也是我国人均水资
源量最多的地区，高达 15269.20 立方米 / 人；其次是青海、云南、新疆、
海南和福建，分别为 12029.45 立方米 / 人、5013.94 立方米 / 人、4167.79
立方米 / 人、3373.31 立方米 / 人和 3005.74 立方米 / 人；广西、四川、贵州、
江西、重庆和湖南的人均水资源量也分别超过 2000 立方米 / 人。

　　总体来看，我国水资源量呈现下降的态势。我国的水资源总量和人
均水资源量从 2000 年的 27700.80 亿立方米和 2193.87 立方米 / 人，分别
下降到 2003 年的 27460.19 亿立方米和 239448.2 立方米 / 人，和 2007 年
的 25255.16 亿立方米和 211616.9 立方米 / 人，水资源总量和人均水资源
量 7 年间下降了 2205.04 亿立方米和 27831.3 立方米 / 人。从水资源总量
减少的绝对量来看，广西、西藏、湖南、安徽、黑龙江、四川、江西、河
南、湖北 9 省水资源总量减少都在 200 亿立方米以上，其中广西和西藏减
少量分别为 514.72 亿立方米和 435.76 亿立方米；云南、浙江、福建、贵
州、广东、重庆等省份是水资源总量净增加的地区，其中云南净增 556.46
亿立方米。从人均水资源量减少的绝对量来看，西藏、广西、黑龙江、内
蒙古、江西、新疆 6 省，减少量都在 600 立方米 / 人以上，其中西藏和
广西减少量分别为 24205.47 立方米 / 人和 1005.62 立方米 / 人；云南、浙
江、福建、贵州、广东、重庆等省份也是人均水资源量净增加的地区，其
中云南净增 1111.40 立方米 / 人。2003—2007 年我国水资源的变化态势见
表 1.2。

表 1.2　2003—2007 年我国水资源量的变化

地区	2003 年		2007 年		2007 年相对于 2003 年的变化	
	水资源总量 （亿立方米）	人均水资源 量（立方 米 / 人）	水资源总量 （亿立方米）	人均水资源 量（立方 米 / 人）	水资源总量 （亿立方米）	人均水资源 量（立方 米 / 人）
北京	18.4	127.8	23.81	148.16	5.41	20.36
天津	10.6	105.1	11.31	103.29	0.71	−1.81

续表

地区	2003 年		2007 年		2007 年相对于 2003 年的变化	
	水资源总量（亿立方米）	人均水资源量（立方米/人）	水资源总量（亿立方米）	人均水资源量（立方米/人）	水资源总量（亿立方米）	人均水资源量（立方米/人）
河北	153.1	226.7	119.79	173.09	−33.31	−53.61
山西	134.9	408.2	103.4	305.56	−31.48	−102.66
内蒙古	495.6	2082.7	295.86	1232.25	−199.71	−850.43
辽宁	220	522.9	261.72	610.85	41.75	87.93
吉林	326.5	1208.7	346.04	1269.17	19.52	60.51
黑龙江	826.8	2167.8	491.85	1286.38	−334.95	−881.42
上海	15.1	90.6	34.5	187.86	19.38	97.21
江苏	619.1	837.3	495.71	653.32	−123.34	−183.97
浙江	574.5	1231.9	892.15	1777.19	317.66	545.31
安徽	1083	1699.1	712.46	1165.29	−370.55	−533.81
福建	806.6	2319.9	1072.9	3005.74	266.27	685.85
江西	1362.7	3215.4	1112.96	2556.47	−249.72	−658.92
山东	489.7	537.9	387.11	414.56	−102.58	−123.36
河南	697.7	723.8	465.18	496.14	−232.56	−227.66
湖北	1234.1	2058.6	1015.06	1782.05	−219.09	−276.58
湖南	1799.2	2707.2	1426.55	2247.07	−372.65	−460.13
广东	1458.4	1844.6	1581.15	1686.29	122.74	−158.28
广西	1901	3928.1	1386.26	2922.44	−514.72	−1005.62
海南	291.8	3615.9	283.53	3373.31	−8.27	−242.55
重庆	590.7	1894.3	662.96	2357.61	72.22	463.29
四川	2589.8	2981.5	2299.84	2822.58	−290	−158.87
贵州	915.5	2375.7	1054.62	2805.22	139.13	429.48
云南	1699.4	3902.5	2255.52	5013.94	556.12	1111.44

地区	2003 年		2007 年		2007 年相对于 2003 年的变化	
	水资源总量（亿立方米）	人均水资源量（立方米 / 人）	水资源总量（亿立方米）	人均水资源量（立方米 / 人）	水资源总量（亿立方米）	人均水资源量（立方米 / 人）
西藏	4757.1	177174.7	4321.38	152969.2	−435.76	−24205.5
陕西	574.6	1560.6	377.03	1007.71	−197.57	−552.86
甘肃	247.2	951.6	228.73	875.86	−18.5	−75.75
青海	634.7	11940.9	661.62	12029.45	26.96	88.53
宁夏	12.3	212.7	10.39	171.1	−1.86	−41.57
新疆	920.1	4793.6	863.77	4167.79	−56.36	−625.83
全国	27460.19	239448.2	25255.16	211616.9	−2205.03	−27831.3

数据来源：人均水资源数据根据水资源总量和人口数计算得到，其中，2003 年和 2007 年水资源总量及人口数据分别来源于《中国统计年鉴》2004、2008。

　　我国水资源地域分布极不均衡，水资源富集地区和经济发展重心偏离。我国水资源整体表现为南多北少，东多西少（表 1.2）。长江以南地区，水资源量占全国的 80%，而耕地仅占 30%，人口占 54%，人均水资源达 3487 立方米 / 人，亩均水资源达 4317 立方米 / 亩。长江以北地区，水资源仅占全国的 20%，但耕地却占全国的 70%，人均水资源仅 770 立方米 / 人，亩均水资源仅 470 立方米 / 亩，这是造成我国西北和华北地区资源性缺水的主要原因。具体来看 2007 年北方六区（松花江、辽河、海河、黄河、淮河、西北诸河六个水资源一级区）水资源总量 4923 亿立方米，占全国的 19.5%；南方四区（长江、东南诸河、珠江、西南诸河四个水资源一级区）水资源总量 20332 亿立方米，占全国的 80.5%。全国水资源总量占降水总量的 43.7%，平均每平方公里产水 26.7 万立方米。

　　尽管水资源的绝对量较大，但相对量小。与世界各国相比，中国的河川径流总量居世界的第 6 位，少于巴西、原苏联、加拿大、美国和印尼。但是我国人口有 14 亿，按人均水资源量计，约为世界人均水资源量

的 1/4，美国的 1/5，原苏联、印度尼西亚的 1/7，加拿大的 1/50。日本的
河川径流量仅为我国的 1/5，但人均占有量为中国的两倍。据最新对世界
149 个国家和地区调查表明，中国人均水资源只排在世界第 109 位。从耕
地的角度看，中国每公顷平均水资源量为 20857 立方米，约为世界平均
值的 60%，低于巴西、加拿大、印度尼西亚和日本等国家。目前农业用
水每年匮缺 300 亿立方米，农村有 8000 万人口饮水困难。旱灾已成为我
国覆盖面最广、成灾损失最大的灾害，而且受灾面积逐年扩大。据统计，
20 世纪 50 年代全国农作物受旱面积为 2 亿亩，60 年代达 3 亿亩，进入
70 年代以后扩大到 4 亿亩，目前全国耕地实际灌溉面积仅 40%，每年有
60% 的耕地无水灌溉。未来 30 年内，我国人口还将不断增加，人口的增
加一方面会直接扩大用水需求，另一方面还会加大对农产品需求的压力，
进而加剧农业用水短缺的矛盾。

四、我国农业机械化和基础设施概况

农业基础设施是指农业水利设施以及为农业服务的机械、电力、交
通、通信、气象等设施，完备、坚实的农业基础设施是农业生产顺利开展
的保证。中华人民共和国成立以来，我国进行了大量的农业基础设施投资
建设，基本上满足了农业发展需求。1990—2007 年我国的全社固定资产
投资增加了 118163.7 亿元，年均增长 385.3%（表 1.3）。特别是在农田水
利基本建设、乡村道路以及农业技术推广等方面进行了大量的投资，极大
地改善了这些地区的农业生产条件。从 1990 年到 2007 年，水库、乡村办
水电站发电、农村用电量、有效灌溉面积、农业生产性固定资产原值、化
肥使用量、堤防长度、堤防保护面积分别增加了 2025 座、937.8 万千瓦、
4665.4 亿千瓦时、9115.2 千公顷、5107.29 元 / 户、2517.5 万吨、6.4 万公里、
1351.8 万公顷。但是我国农业基础设施的整体水平还是比较低，而且区域
发展差距较大，中西部地区的农业基础设施建设薄弱，这些问题制约了农
业现代化水平的提高。

表 1.3 关键年份我国农业生产条件主要指标

指标	1990 年	2000 年	2005 年	2007 年	1990—2007 增加量
全社固定资产投资（亿元）	1703.8	32917.7	88773.6	119867.5	118163.7
水库（座）	83387	85120	85108	85412	2025
乡村办水电站发电（万千瓦）	428.8	698.5	1099.2	1366.6	937.8
农村用电量（亿千瓦时）	844.5	2421.3	4375.7	5509.9	4665.4
有效灌溉面积（千公顷）	47403.1	53820.3	55029.3	56518.3	9115.2
农业生产性固定资产原值（元 / 户）	898.93	3321.66	5179.46	6006.22	5107.29
化肥使用量（万吨）	2590.3	4146.4	4766.2	5107.8	2517.5
堤防长度（万公里）	22	27	27.7	28.4	6.4
堤防保护面积（万公顷）	3200	3960	4412	4551.8	1351.8

数据来源：《中国统计年鉴》相关年份。

我国的农业机械水平在逐年增加，我国 1990 年和 2007 年主要农业机械的拥有量及其增长情况见表 1.4。从表 1.4 中可以看出，我国农业机械总动力从 1990 年底到 2007 年底的 17 年中增长了 47881.9 万千瓦，年平均增长 9.81%。大中型拖拉机增长 124.92 万台，年平均增长为 9.03%，小型拖拉机增长 921 万台，年平均增长 7.76%。相应的大中型拖拉机配套农具增长了 210.9 万部，年平均增长 12.7%；小型拖拉机配套农具增长了 2084.2 万部，年平均增长 18.9%。到 2007 年底，我国耕、种、收综合机械化水平已达到 41%，农业劳动力占全社会从业人员比重已降至 38%。这标志着我国农业机械化发展在 2007 年已经由初级阶段跨入了中级阶段，一方面说明农业生产方式发生了重大变革，机械化生产方式由原来的次要地位转化为主导地位；另一方面说明我国农业发展方式发生重大转变，由原来依赖和占用人力资源向依靠科学技术和现代农业装备转变。然而中级阶段也是农业机械化发展的矛盾凸显期，主要矛盾是日益增长的农业机械化需求与农机有效供给不足的矛盾，矛盾的主要方面是有效供给不足问题。

表 1.4　关键年份我国农业机械化主要指标

指标	1990 年	2000 年	2006 年	2007 年	1990—2007 年增量
农业机械总动力（万千瓦）	28707.7	52573.6	72522.1	76589.6	47881.9
大中型拖拉机（台）	813512	974547	1718247	2062731	1249219
大中型拖拉机动力（万千瓦）	2745.5	3161.1	5245.3	6101.1	3355.6
小型拖拉机（万台）	698.1	1264.4	1567.9	1619.1	921
小型拖拉机动力（万千瓦）	6231.4	11663.9	15229.1	15729.2	9497.8
大中型拖拉机配套农具（万部）	97.4	140.0	261.5	308.3	210.9
小型拖拉机配套农具（万部）	648.8	1788.8	2626.6	2733.0	2084.2
农用排灌柴油机（万台）	411.1	688.1	836.4	861.5	450.4
农用排灌柴油机动力（万千瓦）	3348.5	5232.6	6148.8	6282.8	2934.3
渔用机动船（艘）	320927	459888	492126	524848	203921
渔用机动船动力（万千瓦）	696.0	1338.7	1498.3	1605.3	909.3

数据来源：《中国统计年鉴》相关年份。

五、我国农业资源总体评价

（一）资源种类较为齐全。我国广袤的国土上，各种农业资源几乎是应有尽有，较为齐全。就各种农业资源适应本国经济发展需要的程度来说，我国堪称是世界上农业自然资源自给程度较高的国家。

（二）绝对量大，相对量少。评价农业资源的数量，一国一地区所拥有的自然资源绝对量固然重要，但农业资源的价值主要在于要有人去开发利用，使它的潜在优势变成现实的商品优势。所以农业资源人均占有的相对量尤为重要。我国幅员辽阔，但又是世界上人口最多的国家，从上述的农业资源数量来看，各项资源无一例外都具有绝对量大、相对量少的突出特点。资源相对量少，说明我国所拥有的农业资源并非都是丰富的，要倍加珍惜，予以合理开发利用。

（三）资源质量参差不一。评价农业资源既要看数量，也要看质量。我国拥有的农业资源，尽管总量很大，但是质量却不尽人意。首先是山地占了陆地国土的 2/3 面积，扩大耕地、发展生产、进行建设都受到限制。其次季风环流的不稳定性，引发频繁的水旱灾害，影响生产和生活。我国年降水不足 250 毫米的干旱区占了全国 1/3 的面积，严重影响了土地资源的开发。此外，沙漠、戈壁、寒漠、风沙地、盐碱地、沼泽地占有相当大的面积。北方的黄土高原和南方的红壤丘陵，水土流失都比较严重。所有这些不利的自然环境，一时还难以开发利用，甚至难以根本改造，尚待付出努力，经过长期创造条件，才可能有所转化。

（四）资源承载力地区差异明显。我国农业资源的承载力具有明显的差异。如以生产粮食能力的大小，从而以承载人口数量的多少，作为衡量我国各地区土地资源承载力的高低——承载人口限度的标志，则我国各地土地资源生产粮食的能力大小及其与人口总需求关系而言，便有资源承载力高于人口总需求的地区（富裕地区，主要是鄂、湘、鲁、赣、皖、浙、苏、黑、吉 9 省），资源承载力接近人口总需求的地区（临界地区，包括冀、豫、晋、内蒙古、川、陕、宁、新 8 省区），资源承载力低于人口总需求的地区（超载地区，主要有京、津、沪、辽、闽、粤、桂、琼、黔、滇、藏、甘、青 13 省区市）3 类不同地区之分。

（五）资源空间分布有利有弊。我国农业自然资源的空间分布，主要有 3 个特点。第一，即广泛又集中；第二，有一定的地区组合优势；第三，资源丰度高的地区与产业丰度高的地区不一致，存在区域二元结构。若干相关的资源在空间分布上具有一定的地域组合，有利于资源的综合开发。但是资源分布与解决发展区域不匹配，会产生很多的问题，如我国水资源空间分布与土地、农业人口分布以及生产力布局不相匹配，将给农业生产带来不便。

第二节　我国农业资源的区域分布分析

我国农业资源分布存在着较大的地域分异。纵观我国农业资源分异的大势，可以看出，在我国土地上，最大的农业资源地域差异首先是东部和西部。东部地区热、水、土条件的配合较好，人口稠密，是我国绝大部分耕地、农作物和林业、畜牧业和渔业的集中地区。西部地区则气候比较干旱，热、水、土条件的配合上有较大的缺陷，绝大多数是少数民族聚集地区，交通不便，人口稀少，农地少而分散，大部分地区以放牧为主。在东部和西部，又可以分为南北两大部分。在东部，秦岭淮河以北的北方地区，旱地是耕地的基本形态；秦岭淮河以南的南方地区，水田是耕地的基本形态。西部祁连山以北的地区是干旱气候区，种植业完全依靠灌溉；祁连山以南的地区除少数河谷以外，都具有高寒气候的特点。

　　以上四大地区虽然可以粗略的反映我国国土上农业资源的重大地域差异，但是毕竟过于粗略，必须做进一步分区。遵循农业资源的基本地域分异格局，根据耕地资源、农业机械总动力、水资源总量、农业劳动力、农业生产性固定资产原值等指标，本研究将我国的农业资源分为东北区、东中区、东南区、西北区、西南区、中北区和中南区七大地区。东北区包括黑龙江、吉林、辽宁三省；东中区包括北京、天津、河北、山东，东南区包括上海、江苏、浙江、福建、广东、海南；西北区包括陕西、甘肃、青海、宁夏、新疆、内蒙古；西南区包括重庆、四川、贵州、云南、广西；中北区包括山西、安徽、河南；中南区包括江西、湖北、湖南。西藏没有考虑。农业资源的地域类型区、各类型区的基本特征见表1.5。

表 1.5　2007 年各类型区的基本特征

		国土面积（万平方公里）	人口（万人）	耕地（千公顷）	农用机械总动力（万千瓦）	水资源总量（亿立方米）	农业劳动力（万人）	农业生产性固定资产原值（元/户）
东北区	辽宁	14.59	4298	4085.17	1941.7	261.72	703.3	7429.12
	吉林	18.74	2730	5535.02	1678.3	346.04	513.4	11839.15
	黑龙江	45.46	3824	11838.37	2785.3	491.85	773.4	13218.32
	总量	78.79	10852	21458.56	6405.3	1099.61	1990.1	10828.86

续表

		国土面积（万平方公里）	人口（万人）	耕地（千公顷）	农用机械总动力（万千瓦）	水资源总量（亿立方米）	农业劳动力（万人）	农业生产性固定资产原值（元/户）
东中区	北京	1.68	1633	232.19	300.5	23.81	65.3	3349.26
	天津	1.19	1115	443.68	604.9	11.31	77.9	5433.45
	河北	18.77	6943	6315.14	9134.5	119.79	1488.7	6746.87
	山东	15.67	9367	7507.06	9917.8	387.11	1960.1	7144.5
	总量	37.31	19058	14498.07	19957.7	542.02	3592	5668.52
东南区	上海	0.63	1858	259.63	97.7	34.5	53.8	972.16
	江苏	10.26	7625	4763.77	3392.4	495.71	950.3	3988.5
	浙江	10.18	5060	1917.54	2331.6	892.15	693.3	4601.49
	福建	12.38	3581	1333.08	1063.1	1072.9	648.3	4139.17
	广东	17.79	9449	2847.66	1847.2	1581.15	1546.7	2439.99
	海南	3.39	845	727.5	328.5	283.53	221.8	6484.61
	总量	54.63	28418	11849.18	9060.5	4359.94	4114.2	3770.99
西北区	陕西	20.56	3748	4049.04	1576.1	377.03	932.7	3733.38
	甘肃	45.44	2617	4659.75	1577.3	228.73	748.2	6792.47
	青海	72.12	552	542.2	348.6	661.62	122.6	9502.42
	宁夏	5.18	610	1106.34	629.8	10.39	141.5	10582.21
	新疆	166.04	2095	4114.22	1274.7	863.77	416.3	13104.69
	内蒙古	118.3	2405	7146.28	2209.3	295.86	569.3	14618.05
	总量	427.64	12027	21617.83	7615.8	2437.41	2930.6	9722.2
西南区	重庆	8.23	2816	2239.08	860.3	662.96	703.8	3241.76
	四川	48	8127	5950.12	2523.1	2299.84	2212.3	4799.53
	贵州	17.61	3762	4487.46	1411.7	1054.62	1207.5	3941.15
	云南	39.4	4514	6072.36	1861.9	2255.52	1684.7	6525.08
	广西	23.67	4768	4214.7	2127.2	1386.26	1521.1	4057.29
	总量	136.91	23987	22963.72	8784.2	7659.2	7329.4	4512.96

续表

		国土面积（万平方公里）	人口（万人）	耕地（千公顷）	农用机械总动力（万千瓦）	水资源总量（亿立方米）	农业劳动力（万人）	农业生产性固定资产原值（元／户）
中北区	山西	15.63	3393	4053.45	2440.8	103.4	638.9	2783.21
	安徽	13.96	6118	5728.15	4535.3	712.46	1651.4	6431.37
	河南	16.7	9360	7926.03	8718.7	465.18	2920.3	6083.81
	总量	46.29	18871	17707.63	15694.8	1281.04	5210.6	5099.46
中南区	江西	16.69	4368	2826.75	2506.3	1112.96	914.3	3681.2
	湖北	18.59	5699	4663.36	2551.1	1015.06	1071	3794.72
	湖南	21.18	6355	3788.97	3684.4	1426.55	1900.5	3144.94
	总量	56.46	16422	11279.08	8741.8	3554.57	3885.8	3540.29

数据来源：根据《中国统计年鉴 2008》相关数据整理计算得到。

一、东北区

水绕山环、沃野千里是东北区地面结构的基本特征，是形成大经济区的自然基础。该区国土面积 78.79 万平方公里，总人口 10852 万人，耕地面积 21458.56 千公顷，农用机械总动力 6405.3 万千瓦，水资源总量 1099.61 亿立方米，农业劳动力 1990.1 万人，平均每户拥有农业生产性固定资产原值 10828.86 元。该区拥有宜垦荒地约 1 亿亩，潜力之大国内少有。广大的山区，孕育着丰富的森林，总蓄积量约占全国的 1/3，目前仍是全国最主要的采伐基地，木材产量占全国 38.4%。

东北区有辽阔富饶的土地资源，为农业发展提供了最有利的条件，尚未充分利用的荒山和草地、尚待开垦的沼泽和荒原之多，在各大区中还是少有的。全区可开垦的荒地主要分布在黑龙江省，吉林、辽宁和内蒙古东部仍有少量可开的土地。林地面积约 8 亿亩，占全区土地总面积的 42%，发展林业大有可为。草地面积 6.17 亿亩，占全区土地总面积的 33%，科尔沁草原和呼伦贝尔草原闻名全国。由于盲目农垦和牧业经营方式落后，草原退化现象严重，牧业潜力尚未充分发挥。内陆水面 5000 多万亩，还有辽阔的海洋，这对发展淡水渔业和海洋渔业都是极为有利的。

受纬度、海陆位置、地势等因素的影响，东北区属大陆性季风型气候。自南而北跨暖温带、中温带与寒温带，热量显著不同，大于等于 10℃的积温，南部可达 3600℃，北部则仅有 1000℃。冬小麦、棉花、暖温带水果在辽南各地可正常生长；中部可以生长春小麦、大豆、玉米、高粱、谷子、水稻、甜菜、向日葵、亚麻等春播作物；北部则以春小麦、马铃薯、大豆为主。自东而西，降水量自 1000 毫米降至 300 毫米以下，气候上从湿润区、半湿润区过渡到半干旱区，农业上从农林区、农耕区、半农半牧区过渡到纯牧区。水热条件的纵横交叉，形成东北区农业体系和农业地域分异的基本格局，是综合性大农业基地的自然基础。

本区气候虽有寒暖干湿的较大地区变异，生长季节较短，但基本特征是日照充足，光合作用潜力大，夏季普遍高温，并且雨热同季，一年一季作物的水、热条件是有保证的。北部的黑河，可以生长春小麦和水稻，辽南和辽西，冬小麦和温带水果可以越冬。低温冷害是本区农业生产上的主要限制条件，培养早熟高产作物品种，对发展农业具有重要意义。

总体来看，东北区是我国人少地多、农业资本存量最高的地区。正是由于土地相对较多，生长季节短、土地经营粗放、单产较低、农事活动集中等情况，加速实现以农业机械化为主的农业现代化，对发展东北农业有特殊意义。东北区的土地、热量、水分、植物资源等条件，对建设成为全国性的大型农业（粮、豆、甜菜等）基地、林业基地、牧业基地以及渔业基地、特产基地提供优越的条件。

二、东中区

东中地区农业自然资源丰富，农业生产发达，是我国小麦、棉花、油料、畜产品、温带水果和水产品的重要产区。本区平原广阔，地势平坦，土层深厚，有利于大范围机械化作业。该区国土面积 37.31 万平方公里，总人口 19058 万人，耕地面积 14498.07 千公顷，农用机械总动力

19957.7 万千瓦，水资源总量 542.02 亿立方米，农业劳动力 3592 万人，平均每户拥有农业生产性固定资产原值 5668.52 元。

本区属暖温带气候，作物可以两年三熟到一年两熟。年平均降水量从 500 毫米到 800 毫米，但季节间和年际间变化剧烈，全年降水的 60—80% 集中在 6—9 月。本区拥有丰富的海洋资源，海水养殖前景广阔。沿海地区地势平坦，海拔高度一般在 3—5 米，有些潮间带宽达 10 千米，泥质滩涂资源十分丰富。黄河三角洲地区是未来具有较大开发潜力的地区。黄河三角洲地区土地总面积达 175.04 万公顷，其中耕地 70.03 万公顷，尚有 30.3 万公顷荒碱地有待开发利用；黄河每年新淤陆地约 2000 公顷，但趋势已有所减缓；海岸线长 590 公里，10 米以内的浅海面积达 78 万公顷，滩涂面积 22.5 万公顷，湿地 15.3 万公顷。

对本区农业生产最大的不利条件是旱、涝、盐碱和风沙等自然灾害。近 40 多年来，经过不断地综合治理和开发建设，各种自然灾害影响程度有所减轻，但隐患依然存在，主要表现在：①旱涝灾害潜在威胁仍较大。其中尤以春旱夏涝最为严重，且常在年内交替出现，是我国旱涝灾害最为频繁的地区之一。②盐碱土、风沙土、砂姜土等低产土壤面积比较大，治理改造任务仍较艰巨。③环境恶化，生态灾害加重，主要有水环境污染严重、山区及丘陵区的水土流失、平原地区的风蚀、滨海地区的风暴潮和海水入侵等。④水资源严重不足。特别是在人口和经济较集中的京津唐地区、山东半岛、河北省南部平原等地缺水问题更为突出。今后随着全区经济和社会发展，对水资源的需求量将不断增加，水资源的供需矛盾将进一步加剧。

总体来看，本区耕地、劳动力、机械化总动力等农业资源丰富，但农业生产的制约条件也非常突出。未来应综合治理旱、涝、碱灾害，进一步改善农业生产的基本条件，加强中低产田改造，提高土地产出效率，充分利用沿海滩涂，进一步建设海水养殖基地，养捕结合，努力增加水产品产量。

三、东南区

东南区是一个人多地少，水热资源丰富，农林牧渔比较发达，农业水平较高的地区。该区国土面积54.63万平方公里，总人口28418万人，耕地面积11849.18千公顷，农用机械总动力9060.5万千瓦，水资源总量4359.94亿立方米，农业劳动力4114.2万人，平均每户拥有农业生产性固定资产原值3770.99元。东南区又可分为长江下游亚区和华南亚区两个亚区。

长江下游亚区包括江苏、上海、浙江和福建。该区属北亚热带和中亚热带气候，温暖湿润，除少数山地以外，农作物可以一年两熟至三熟，大部分地区可以种植双季稻和茶树、柑橘、毛竹等亚热带多年生经济作物和树木。全区平原和丘陵山地各占1/2；平原大部分属河流沿岸冲积平原，土地平坦肥沃，水网密集，湖泊众多；丘陵山地中，大部分为缓丘低山与山间盆地，山冲谷地相间分布，有利于农林业综合发展；山地主要集中在福建省，山地丘陵占福建省总面积的80%以上，闽西山带和闽中山带纵观整个福建，两大山带之间为互不贯通的河谷、盆地。

华南亚区包括广东和海南两省。本区高温多雨，大部分地区降雨量在1500—2000毫米。作物生长快，四季常青，粮食作物一年可以三熟；南部可以种植各种亚热带作物、热带水果和热带经济作物；但北部地区，常受冬季寒潮低温影响。珠江三角洲平原是本区最大的平原。珠江三角洲范围大致是三水—广州—石龙一线以南至南海之滨的冲积平原，面积8601平方公里。加上沿江、沿海的平原、低地，本区平原总面积约1.5万平方公里。总面积虽不算大，但自然条件十分优越。在珠江三角洲冲积平原，耕地集中连片，土壤肥沃，耕作层深厚，水稻土有机质含量在3%左右，全氮约0.18%，达到高产土壤要求，唯磷、钾较缺。本区滩涂较多，滩涂大多集中连片分布，土质肥沃，淡水来源充足，适宜性广，围垦条件成熟，围田可利用率高，是重要的土地后备资源。

本区的农业发展仍然面临着一系列不利的条件，如土地和水域的利用不尽合理，自然灾害的威胁还未根本解除，生产水平地区上还很不均衡，生产潜力还有待于发挥。特别是近 10 年来，本区农村工业化进程加快，耕地资源大幅度的减少；对农业投入的增长缓慢，农业基础设施老化失修。南部地区降水的季节分布不均，降雨强度大，容易引起山区水土流失和谷地平原洪涝成灾。福建、广东、海南等地夏季容易受到台风的侵袭。

总之，东南区农业生产条件优越，但人地矛盾较为突出，农业生产潜力未得到充分开发。未来应努力保护耕地，加强农业基础设施建设，改造中低产田，建设成为全国高产稳产的粮食和经济作物、林业、水产和多种经营基地。

四、西北区

西北区是国土面积最大的类型区，处于由东部平原向内蒙古高原和青藏高原、由半湿润地区向半干旱、干旱及高寒地区过渡地带，农牧兼营，在全国牧业生产中占有重要地位。该区国土面积 427.64 万平方公里，总人口 12027 万人，耕地面积 21617.83 千公顷，农用机械总动力 7615.8 万千瓦，水资源总量 2437.41 亿立方米，农业劳动力 2930.6 万人，平均每户拥有农业生产性固定资产原值 9722.20 元。西北区又可分为内蒙古及长城沿线亚区、甘新亚区和青海高寒亚区三个亚区。

内蒙古及长城沿线亚区自然条件的总体特点是水热条件不足，雨量少而变率大，许多地区地表径流贫乏，南部和东南部除黄河、西辽河等河流沿岸的局部平原和山间盆地外，多丘陵山地，灌溉条件较差，农作物只能是一年一熟。但本区草原辽阔，牧业条件优于种植业；呼伦贝尔市和锡林郭勒盟东部是草甸草原，草层覆盖度 65%—80%，每公顷产鲜草 4000—4500 千克，是我国最好的草原，向西则过渡到干草原和荒漠草原。本区人均耕地较多，但处于广种薄收、耕作经营粗放状态，单产水平较低。

甘新亚区包括陕西、甘肃、宁夏、新疆四省，是依靠灌溉的绿洲农业和荒漠放牧业为主的地区。该区深处内陆，海洋季风影响微弱，绝大部分属于干旱气候。光能资源丰富，生长期气温日差较大，有利于植物的光热积累。年降水量普遍小于 250 毫米，干燥度在 2.5 以上；其中一半以上地区降雨小于 100 毫米，干燥度在 4 以上；降雨量不能满足农作物生长的最低限度水分需求，高山上永久积雪和冰川夏季消融形成的河流成为农作物灌溉的主要水源。本区农耕历史悠久，但农区普遍呈现分散小块，主要分布于有灌溉水源的山麓平原。但由于水分蒸发强烈，土壤次生盐渍化现象非常普遍，农作物单产水平较低。荒漠、半荒漠和山地绝大部分被用作牧场，经营荒漠放牧业。但大部分地区地表植被稀疏，土壤有机质贫乏，牧场载畜量低；草场建设缓慢，抗灾能力仍不强。

青海高寒亚区高原大陆性气候，具有气温低、昼夜温差大、降雨少而集中、日照长、太阳辐射强等特点。海拔在 3000 米以下的地段只限于东部及南部的少数河谷地，不足面积的 1%。大部分地区热量不足，无绝对无霜期，谷物作物难以成熟，只适宜放牧。但各地区气候又有明显差异，东部湟水谷地，年平均气温在 2—9℃，无霜期为 100—200 天，年降雨量为 250—350 毫米，主要集中于 7—9 月，热量、水分条件皆能满足一熟作物的要求。柴达木盆地年平均温度 2—5℃，年降雨量近 200 毫米，日照长达 3000 小时以上。东北部高山区和青南高原温度低，除祁连山、阿尔金山和江河源头以西的山地外，年降雨量一般在 100—500 毫米。本区农牧业的发展水平较低，耕作粗放，畜牧和粮食的单产较低。

总体来看，西北区地广人稀，农牧业生产长期处于粗放经营状态，近些年来农业生产条件有所改善，但仍未得到根本解决。未来应合理开发和节约利用水源，走节水型农业的道路，改造中低产田，适度加强荒地资源的开垦力度，在条件较好地区建设西北地区的商品粮基地；合理利用和建设草原，并在此基础上，因地制宜建设各种良种畜牧生产基地，提高畜牧出栏率，在牧区就近建立屠宰冷冻及畜产品初步加工企业，提高畜产品商品率。

五、西南区

西南区占据了我国三大地形阶梯的各一小部分，山地高原广阔，地貌类型多样，自然景观的垂直分异显著是本区自然环境的一个基本特征。全区面积 136.91 万平方公里，占全国 14.34%，人口 2.4 亿，占全国人口总数的 19.1%，人口密度略高于全国平均水平，少数民族多达 40 余个，水资源总量 7659.20 亿立方米，平均每户拥有农业生产性固定资产原值 4512.96 元。本区山地高原占的 78.7%，丘陵占 15.6%，平原（坝子）仅占 5.7%。

西南区耕地面积仅占全区土地总面积的 11.12%，略高于全国耕地面积占国土面积的百分数。全区人均占有耕地 0.077 公顷，略低于全国平均数 0.1 公顷。耕地数量有限和低产田较多，是长期以来困扰西南农业的难题。平原面积狭小，而且分布分散，最大的成都平原面积不过 8000 平方公里。大量的河谷平坝和山间盆地，一般只有几个到几十平方公里，少数比较大的平原也不过几百平方公里。土壤类型以热带、亚热带的地带性土壤占绝对优势。岩成土类型多，岩成土分布广。在碳酸盐岩风化物上发育的石灰土，依有机质含量高低可分为黑色、黄色和红色石灰土三个亚类。此类土壤虽较肥沃，但通常土层较薄，且缺水，是农业生产的一大障碍。大山灰土，仅见于云南德宏州之腾冲一带。

本区的水热资源匹配状况良好。北回归线横穿云南南部和广西中部，西南区大部分处于副热带高压带范围。高原季风、东亚季风和西南季风都是西南区重要的水汽来源。云贵高原的隆起使云贵与四川盆地间出现了热量南北倒置现象。秦巴山地阻碍北方冷空气南下，使西南区少受寒潮影响。西南区是全国年太阳总辐射量最低的一个区。川西北山地高原、横断山地及昆明以北地区年日照时数在 2400—2600 小时之间，这是西南区唯一的日照较丰富的地区。而四川盆地西部至东南的弧形地带仅有 1000—1200 小时，盆地边缘及贵州大部不超过 1400 小时。西南区气温较高，热量条件较好，大部分地区年平均气温在 14—24℃间。

本区降雨充沛，河湖众多，地表水较为丰富。降水量的空间分布明显呈自东南向西北和由南向北递减的趋势，但海拔高度和地面坡向变化也造成降水量的局部差异。西南区河网密集，这些河流分属黄河、长江、伊洛瓦底江、怒江、澜沧江、元江和珠江7大水系。长江、珠江两水系共占全西南面积的81.28%，居于主导地位。大部分河流雨水补给比重超过年径流量的70%。地下水补给率以云贵高原诸河最高，一般占30%，横断山地和四川盆地诸河分别为20%和10%。冰雪融水补给只限于横断山地各河流。径流丰枯悬殊，季节分配与降水量一样不均匀，年际变化也较大。主要湖泊集中分布于滇中和滇西，即金沙江、南盘江、元江分水岭地区和横断山地东侧。

总体来看，西南区地貌类型多样，气候复杂，水热条件较好，为农业多样化发展提供了有利的环境。但是人均耕地较少，加上坡耕地多，水土流失严重，耕地总体质量不高，中、低产田耕地约占2/3，而且后备适宜开垦的荒地数量有限。未来农业发展的关键在于加强农田水利建设、改造中低产田、推广农业科学技术和因地制宜合理布局生产，以提高单位面积产量和复种指数。

六、中北区

中北区的大部分为黄土高原，水土流失严重，产量不稳不高，是亟待综合治理的区域；南部的淮北平原、江河平原等地区生产条件较好。该区国土面积46.29万平方公里，总人口18871万人，耕地面积17707.63千公顷，农用机械总动力15694.8万千瓦，水资源总量1281.04亿立方米，农业劳动力5210.6万人，平均每户拥有农业生产性固定资产原值5099.46元。

本区的地形由高原、平原和丘陵组成。山西大部和河南西部地区属于黄土高原，地面覆盖着深厚的黄土层，在地面缺乏植被的情况下，极易受到侵蚀，加上本区夏雨集中且多暴雨，在长期的流水侵蚀下，地面被分割的支离破碎，形成塬、梁、峁和沟壑交错分布的地形。较平坦的塬、梁、峁顶部和较大沟谷的川坝地，是较好的耕地，但总面积不到10%，绝大部分耕地分布在 10°—35° 的斜坡上，地块狭小分散，不利于水利化和机械化。安徽的地形地貌呈现多样性，长江和淮河自西向东横贯全境，将全省分为淮北、江淮、江南三大自然区。淮河以北地势坦荡辽阔，为华北大平原的一部分；中部江淮之间，山地岗丘逶迤曲折，丘波起伏，岗冲相间；长江两岸和巢湖周围地势低平，属于长江中下游平原。

本区地处暖温带与亚热带过渡地区。黄土高原地区雨量较少，雨季短促，干季较长，干湿季节明显；日光充足，日照时数多，无霜期较长，热量条件比较优越；冬春季节多大风，冬干、春春旱现象比较明显。年降雨量一般在 300—600 毫米之间。雨量集中在夏季，集中在七八两月，雨季比较短促，干燥少雨的时期比较长。由于降雨多集中在夏季，在夏季降水中出现暴雨的机会又相对比较多些，而伴随暴雨又常有冰雹出现。急骤的暴雨往往造成山洪暴发和水土的大量流失；强烈的冰雹又往往毁坏大片的庄稼。淮北平原和江河平原地区处暖温带与亚热带过渡地区，季风气候明显，四季分明，气候温和，雨量适中，春温多变，秋高气爽，梅雨显著，夏雨集中。该地区水热资源配置较好，为农林牧渔业的发展提供了良好的条件。

黄土高原地区是我国重要的生态环境脆弱区，农业发展面临诸多不利因素。水土流失、土壤侵蚀等自然灾害比较频繁和严重。综合治理黄土高原是中国改造自然工程中的重点项目，治理方针是以水土保持为中心，改土与治水相结合，治坡与治沟相结合，工程措施与生物措施相结合，实行农林牧综合发展，这种治理措施已取得重大成绩。淮北平原、江河平原地区由于气候的过渡型特征，南北冷暖气团交绥频繁，天气多变，降水的年际变化较大，常有旱、涝、风、冻、霜、雹等自然灾害，给农业生产带来不利影响。

总体而言，本区农业生产条件地区差异较大，光热资源比较充分，但是农业发展的制约因素也比较突出。为促进农业生产的健康发展，必须千方百计地控制黄土高原水土流失，特别是要以水土保持为中心大力建设基本农田，把黄土高原上 100 多万公顷水田、梯田和坝地逐步建成保收、稳产农田，促成现有坡耕地的绝大部分能逐步退耕还林；加强水利基础设施建设，建设淮北平原和江河平原的商品粮基地。

七、中南区

中南区处于长江中游地区和我国地势第二级阶梯向第三级阶梯过渡地带，地貌类型多样，山地、丘陵、岗地和平原兼备。该区国土面积56.46万平方公里，总人口16422万人，耕地面积11279.08千公顷，农用机械总动力8741.8万千瓦，水资源总量3554.57亿立方米，农业劳动力3885.8万人，平均每户拥有农业生产性固定资产原值3540.29元。本区山地约占总面积的55.5%，丘陵和岗地占24.5%，平原湖区占20%。

本区平原主要由长江及其支流所夹带的泥沙冲积而成，绝大部分的高度都在海拔50米以下。该区平原的主体为两湖平原和鄱阳湖平原。两湖平原以为界，其北称江汉平原，其南为洞庭湖平原。江汉平原主要由长江和冲积而成，汉江所带泥沙对江汉平原的发育起主要作用，汉江三角洲即成为江汉平原的重要组成部分。汉江三角洲地势亦自西北向东南微倾，湖泊成群挤集于东南前缘。洞庭湖平原主要则由通过荆江南岸南下的长江泥沙冲积而成，面积约1万平方公里。鄱阳湖平原除边缘红土岗丘外，中部的泛滥平原主要是由赣、抚、信等河流冲淤而成，面积约2万平方公里，地势低平，水网稠密，地表覆盖为红土及河流冲积物。本区也是中国淡水湖群分布最集中地区，著名淡水湖有鄱阳湖、洞庭湖等。湖沼地区有丰富的水生生物资源，是中国水生植物分布最广、产量最丰地区；淡水水生动物也属全国之冠。本区河湖众多，为发展淡水养殖业提供了优越的条件。

该区处北回归线附近，属于亚热带和中亚热带气候。气候具有三个特点：第一、光、热、水资源丰富，三者的高值又基本同步。年平均降水量在1200—1700毫米之间，雨量充沛，为我国雨水较多的地区。4—10月，总辐射量占全年总辐射量的70%—76%，降水量则占全年总降水量的68%—84%。第二，气候年内与年际的变化较大。冬寒冷而夏酷热，春温多变，秋温陡降，春夏多雨，秋冬干旱。气候的年际变化也较大，雨量最多年份与最少年份相差 1460 毫米，最多年份几乎为最少年份的 3 倍。第三，气候垂直变化最明显的地带为三面环山的山地，尤以湘西与湘南山地更为显著。

　　总之，中南区地势平坦，水网密集，湖泊众多，土壤肥沃，光照充足，无霜期长，降水丰沛，十分有利于农作物生长。当然农业发展的制约条件也较为突出，主要自然灾害有寒害、洪涝、干旱和冻害以及持续时间较为短暂的高温危害等。将来应加强水利建设，根治洪涝灾害；重点建设洞庭湖平原、鄱阳湖平原和江汉平原的全国商品粮基地；充分利用本区淡水水域广阔的优势，促进淡水养殖业的更快发展。

第二章　资源丰缺度不同国家农业现代化的比较

经验表明，一个国家究竟选择何种农业现代化道路和模式，其农业资源状况往往起着决定性的作用，特别是土地、农业劳动力、淡水资源等因素至关重要。例如，人少地多的农地资源比较丰裕的国家，一般选择大型机械化和规模化耕作的现代农业经营模式，以提高农业劳动生产率和节约劳动力；人多地少、水土资源相对稀缺的国家，则从多投入劳动力和提高土地利用率入手，走资源节约型农业现代化道路。概括地讲，在国际上由于资源丰缺程度不同主要形成了三种比较典型的农业现代化模式，即美国模式、亚洲模式和西欧模式。

第一节　国外不同农业现代化模式及其特点

国外三种农业现代化模式具有较为典型和突出的特点，以美国、加拿大、澳大利亚、新西兰等为代表的农业资源比较丰裕的国家，主要走了一条机械化、规模型、高技术的农业现代化道路，可以简称为美国模式；以日本、韩国、以色列、中国台湾地区等为代表的土地资源相对稀缺的国家和地区，大体上走了一条土地资源节约和资本、技术密集型的农业现代化道路，可以简称为亚洲模式；而以英国、法国、荷兰等为代表的国家和地区，农业资源丰裕程度则介于前两种类型之间，逐渐形成了生产集约加机械技术的复合型农业现代化模式，可以简称西欧模式。每一种农业现代化模式具有各自的特点及其形成的资源条件，而不同的农业现代化模式又具有一些共同的特征和一般要求。

一、美国农业现代化模式及其特点

（一）美国农业现代化模式的形成

美国农业现代化模式是在美国、加拿大等这样的人少地多、劳动力资源相对稀缺的国家和地区，凭借发达的现代工业和能源优势，积极发展大型农用机械，以农业机械化取代以人力投入为主的耕作制度，极大地提高了农业劳动生产率，通过扩大土地经营面积和农业经营规模以提高农业总产量。美国、加拿大、澳大利亚、新西兰等国家地广人稀，人均土地资源占有量较大，水土资源相对丰富，这一资源禀赋特征使得机械相对价格长期下降，而劳动力相对价格不断上升，促使农场主不得不用机械动力替代人力和畜力，这种替代包含着农业机械技术的不断改进。

美国属于农业自然资源相对丰富和经济发达的国家，农业人口人均耕地面积大，农业人口少，只占全国总人口的 2.2% 左右，农业劳动力资源相对短缺，机会成本高。在 20 世纪 90 年代初期，美国农业就业人口只有 320 万人左右，而耕地面积达 7093 万公顷，占地球全部用地的 10% 左右，人均农业用地高于世界绝大多数国家，且雨量充沛，土壤肥沃。美国农业的基本生产单位是家庭农场、合股农场和公司农场，其中家庭农场占90% 以上（许佩倩，2001），全国有大小农场约 210 万个，75% 的土地集中在少数大农场主和特大农场主手中，粮食产量占世界总产量的 1/5，主要农畜产品如小麦、玉米、大豆、棉花、肉类等产量均居世界第一位。美国平均每个农场的耕地面积在 200 公顷左右，养殖户一般养奶牛 100 头以上，生猪年出栏率 2000 头以上（何丽双，2007）。美国农业现代化的起步首先是实现了农业生产的机械化和电气化，随着工业化进程加快和科技的进步，大功率拖拉机、多功能农业机械的广泛应用使得美国成为当今世界上机械化水平最高、人均经营耕地最多的国家。以 1990 年为例，美国人均耕地约为 73.75 公顷，平均每个农场拥有农机 150 马力以上（邓汉慧、邓璇，2007）。同时，随着科技成果不断应用于农业，美国农业不仅农机数量增加，而且性能不断提高，逐渐推出适应精细作业要求的农业机械，如谷物联合收割机由牵引式改为自走式，在拖拉机和其他机械上采用发动机涡轮增压、液压传动、电子监控、自动控制等新技术。另外，美国农业现代化过程中还采取了重视农业职业教育、农业技术研发和推广等措施，注意提高农业劳动者的技术素质，使农业生产经营不断走向集约化、产业化、专业化和服务社会化的道路，强调发挥市场机制与政府扶持相结合，突出农业基础设施建设优先发展的地位。

采用美国农业现代化模式的加拿大、澳大利亚、新西兰等国家的农业资源都很丰富，属于人少地多类型的国度。例如加拿大地广人稀、人均农业资源比较丰富，国土面积 998.5 万平方公里，陆地面积 909 万平方公里，全国耕地面积 6800 万平方公里，占全国土地面积的 8%；农业人口 33 万人，占全国就业人口的 2.1%。加拿大的农业机械化、专业化、标准化和生产力水平都比较高，使用可移动式喷灌设备，大田作物耕种、施肥、喷洒农药、收割等均为机械化管理，养殖场中机械化作业程度也很高。农业科技服务网络规模大、分布广，农民文化素质高，农业从业者多数都具有监控、操作和维护机械设备的能力及运用电脑管理生产的能力。又如澳大利亚人均占有的土地资源也高居世界前列，全国农牧业用地总面积为 4.9 亿公顷，占全国总面积的 64%，其中 90% 以上是天然草场，达 4.4 亿公顷，占全国总面积的 57%，可耕地面积 4800 万公顷，人均农牧业用地 25 公顷，人均耕地面积 2.4 公顷。澳大利亚农业实行高度专业化、社会化生产，以专业化的大型农场为主体，但兼营农场发展很快，数量持续增加，94% 以上是家庭农场，其余为公有、合伙所有或私营公司所有。这些农场从事谷物种植业、养羊业、养牛业或兼营以上两种或三种，农场的平均规模为 4000 公顷左右。由于农业机械化程度高，劳动生产率较高，平均每个农业劳动力负担耕地面积 100 公顷。而新西兰的农业则主要以发展畜牧业为主，其草地辽阔，降雨充沛，水草资源丰富，在农村地区形成了具有一定规模的大牧场，实行规模放牧养殖，挤奶、剪毛、屠宰和肉食品加工等机械化程度都很高。

（二）美国农业现代化模式的重要特征

1. 机械化、高装备和高效率是美国农业现代化模式的一个重要特征。美国农业资源的特点是地广人稀、人均土地资源丰富和资本实力雄厚。这一资源禀赋特征使得美国在实现农业现代化过程中，广泛运用农业机械化，进行技术创新，实现农业劳动的高装备、高效率及土地的规模经营。从美国内战至第一次世界大战期间，美国先后进行了两次农业技术革命，第二次世界大战以前，美国的农业机械化已经达到了相当高的水平。二战后，美国又将现代科学技术广泛运用于农业生产和经营，农业技术装备和生产效率不断提高，到 20 世纪 80 年代初期，美国平均每个农业劳动力已经拥有价值 7 万美元的设备，比制造业工人使用的设备价值高出 1 倍多。

2. 土地规模化经营是美国农业现代化模式的又一个显著特征。农场是美国农业生产的基本组织单位，主要分为家庭农场、合股农场和公司农场三大类，其中家庭农场占全部农场总数的 90% 以上，其农产品销售量占全美国农产品销售总量的 70% 以上。二战后，美国农场数目不断减少，但农场拥有的土地规模在不断扩大，大农场数量大幅度增加。20 世纪 70 年代中期，平均每个农场耕地面积几乎是 20 世纪 50 年代早期农场面积的 2 倍。所以，土地规模化经营是伴随着美国农业现代化水平提高的一个重要现象和特点。

3. 政府的农业支持政策在美国农业现代化进程中起到了重大作用。在美国农业现代化过程中，政府逐渐建立健全了农业支持政策体系，政府的农业政策主要包括对农业资源的保护政策、农产品价格补贴政策和农业信贷政策等。各项农业政策是针对市场变化及其对农业产生的重要冲击和影响，为了弥补农业的弱质性和市场机制的缺陷而推出的，这些政策的实施对农业健康发展和农产品市场有序交易起到了稳定和保护作用。例如，美国政府通过休耕计划、粮食储备计划、政府农业信贷计划、农作物保险计划、鼓励农业技术创新政策、保护环境和农业资源政策等来实现农业持续稳定发展；通过建立健全农业法制和执法机构，维护农产品市场秩序，保证公平交易，保护农业生产经营者的正常利益与积极性；通过制定农产品出口补贴和绿色技术壁垒政策，在对外农产品贸易中保护美国农业和本国农场主的利益。美国政府每隔 5 年还出台一个名为"农业法案"的计划，内容包括土地使用、水土保持和环境保护、农产品价格及农业收入、国际贸易和市场、食品和消费、农村发展与教育、农业科研及技术推广等众多方面，该法案作为以后 5 年农业科研、教育、技术推广的行动纲领和编制相应财政预算的依据。

4. 充分发挥农业服务体系的作用也是美国农业现代化模式的重要特征之一。在美国的家庭农场和农资、农技、农产品销售市场之间，存在着一个比较完善的服务体系，服务主体除了政府有关部门提供以外，还包括各种农业合作社，美国全部出口农产品的大约 70% 都是由合作社经办的。农业合作社一般是由家庭农场主自发联办，并不依托政府，主要活跃在农业技术推广及农产品初加工、流通、储运等诸环节，客观上把分散的农业经营单位与大市场联结在一起，适应了现代农业和市场经济的发展形势。

二、亚洲农业现代化模式的形成及其特点

(一) 亚洲农业现代化模式的形成

以日本为代表的亚洲农业现代化模式，就其形成的农业资源条件而言，与美国模式相比具有完全不同的背景。日本国土面积为 37.8 万平方公里，耕地面积 479.4 万公顷，占国土总面积的 13%；全国总人口 12629 万人，其中农村人口为 1017 万人，占总人口的 8.1%；日本人均耕地不足 0.04 公顷，农业人口人均耕地为 0.97 公顷（卢荣善，2007）。日本的农业资源禀赋特征与美国正好相反，主要表现为农业资源数量有限，山地较多，人多地少，土地供给缺乏弹性，土地价格与劳动力价格同步上升，土地和机械替代人力无利可图。因此，日本人多地少，先天资源禀赋不足决定了其农业的经营规模狭小，农耕历史传统是精耕细作（庄荣盛，2008）。1880 年，日本每个男性农场工人的平均农业土地面积只有美国的 1/36，

到 1960 年则只有美国的 1/97，可耕地是美国的 1/47（宣杏云，2006）。日本农业生产经营单位的规模较小，目前农户平均经营规模为 1.5 公顷，主要实行一家一户的分散经营。所以日本农业现代化突出特点就是把科技进步放在重要位置，通过改良农作物品种，加强农田水利设施建设，发展农用工业，提高化肥与农药施用水平，致力于提高单位面积产量，以提高土地生产率为主要目标。日本农业在第二次世界大战中遭到严重破坏，农业生产比战前下降了 40%，战后日本农业经过了 10 年改革和恢复、18 年高速增长和 10 多年的稳定发展，到 20 世纪 80 年代初期就已发展成为高产稳产的现代化农业。

日本农业现代化经过了前后两个阶段：1961 年前为第一阶段，以增加粮食和其他农畜产品为主要目标，以实现农业化学化、水利化、园林化、良种化和栽培科学化为主要手段；第二阶段以 1961 年日本政府制订了《农业基本法》为标志，它强调提高农业劳动生产率，把实现农业机械化作为主要目标。1960 年日本的手扶拖拉机普及率仅 35%，1967 年已达 90%，至 20 世纪 70 年代以后日本整个农业生产过程，包括农产品的加工和储藏过程，已基本上实现了全面机械化。日本农业资源的结构特征是人多地少，劳动力充裕，相对于劳动力而言，土地的供给相对短缺，从而使得日本土地价格相对高于劳动力价格，农业技术进步偏重于多使用劳动和节省土地的生物技术。总的说来，战后日本农业现代化模式主要呈现以下几个特点：一是政府对农业发展的强力主导和干预，依法治农，保证农业方针政策的贯彻执行；二是大力引进国外先进的技术，采用改良和创新并重的方法全面推进农业技术的提升，日本不断通过生物技术改良农作物品种，从而促进土地生产率和单位面积产量的大幅度提高；三是充分利用财政、金融等手段，加大对农业的资本投入和支持。1960—1970 年间日本每年对农业的投入都相当于当年农业总产值的 1.5 倍以上，最多的一年高达 6 倍。资金来源中相当部分是政府的各种财政投资，如"农林渔业金融补助金"，"农业改良资金"等。日本政府不仅直接对农业进行国家补贴，而且通过发放低息贷款等措施调动农民的积极性，诱导农民贯彻国家农业政策。

韩国的农业资源状况与日本十分相似，选择的农业现代化模式与日本基本相同。韩国国土总面积为995.9万公顷，其中耕地面积约190万公顷，现有人口4764万人，农业人口所占总人口的比例约为7.5%左右，共有农户128万户，户均耕地1.42公顷（王建强、孔丽萍，2005）。由于韩国是一个土地资源有限、山地比重高的半岛国家，难以采用大规模机械化耕作而广泛采用小型农用机械，对土地进行精耕细作，有效改善作物的生长环境和条件，大幅度提高了农业单位面积产量。韩国在二战后还是个传统落后的农业国家，但其仅用了二三十年的时间就经历了一个经济腾飞的阶段，在20世纪70—80年代成为新兴工业化经济体，跻身于亚洲"四小龙"的行列，成为世界经济发展史上的一个奇迹。韩国由农业国转变为工业国以后，通过工业反哺农业，很快实现了农业现代化，但农业在国民经济中的地位逐渐下降。二战后，韩国农业GDP占整个GDP的比重大约为50%，这一比例在20世纪70年代已下降到了5%以下；同期全国农业人口从1440万人减少到450万人，少于全国总人口的10%。在经济快速发展和工业化、城市化进程加快的情况下，韩国农村人地矛盾也越来越突出，农地逐渐成为稀缺资源。同时，由于韩国山地多、平原狭小，再加之长期以来国家控制土地出售和转让，并规定最大农场规模面积的上限，造成了农场的平均经营规模比较小。1997年，韩国平均每个农场经营的土地面积只有134平方米，当年按土地规模划分的各类农场的比例是，小于50平方米的占30.4%，在50—100平方米之间的占28.5%，在100—200平方米之间的占26.6%，在200—300平方米之间的占8%，大于300平方米的只占4.9%。因此，韩国的农业资源条件与日本比较相似，走了一条类似于日本的农业现代化道路。

在亚洲模式中以色列也是个很有代表性的国家。以色列国土狭小，土地和水资源严重匮乏，全国本土面积仅1.46万平方公里，其中60%的土地是沙漠或半沙漠，年降水量只有200毫米左右。在这种艰难的自然条件下，以色列根据本国资源配置情况，开发应用先进技术和逐步调整农业产业结构，确立了高科技、高投入和集约化的农业发展模式。以色列农业用3.3%的就业人口，创造了6%的国民生产总值，其中蔬菜、水果和花卉等高附加值的农产品大量出口，出口额近12亿美元，占出口总额的6%左右。以色列国际合作项目的1/3是农业项目，每年有3000多农业专家在国外讲学，60多个国家的人员从世界各地到以色列接受培训。目前以色列电脑控制的水、肥、农药滴灌和喷灌系统遍布全国，农产品和农业技术产品大量用以出口创汇，荒山和荒坡被改造成森林公园，沼泽和沿海低洼地被改变成良田，南部沙漠建起了众多绿洲和温室农业设施，人多地少的以色列在现代农业发展道路上创造了惊人业绩。

（二）亚洲农业现代化发展模式的特点及其经验

1. 推行科技兴农战略是亚洲农业现代化模式的突出特征。日本、韩国、以色列等亚洲国家，由于人多地少，农业资源极度匮乏，土地高度紧张，主要依靠农业技术创新和大量的资本投入或者劳动投入，提高有限资源的使用效率，实现本国的农业现代化。例如，日本在农业现代化过程中，农业教育、科研以及科学技术的普及推广发挥了重要作用。日本政府对农业科技的开发、引进和推广事业高度重视，建立起比较完善的农业科研与推广体系，政府对农业科研的资金投入占农业国内生产总值的2.2%。日本的农业科研机构分别由国立、地方公立、高校、企业和其他民间组织举办，农业推广服务主要通过政府有关部门和农协来进行，尤其是政府从财政预算中拨款支持农业科技推广组织建设，加强农业技术推广人员的业务培训，而且这方面的经费逐年增加。乌拉圭回合以后，为了提高日本农业的国际竞争力，日本政府进一步完善了农业科技发展政策，制定了新的农业科技开发计划，积极发展农业高新技术，培育水稻等农作物新品种，使农业生产逐步走向优质化和专用化，单位面积产量和农业经济效益大幅度提高。日本在战后为了适应农业现代化的需要，一方面通过大力发展农业中等学校教育，直接用现代农业科技知识武装农业生产经营者，通过提高基层农业劳动者的文化科技素质加快农业发展。另一方面，日本积极发展高等农业教育，举办2—3年制的短期农业大学，开设农学和农业专门技术等相关课程，实际上属于专门职业教育机构，目的是培养大批农业科研和农业技术成果推广人才，保证不断开发新的农业科技成果，并能及时推广应用于农业生产经营活动，以便促进农业经济迅速稳定发展。另外，日本还存在数量众多的由政府和民间举办的各类农业社会教育，如农民夜校、农民培训班、农业广播电视教育、农业函授教育等。同样，韩国通过多种部门机构和多种途径来支持农业科技与教育的发展，从而达到保护农业和农村经济持续发展的目的。韩国通过有关农业科技管理与推广部门积极开发和引进农业新技术、新品种，以及大力推广农业应用技术等，达到支持农业的目的。例如，韩国的农村振兴庭（RDA）免费向农民提供新技术，免费为农民提供技术培训服务等。自 20 世纪 60 年代以来，韩国政府还有组织地从国外引进了 1000 多个农作物品种，并从中筛选出优良品种 60 多个，在国内进行了大面积推广种植，这些品种对韩国提高作物产量、农产品质量和改善品种结构等都发挥了重要作用。韩国从中央政府到地方政府都十分重视对新知识农业人才的培养，特别是重视对青壮年农业经营人才的培养，注重提高农村妇女的生产技术、文化水平和经营农业的能力。韩国在专门农业经营人才培养中，培训费用的 50% 由中央政府承担，另外 50% 由农民支付。

2. 通过农业信息化建设加快农业现代化进程。随着计算机技术、网络技术和数字化技术的快速发展及其向农业的广泛渗透，在世界范围内掀起了农业信息革命的浪潮，农业信息化已成为现代农业的重要标志，日本、韩国等国家的农业现代化就是以农业信息化为依托，逐步建立和完善农业信息网络体系，信息技术被广泛应用于农业各个领域。首先，加快推进农村社会公共领域信息网络建设，积极建设技术先进、功能完备的农业信息化基础设施，是顺利实现农业信息化的前提条件。多年来，日本政府注重加强农业基础设施的信息化建设，包括农作物种子工程设施、农作物病虫害防治设施、卫星遥感通讯设施、基础信息资源的开发和网络设施建设，目前日本多种农业传媒网络正为信息农业建设发挥着重要作用。韩国也比较重视农业信息化体系建设，通过建立一系列信息管理系统来实现信息技术在农业科研中的应用目标，比如设立作物基因资源、作物育种和动物改良等信息管理系统，用于收集、存储和管理新物种、海外种质资源信息，这些数据通过信息网向大学和研究所提供，研究人员通过网络共享物种资源信息。其次，积极为农户提供各类信息服务。在市场条件下，农业生产经营面临着自然和市场等多种风险，使得市场需求与生产之间的信息严重不对称，农业生产的盲目性很大，加强农村信息服务和向农民提供准确的市场信息意义重大。跨入 21 世纪后，日本积极实施农业 IT 战略，推进农业信息数字化，开发普及市场、气象、病虫害及防治、农技、栽培、农业政策等各类基础数据信息，便于农户随时获取农业生产经营所需的各方面信息。韩国制定了方便农民上网的优惠政策，农民上网的费用比市话便宜 30%—50%，农林水产信息网给农民提供免费服务，韩国的农村振兴厅在农业技术的推广应用和培训等方面支持农民，农民可以免费得到新技术，所有农民的技术培训也都是免费的（秦富、王秀清等，2003）。

3. 政府对农业发展的强力主导和干预是亚洲农业现代化模式的一个重要特点。战后日本农业现代化之所以发展得如此之快，与日本政府对农业发展的干预和支持是分不开的。日本政府对农业发展的作用主要是结合农业发展不同阶段的特点制定相应的农业发展规划和基本政策，为实现农业生产现代化指明方向；同时通过完备各种农业法规，保障农业发展，保证农业现代化的实现（许佩倩，2001）。日本农业是建立在分散的、小规模的、个体农户土地私有基础上的，政府制定统一的农业政策，控制和领导分散的个体农民，进行依法治农具有重要意义。据统计，日本现行的各种法规有 200 多件，其中大部分是有关农业经济的立法，日本政府制定的农业总布局、战略、规划、方针、政策和措施等，都是通过立法的形式来推行的。所以，日本把农业立法称为"农业发展的原动力"，把日本的《农业基本法》称之为"农业宪法"。日本政府作为农业科研的支持、协调和推广者，在农业科研与技术推广上发挥了重要作用，采取了法制上保证、组织上协调、资金上支持等措施，积极发展农业科研。韩国政府对国内农业发展的主导作用主要是：政府在完善农业管理部门机构的基础上，重点制定了农、林、渔业相关的法律制度，主要包括《粮食管理法》《土地改革法》《农业合作社法》等。同时，这一时期还制定了一系列旨在确保国内粮食供给的农业保护政策。韩国一系列农业法律法规的出台，从制度上规范了农业的发展与管理，有利于农业健康稳定发展。韩国政府还加大对农村基础设施建设的投资力度，并采取了农产品价格支持、对农民直接收入支付、一般服务支付、财政转移支付、农业保险、农业科技教育支持、平抑城乡收入差距、改善农民生产与生活条件等政策措施，以稳定农业生产、加强农业的基础地位和提高农业现代化水平。

4. 对农业进行高投入和保护性补贴对提高农业现代化水平起到了关键作用。在实现农业现代化过程中，日本对农业的高投入十分突出。1960—1970 年间，日本每年对农业的投资，都相当于当年农业总产值的 1.5 倍以上，最多的一年竟达 6 倍。资金来源中相当一部分是政府的各种财政投资，如"农林渔业金融公库补助金""农业改良资金"等。日本政府充分利用财政金融手段，不仅直接对农业实行国家补贴，以保护和促进农业的发展，还通过发放低息政策贷款调动农民积极性，诱导农民贯彻国家农业政策。同样，韩国在农业现代化建设中也进行了高投入和大量农业补贴。WTO 建立以前，韩国政府对农业的支持主要采取的是价格保护政策，WTO 成立以后，韩国对农业支持已由原先的价格保护逐步转向直接向农民进行补贴，以适应 WTO 的基本规则，而且补贴额还在逐年提高，补贴的范围也在不断扩大，农业补贴增加了农民的收入，保证了现代农业的稳定发展。另外，韩国政府还通过支持农协的发展实现对农业支持的政策。韩国农协是一个网络遍及全国的半官方农业组织机构，是韩国政府与农民之间沟通的重要桥梁，政府在政策、资金等方面对农协进行支持，并通过农协实施政府的农业政策、计划和对农民的支持。韩国的农业政策基本上是通过农协实施，通过农协向农户发放低息贷款，与市场利息的差额由政府进行补贴。韩国政府还依靠农协来贯彻其制定的有关农业计划，如实施农业结构调整方案、农业技术推广计划、农产品收购计划等，一般都要通过农协来实现。

三、西欧农业现代化模式的形成及其特点

(一) 西欧农业现代化模式的形成

西欧一些国家既不像美国、加拿大、澳大利亚等土地资源丰富而劳动力短缺,也不像日本、韩国等亚洲国家那样耕地短缺而劳动力资源丰富,在土地、劳动力等农业资源方面属于中等类型的国家。因此,西欧一些国家在农业现代化过程中既重视用现代工业来装备农业,又重视现代科学技术在农业的普及与推广,采取了机械技术与生物技术并重、物质资本和人力资本投入并举的措施,逐渐实现了农业机械化、电气化、水利化、园林化等,土地生产率和劳动生产率都得到了大幅度提高 (宣杏云,2006)。走这类农业现代化道路的国家以英国、法国、荷兰等较为典型。

首先,英国开创机械技术与生物技术并重的农业现代化道路。英国的国土面积为 24.4 万平方公里,其中耕地面积 608 万公顷,人均耕地面积为 0.1 公顷。东南部为平原,土地肥沃,适于耕种,北部和西部多山地和丘陵,北爱尔兰大部分为高地,全境河流密布。英国农业人口为 104 万人,农业经济活动人口为 51 万人,占经济活动总人口的 1.8%,其农业产值仅占国内生产总值的 1.5%。在英国农业生产结构中,畜牧业占比较高,其产值约占农业产值的 2/3,种植业仅占农业产值的 1/5。英国与美国、日本等国家相比较,人均农地资源的丰缺度属于中等型的国家。因此,英国在农业现代化过程中既重视机械技术的普及,又重视生物技术的推广,把农业生产技术现代化和农业生产手段现代化放在同等重要的位置,同时提高土地产出率和劳动生产率,英国的农场都实现了机械化。英国在实现农业现代化方面还采取了很多的积极措施:一是英国于 1947 年实施了第一个农业法,在此后 30 多年的时间里,多次颁发了鼓励、确保农业生产的法律法规,用法律的手段保护和支持农业的发展;二是英国政府制定了一系列保护农产品价格和促进农业现代化、产业化的措施;三是为发挥规模效应和诱导规模经营,英国政府颁布了鼓励农场主向规模化、大型化发展的法令,为愿意合并的小农场主提供 50% 的费用,愿意放弃经营的小农场主可以获得 2000 英镑以下的补助,或者是领取终生养老金 (邓汉慧、

邓璇，2007）。

　　其次，法国形成了专业化和一体化的农业现代化模式。法国基本上是一个平原国家，大部分地区气候温和，适于农业生产，农业资源较为丰富，国土面积55.16万平方公里，人口5800多万人，耕地面积1833万公顷，农业劳动力为126万人。法国是欧洲农业较为发达的国家，也是著名的农产品出口国，其农业的经营方式主要是中小农场，其中耕作面积在80公顷以下的农场占总数的80%以上。在这样的条件下，从20世纪50年代开始法国以提高农业生产率为目标，主要通过农业生产的专业化和一体化，加快了农业现代化的进程。法国的农业专业化主要有三种类型，即区域专业化、农场专业化和作业专业化（孙浩然，2006）。所谓区域专业化是指充分利用自然条件和农业资源，把不同的农作物和畜禽集中到最适应的地区，形成专业化的农业生产基地；农场专业化是指一个农场以专门生产一种或少数几个农产品为主，提高经营规模和劳动生产率；作业专业化是将农场的农业耕种、收获、储运和供销等分别由专业企业来完成，提高了农业的市场化和商品化程度。法国在农业一体化方面包括纵向一体化和横向一体化两种形式，前者是农业资本和工商业资本相结合，产、供、销为一体的综合企业，其经营范围比较广，组织领导者大多为一些大集团公司；后者是指组织各种类型的农业合作社，其组织形式较为松散，具有较大的灵活性。同时，法国还充分利用发达的工业基础，积极促进农业的机械化和自动化，农业生产效率不断提高。另外，法国政府对农业采取积极的支持政策，通过改善农业基础设施条件、提高农业经营的规模、农产品价格保护、农业教育和信贷支持等，使法国的农业现代化水平不断提高。法国政府为了维持农产品价格水平的稳定，每年用于农产品市场支持的开支高达数十亿法郎，占全部农业开支的30%左右，政府每年为农民的医疗费、养老金、家庭补助、集体福利和设施费等支出大量的费用，约占政府全部农业开支的44%左右，相当于当年农业总收入的1/4以上（杜朝晖，2006）。

　　再次，荷兰的设施农业在西欧现代农业发展中颇具代表性。第二次世界大战之后，荷兰逐渐探索出了一条适合本国资源特点的农业现代化道路，农业很快发展成为一个具有市场竞争力的产业，由农产品进口国变成了农产品出口国。自 20 世纪 60 年代起，荷兰政府以节约土地和提高土地生产率为目标，积极调整农业结构和生产布局，使农业生产向产业化、集约化、机械化和设施化方向发展，特别是温室设施农业成为荷兰最具特色的农业产业，在世界上居于领先地位。荷兰的温室农业按照工业生产方式进行生产、管理和销售，因此也被称之为"工厂化农业"，目前荷兰温室建筑面积为 11 亿平方米，约占全世界玻璃温室面积的 1/4，主要种植鲜花和蔬菜，具有自动化、集约化、专业化和标准化等生产特点，大部分温室农产品用于出口，其中温室蔬菜占本国蔬菜的外销比例高达 86%（孙浩然，2006），荷兰还是世界上四大蔬菜种子出口国之一。荷兰的家庭农场规模一般较小，绝大多数农场都会加入各种农业合作组织，农业合作组织类型很多，大体上可分为信用合作社、供应合作社、农产品加工合作社、销售合作社等，这种农业产业化经营方式大大降低了农业的自然和市场竞争风险。

（二）西欧农业现代化模式的共同特点

英国、法国、荷兰等西欧国家在实现农业现代化过程中都突出了本国国情，开辟了各具特色的农业现代化道路，但是它们又具有许多共同的特征，构成了西欧农业现代化模式。第一，西欧各国通过加强农业立法促进农业现代化。英国于 1947 年实施了战后第一个农业法，在此后 30 年里又多次颁布了鼓励和确保农业发展的法令，用法律的手段保护和促进农业现代化建设。法国农业面临的一个突出的矛盾是土地分散和农场经营规模小，不利于现代农业技术的推广应用，阻碍农业生产率和商品率的提高，给农业机械化和现代化的发展带来了极大的困难。为此法国的法律规定了土地的"不可分割"原则，即农场主的土地不得由一个以上的子女继承。法国还规定相当于高中一年级或二年级的"农业职业能力证书"和"农业职业文凭"持有者只能在农场或农业企业中当雇工，只有具有高中二年级以上学历的"农业技师证书"持有者才有资格独立经营农场。第二，西欧各国通过完善各类农业支持政策推动农业现代化发展。英国政府先后制订了一系列农产品价格保护政策，对本国生产谷物、马铃薯、甜菜等各类农产品规定最低保证价格，当实际销售价格低于最低保证价格时，价格差额由政府进行补贴。同时，政府为愿意合并的小农场提供 50% 的所需费用，愿意放弃农业经营的小农场主可获得 2000 英镑以下的补助或领取终生养老金，这为诱导农业规模经营和提高农业机械化水平创造了条件。法国采取一系列加速土地集中、扩大农场经营规模的支持政策措施，通过国家的直接干预控制土地的收购和转卖，改善了农场结构。法国政府还通过提高农产品价格，大力推进农业机械化，实行集约式的经营，扩大财政投入发展农业科研与教育推广事业等措施。荷兰政府在鼓励发展设施农业等方面采取了许多支持政策。第三，西欧各国普遍重视加强农业基础设施建设，为农业现代化奠定物质技术基础。英国政府除了对农业进行直接投资外，还对土地改良、田间供排水设施等农业基本建设进行大量投资，特别是对于自然条件较差的山区提供补助金，积极为农业现代化建设提供良好的基础条件。法国政府机构向农村提供的公共服务包括兴建农业基础设施，并建立了"土地整治与农村安置公司"，这类公司通过贷款从私人手中购买土地，整治和改造后以较低的价格卖给中等规模的农民，其目的是促使生产力低下的小农离开农业，提高农业生产率。第四，西欧各国积极对现代农业生产经营提供信贷服务。英国每一个地区都设有不同类型的信贷机构从事农业信贷业务，它们要求农场主以土地或房屋为担保，对购买或改良农田、进行农场设施建筑等提供优惠贷款，对于购买农业机械和进行农场建设的农场主提供短、中、长期三种贷款形式。法国政府除了直接提供农业信贷等服务活动以外，还对农业教育、职业培训和技术开发研究等农业智力投资给予优惠信贷支持。另外，西欧各国通过支持农协等农业合作组织的发展，不断提高农业的社会化、一体化和现代化水平。

第二节　资源丰缺度不同国家农业现代化模式的经验教训

一、几种不同的农业现代化模式的共同经验

北美、亚洲和西欧等不同农业现代化道路虽然各有其特点，但是几种农业现代化模式也存在许多共性的东西，给其他追求农业现代化目标的国家和地区提供了一些共同的经验和启示。

（一）资源禀赋状况是选择本国农业现代化道路的基本依据

美国是一个人少地多的国家，土地资源比较丰富，农业劳动力比重较低，而农业劳动力的价格相对昂贵。因此，美国农业现代化首先考虑的是如何提高农业劳动生产率，选择了大规模的机械化耕作模式，土地生产率相对于日本等国家较低（速水佑次郎、拉坦，2000）。日本、韩国等属于人多地少类型的国家，土地等农业资源的稀缺程度相对较高，从而使得这些国家在农业现代化过程中，首先考虑如何提高土地生产率，通过向单位面积土地增加投入，保持和提高土地的生产能力。而相对于美国和日本，西欧一些国家农业资源禀赋条件处于中等水平，在人均土地占有量等方面属于中间型国家，土地和劳动力价格相对较高，因而这些国家在农业现代化过程中不但重视单位土地生产率的提高，而且也比较重视农业劳动生产率的提高。西欧各国为了提高农业机械化水平和土地规模效益，通过政策引导不断扩大单位农场的土地面积，并在法律上给予保障，对小农户放弃土地给予适当的经济补偿，同时还注重对单位土地的投入，提高土地的生产能力。不同农业现代化国家所走的道路各异，其基本依据都是建立在本国特殊的农业资源禀赋和条件的基础之上，这给其他国家和地区在迈向农业现代化道路时以很好的启示，农业现代化没有一个统一不变的模式，不同国家和地区所走的农业现代化道路也应当是有区别的，同一个国家的不同地区和不同时期也可以开创不同的农业现代化模式，不能盲目照抄照搬，而是应当善于根据本国国情，充分发挥本地区的自然、经济、社会和文化资源优势，充分凸显其区域特色，选择和探索适合自己的模式。

（二）根据本国资源禀赋特点选择不同的农业现代化支持政策

高投入、高风险、低生产率和低收益率是农业生产的一些重要特征，完全依靠市场调节，会出现市场失效的可能，从而导致农业无法获得足够的自我发展资金，或者农业失去可持续发展的能力。因此，政府对推动农业健康稳定发展和加快农业现代化进程有着不可替代的作用。首先，政府需要制定促进农业发展和农业现代化顺利实现的支持政策。农业现代化的推进需要大量的资金支持、技术支持和市场支持，特别是新的农业技术开发和推广具有显著的公共产品性质，而且现代农业还具有巨大的社会收益和生态环境效益，这都需要政府进行大量的公共财政投入和相关政策的支持。以日本为例，1986 年世界各国政府发放的农产品价格补贴总额约为1100 亿美元，其中日本一个国家就高达 400 亿美元，占 1/3 以上。1990 年，日本中央财政的农业预算支出为 23784.7 亿日元，其中用于各类农业补贴的支出占 70%。进入 21 世纪以后，日本的年度农业补贴甚至超过了当年农业总产值。其次，政府通过制定并推行支持政策设定或者引导本国农业现代化的路径。无论是欧美国家，还是日本、韩国等亚洲国家和地区，政府在引导农业现代化发展路径中都扮演了重要的角色，甚至有些国家政府还对农业现代化路径起到了主导作用。例如，日本、韩国都是比较典型的政府主导型农业现代化国家，政府不仅大力扶助农业发展，而且直接组织农业现代化过程，日本、韩国等农业现代化的起点是建立在小农经济基础上的，土地经营规模小而且分散，政府在制定和实施农业支持政策、措施时，引导本国的农业现代化向着土地节约型、劳动密集型和技术密集型等方面发展，并取得了一些成功经验。

（三）集约型与可持续型农业现代化模式是不同资源国家的共同选择

首先，集约型农业是农业现代化的一个重要特点。无论是农业资源比较丰富的欧美国家，还是农业资源相对欠缺的东亚国家和地区，普遍选择了集约型农业现代化道路，可以说集约型经营模式代表了现代和未来农业发展的方向。从实践上来看，上述三类国家在发展现代农业时都能根据本国的资源状况，力求以相对丰裕的要素替代相对稀缺的要素，走了集约型农业现代化道路，但是它们又选择了不同的农业集约形式。例如，对于人多地少的东亚地区来说，重点选择了精耕细作、劳动集约经营的农业现代化道路，实现了农业劳动力对稀缺的农地等自然要素的替代；而一些欧美国家所普遍追求的是一种技术集约和资本集约的农业现代化模式，追求农业的高劳动生产率和高经济效益；还有一些国家和地区选择了劳动密集与技术密集相结合的现代农业发展模式，逐步实现了农业资源的优化配置和最佳利用。其次，农业现代化必须遵守可持续发展的原则。各国在追求工业化和农业现代化过程中，曾一度出现了严重的环境污染和生态失衡问题，特别是在农业生产中由于片面追求经济效益而大量使用化肥、农药等石化生产资料，使得环境日益恶化，同时过度放牧使得草场严重退化，滥砍滥伐加重了水土流失，土壤严重沙化和荒漠化，影响了农业发展的持续性。然而，越来越多的国家总结了现代石化农业发展的历史经验和教训，逐渐选择了可持续发展的现代农业发展模式，加大了防止环境污染和维护生态平衡的治理力度，积极调整农业生产结构，尽可能减少化学物质的投放量，大力发展绿色农业和生态农业，资源节约型和环境保护型的农业现代化模式逐渐成为世界农业发展的新潮流，这也给正在追求农业现代化目标的国家和地区指明了方向。

（四）重视发展农业教育和技术可以弥补农业资源短缺之不足

首先，农业现代化需要高素质的农民来推动。随着农业机械化、市场化水平的提高和高新技术在农业生产中的运用，也对农民的文化技术素质提出了更高的要求。农民的基础教育水平和职业技能的提高对农业信息的获取、技术的采用具有非常重要的意义，对农民更好地认识现代生产要素并将其投入到农业生产中也发挥着重要的作用。美国、日本和西欧等国在进行农业现代化改造时，都十分重视对农民的基础教育和职业技术培训。从各国经验来看，提高农民文化技术素质的途径主要包括：一是积极发展农村基础教育，农村基础教育通常由政府作为义务教育进行投资，这是提高农民文化水平的主要形式和手段；二是大力发展农村职业技术教育，一般是通过举办短期培训班、业余学校、农民技术夜校、专项技术辅导站和外出参观学习等形式，让部分农民在短时间内掌握一项或多项实用技术；三是通过丰富多彩的社会教育和农民自觉学习的方式增长科技知识、提高技术水平，政府有关部门通过电视、广播、报刊、科普读物、网络系统等传媒，对农民加强科技知识宣传教育；四是通过发展高等农业教育，培养更多的高素质青年农民掌握和推广应用农业新技术，这些人往往成为现代农业发展的引导者，政府一般给予政策鼓励和相应的资金支持。其次，现代科学技术始终是推动农业现代化的根本动力。科学技术是第一生产力，增加对科技的投入能够开发出更多的先进的现代农业要素，目前农业现代化国家的农业科技进步贡献率一般都达到 70%—80% 的水平。美国、日本和西欧各国一直高度重视科学技术在农业生产中的作用，特别是日本利用生物科技迅速发展的契机，不断通过生物技术改良农作物品种，从而实现土地生产率的大幅度提高，缓解了人多地少的矛盾，使日本农业现代化得以顺利实现。一些发达国家都十分重视农业科学技术的研究和创新，科研经费充足，科研人员稳定，研究手段先进，研究内容紧密结合现代农业发展的实际需要，科研经费主要来自政府提供，同时也吸纳一些社会组织和企业的科研基金、国际资助等。以色列因为本国农业水资源缺乏而选择了以节约水资源为主的技术进步路线，积极发展和推广喷灌、滴灌、微灌等技术，大力开发生物节水技术和培育耐旱作物新品种，以色列凭借现代科技的力量克服了农业资源约束困难，很好地推动了现代农业的发展。

（五）正确界定政府与市场在农业现代化建设和资源配置中的关系

毫无疑问，农业现代化建设应当充分发挥本国的资源优势及市场导向作用。农业作为一个重要产业应该坚持以资源优势为基础和以市场为导向的原则，市场在配置农业资源和引导农业健康持续发展方面起着基础性作用，这是各国农业现代化实践最基本的经验之一。但是，政府对农业的支持，甚至政府对农业发展发挥主导作用，往往对于实现本国的农业现代化至关重要。我们发现，农业现代化国家都十分重视本国的农业建设和发展，通常利用一些法律政策手段和经济杠杆来支持、引导或影响企业和农户在现代农业进程中的行为，许多国家已经形成了完善的农业支持与保护的法律政策体系，包括价格支持与补贴、休耕补贴、购置农业装备与修建农业设施补贴、农业税收减免、低息或无息贷款等，政府还加强对农村公共品的资助，对于水利、电力、通信和道路等农业基础设施进行大量资金投入，提供农业科研、教育与技术推广所需经费，对农业生态环境的治理给予大量的投资或者补贴等，以弥补农业资本积累的不足。虽然农业现代化国家支持和补贴农业的形式不同，但农业补贴支出在各国财政支出中所占比例都比较大。美国作为世界农业现代化程度最为发达的国家之一，其政府在农业现代化的整个过程中都起了巨大的推动作用，美国政府在不同的历史时期根据农业和经济发展的特点，制定相应的农业政策对于促进农业现代化发展始终是一个具有决定意义的基本因素（孙鸿志，2008）。欧盟国家为了扶持农业生产，1962 年制定了共同农业政策，对农产品实行类似于美国的目标价格和干预价格的补贴。日本和韩国对本国农业的支持与保护程度在世界上都是很有名的，其农业现代化过程中所需的巨额资金很大部分都是由政府投资的，政府通过施行农业支持政策扶持农业稳定发展，推动农业现代化进程。在 WTO《农业协定》生效之后，尽管主要市场经济国家对农业的支持方式发生了某些变化，但对农业的支持和保护力度不但在总体上没有减少，许多国家还有所增加。2001 年美国和欧盟的国内支持量分别达到其农业产值的 50% 和 60%，日本更是高达 76.7%（孙浩然，2006）。

二、几种农业现代化模式存在的缺陷及教训

(一) 美国农业现代化模式的缺陷

美国农业现代化模式在实践中虽然取得了很大的成就，但也暴露了一些缺点。归纳起来，美国农业现代化模式的缺陷主要表现在以下几个方面：一是农业投入大、消耗高、成本高（郎秀云，2008）。美国选择的是典型的资本密集型和资源密集型农业现代化模式，大量的资本投入和高能耗是这种模式的一个突出特点，已经不符合现代资源节约型社会的发展理

念，而且对一些国民经济和工业发展水平不是很高的国家来说，大规模的资本投入并不是一件很容易的事情。二是农业生产带来的水土流失、生态破坏问题比较突出。大规模农业机械化的耕种方式，虽然可以提高劳动生产率和大量地节省人力资源，但也容易造成严重的水土流失；同时，掠夺性的土地开发和粗放型的耕种方式导致土地出现荒漠化、肥力衰退等结果，影响农业的可持续发展。三是农业发展对化肥、农药等石化生产资料过度依赖。化肥、农药、灭草剂、塑料薄膜等长期大量使用，不但造成土地板结和土壤营养结构失调，而且恶化了农业生态环境。大面积单一作物种植容易滋生严重的病虫害，过量施用农药使得病虫抗药性增强，病虫害泛滥与施药量增加形成了恶性循环，食物中农药残留量过高还会危及人类的健康和污染水源、环境等，这种发展模式越来越受到生态农业和绿色农业观念与实践的挑战。

（二）亚洲和西欧农业现代化模式的缺陷

以日本、韩国等为代表的亚洲农业现代化模式是建立在小农经营基础上的，其局限性是农业经营基本生产单位以个体农户为主，兼业农户占有很大的比重，农业经营规模小而且分散，自有资金积累不足，农业抗风险能力差，大型农业设备和高新农业技术难以推广应用，农业效益比较低。在农业劳动力在向城市转移的过程中，出现了土地有效利用率和农业产量下降的现象，从而导致国家的粮食供应得不到保障，危及国家粮食安全和社会稳定，大量的兼业农户缺乏对农业增加投资和采用新技术的积极性，农业经营比较粗放，劳动生产率较低。同时，大量的各类农业补贴，带来了沉重的国家财政负担，影响了政府的经济调控能力。而西欧农业现代化模式的缺陷主要表现为农业缺少竞争。欧盟早在1962年就实施了《建立共同的农产品市场的折衷协议》，对内实行价格保护，对外则实行统一的门槛价格。在WTO成立以前，欧盟国家主要通过关税壁垒方式，使进口的农产品只能以高于目标价格销售，防止外来廉价农产品对成员国市场产生严重的冲击。WTO成立以后，关税壁垒手段受到限制，欧盟国家又通过实施绿色贸易壁垒等政策限制国外农产品进口，这种市场保护措施必然导致农业产业因缺少竞争而失去活力，势必阻碍农业健康发展和农业现代化水平的进一步提高。

总之，农业现代化是世界各国农业发展的必然趋势和理性选择，农业现代化也是一个动态的、综合的和历史性的概念，其模式也是因地因时而异的，不存在固定不变的、标准的理想化模式，不同的国家和地区在不同的历史时期的农业现代化模式可能也会有所不同（高帆，2008），而且每一种模式都有各自的优缺点。因此，正在追求农业现代化目标的国家，特别是广大的发展中国家应立足于本国国情，充分考虑国内农业资源禀赋特点，积极学习借鉴农业现代化国家的经验，探索具有自身特色的农业现代化道路。

第三章　工业化和城市化对中国农业资源变化的影响

伴随着工业化和城市化进程，中国的工业化和城市化对耕地资源、农业水资源和农村劳动力资源等农业资源的供求产生了重要的影响。本章主要考察工业化和城市化对中国农业资源变化的影响。本章首先回顾了中国工业化和城市化的进程，然后使用计量经济学模型考察了工业化和城市化对中国耕地资源、农业水资源和农业劳动力资源的影响，并对未来中国主要农业资源的变化进行了展望。

第一节　中国工业化进程分析

工业化是经济发展的主题，也是现代化的主要内容。改革开放之前，中国的工业化发展是以计划经济体制为背景的，工业化战略是典型的重工业优先发展战略。改革开放 30 年以来，在市场化背景下，工业化发展战略进行了全面调整，工业化的发展出现了新的态势。20 世纪 80 年代，通过经济体制改革，调整了工业经济结构，采取了结构纠偏、轻重工业同步发展的工业化方式；从 20 世纪 90 年代开始，又以结构调整为中心使工业化进入了高速发展阶段，在这一阶段，重化工业加速发展。这一节对改革开放以来中国工业化的总体进程、工业化的质量以及各区域的工业化进行了分析和比较。

一、改革开放以来工业化进程的总体分析

关于改革开放以来中国的工业化进程阶段的划分，存在不同观点。本文将改革开放以来中国的工业化分为两个阶段，1978 年至 20 世纪 90 年代末，20 世纪 90 年代末至今。从图 3–1 可以看出，从 1978 年开始，轻工业产值占全部工业产值比例连续上升，到 1981 年该比例首次超过了 50%，1982 年至 1998 年，轻工业总产值和重工业总产值大体相当，而在 1999 年以后，轻工业产值占全部工业产值比例与重工业的该项比例差距明显拉大，中国的重工业化趋势显著。根据图 3–1 揭示的这种情况，本文以 20 世纪 90 年代末作为分界线，将改革开放以来至 20 世纪 90 年代末作为第一阶段，我们把这一阶段称之为"结构纠偏、轻重工业同步发展阶段"，把 90 年代末至今作为第二阶段，称之为"重化工业加速发展阶段"。

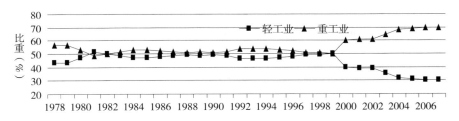

图 3.1　改革开放以来中国轻、重工业占全部工业产值比例[①]

（一）结构纠偏、轻重工业同步发展阶段

自改革开放以来，中国开始由中央集权的计划经济体制向市场经济体制转变，针对以前长期实施的优先发展重工业战略而产生的问题，中国开始进行工业化战略的重大调整，放弃了单纯发展重化工业的思路，转而采取工业全面发展、对外开放和多种经济成分共同发展的工业化战略，这一时期由于经济体制改革和市场因素的引入，开始注重市场需求导向，重视发展轻工业，逐步纠正了扭曲的产业结构，工业化发展的环境得到

---

① 　2006 年之前数据来源于《中国工业发展报告 2008》第 17 页，2007 年数据来源于《中国工业经济统计年鉴 2008》。

改善。

　　表 3.1 总结了这一阶段的工业化进程。为了判断中国各时期的工业化情况，本文考察了各时期的三次产业产值结构与就业结构、工业产值占GDP 比重和人均 GDP 几个指标。三次产业的产值结构与就业结构是反映产业结构演变最基本的指标，产业结构的演变反映了工业结构的演变和工业化进程。工业产值占 GDP 比重反映了工业结构的变动。人均 GDP 指标有明显的规律性，经济发展的程度和工业化进程都能很好地通过该指标反映出来。

表 3.1　1978—1998 年重要年份中国工业化程度衡量指标（%）

年份	三次产业产值比			三次产业就业比			工业占GDP 比重	人均国内生产总值（1978 年=100）
	（一）	（二）	（三）	（一）	（二）	（三）		
1978	27.9	47.9	24.2	70.5	17.3	12.2	44.1	100.0
1980	29.9	48.2	21.9	68.7	18.2	13.1	43.9	113.0
1985	28.2	42.9	28.9	62.4	20.8	16.8	38.3	175.5
1990	26.9	41.3	31.8	60.1	21.4	18.5	36.7	237.3
1991	24.3	41.8	33.9	59.7	21.4	18.9	37.1	255.6
1992	21.5	43.5	35.0	58.5	21.7	19.8	38.2	288.4
1993	19.5	46.6	33.9	56.4	22.4	21.2	40.2	324.9
1994	19.6	46.6	33.8	54.3	22.7	23.0	40.4	363.3
1995	19.8	47.2	33.0	52.2	23.0	24.8	41.0	398.6
1996	19.5	47.5	33.0	50.5	23.5	26.0	41.4	433.9
1997	18.1	47.5	34.4	49.9	23.7	26.4	41.7	469.4
1998	17.3	46.2	36.5	49.8	23.5	26.7	40.3	501.4

数据来源：《中国统计年鉴》相关期。

　　表 3.1 显示，三次产业产值比由 1978 年的 27.9%：47.9%：24.2%改变为 1998 年的 17.3%：46.2%：36.5%，第一产业下降 10.6 个百分点，第二产业下降 1.7 个百分点，而第三产业上升 12.3 个百分点。第三

产业占比的上升意味着产业结构的优化，第二产业占比的下降是由轻工业比例的上升和重工业比例的下降造成的。三次产业就业比由 1978 年的 70.5%：17.3%：12.2% 改变为 1998 年的 49.8%：23.5%：26.7%，第一产业下降 20.7 个百分点，第二产业和第三产业分别上升 6.2 和 14.5 个百分点，显示了第一产业的劳动力向第二和第三产业的转移。工业产值占 GDP 比重由 1978 年的 44.1% 下降为 1998 年的 40.3%，这同样是由于轻工业比例的上升和重工业比例的下降造成的。1998 年的人均 GDP 相对于 1978 年来说增加了 4 倍，显示出伴随着工业化进程人均 GDP 的迅速增加。

总之，在这一时期，由于市场因素的引入，促进了市场主体的多元化，价格成了反映市场的"晴雨表"，工业化发展战略转变为重视轻工业发展的战略，这一转变进一步加速了中国工业化的进程。但是这一时期的工业化存在一些新的问题：一方面基础工业发展滞后，过渡发展加工业尤其是消费品工业，使轻工业高速发展，从而使重工业发展滞后；二是地区分工不清，各产业结构趋同，严重阻碍了工业化的进程。

（二）重化工业加速发展阶段

改革开放后中国工业化第二阶段大致始于 1999 年，该阶段的基本特征是重工业呈现快速增长势头、工业增长再次以重工业为主导。从图 3.1 可以看出，在 1999 年以后，轻工业的该项比例与重工业的该项比例差距明显拉大，中国的重工业化趋势显著。但此次重化工业的增长机制与改革开放前的情况相比有着本质的不同，以前是不计客观条件地盲目"赶超"和"跨越"，而这次结构变动是由于工业化进入中期阶段以后工业结构的自然演变带来的，即重工业的发展是由于消费结构升级、城市化进程加快、交通和基础设施投资加大而带动的。这个阶段由于中国已经告别了"短缺经济"，在人们满足了食品、服装、电器等需求后，人们开始追求汽车、住房等耐用消费品的需求，需求结构的变化带动了工业结构调整和升级。这也表明，经过改革开放以来 30 年的快速工业化过程，中国已进入了工业化中期阶段。

表 3.2　1999—2007 年中国工业化程度衡量指标

年份	三次产业产值比			三次产业就业比			工业占GDP 比重	人均国内生产总值（1978 年=100）
	（一）	（二）	（三）	（一）	（二）	（三）		
1999	16.2	45.8	38.0	50.1	23.0	26.9	40.0	534.9
2000	14.8	45.9	39.3	50.0	22.5	27.5	40.4	575.5
2001	14.1	45.2	40.7	50.0	22.3	27.7	39.7	618.7
2002	13.5	44.8	41.7	50.0	21.4	28.6	39.4	670.4
2003	12.6	46.0	41.4	49.1	21.6	29.3	40.5	733.1
2004	13.1	46.2	40.7	46.9	22.5	30.6	40.8	802.2
2005	12.6	47.5	39.9	44.8	23.8	31.4	42.2	880.7
2006	11.3	48.7	40.0	42.6	25.2	32.2	43.1	977.8
2007	11.3	48.6	40.1	40.8	26.8	32.4	43.0	1088.8

数据来源：《中国统计年鉴》相关期。

表 3.2 显示，三次产业产值比由 1999 年的 16.2：45.8：38.0 改变为 2007 年的 11.3：48.6：40.1，第一产业下降 4.9 个百分点，第二和第三产业分别上升 2.8 个百分点和 2.1 个百分点。第二产业占比的上升一方面是与工业化进程加快有关，另一方面也是由重工业相对于轻工业比例的上升造成的。三次产业就业比由 1999 年的 50.1：23.0：26.9 改变为 2007 年的 40.8：26.8：32.4，第一产业下降 9.3 个百分点，第二产业和第三产业分别上升 3.8 和 5.5 个百分点，显示了第一产业的劳动力进一步向第二和第三产业转移。工业产值占 GDP 比重由 1999 年的 40.0% 上升为 2007 年的 43.0%，一方面是工业化加快的表现，另一方面也反映了重工业相对于轻工业产值比例的上升。2007 年与 1999 年相比，8 年间人均 GDP 增加了大约 1 倍，显示出人均 GDP 的迅速增加。

1999 年以后，中国进入重化工业加速发展阶段以后，中国已经从一个农业大国转为工业生产大国，在这一阶段，中国工业发展迅速，主要工业产品产量都居世界前列，具备了庞大的工业生产能力。伴随着连续多年的经济高速增长，中国整体经济实力显著增强，在世界经济中占据了重要的地位。除了经济总量显著增加之外，经济结构进一步优化，人民生活水平不断提高，人均可支配收入不断增加。

在这一阶段，中国的工业化模式主要还是依靠大量资源和资本投入支撑的粗放增长方式，经济增长的集约化程度还很低，资源环境约束与工业化加速推进的矛盾仍很突出，工业化的技术来源过多依赖国外，产业技术的自主创新能力薄弱，此外，还存在区域经济发展不平衡等问题。2002年，党的十六大在总结中国工业发展和工业化经验的基础上，根据中国国情正式提出了中国应该走"新型工业化道路"。所谓新型工业化道路就是"坚持以信息化带动工业化，以工业化促进信息化，走出一条科技含量高、经济效益好、资源消耗低、环境污染少、人力资源优势得到充分发挥"的工业化道路。与传统工业化相比，新型工业化注重经济的可持续发展，重视将工业化规律与本国自然和制度条件有机结合，重视工业化过程中依靠信息化和现代科学技术提升工业质量。因此，中国进一步的工业化应以新的工业化战略作为指导，使中国从一个工业大国发展为工业强国。

二、中国工业化的质量

在上文中，我们使用了三次产业产值结构与就业结构、工业产值占GDP比重和人均GDP几个指标来考察中国的工业化进程，这些指标都是评价工业化进程和结构变动的指标，主要反映中国的工业化进程及其所处的发展阶段。下面，我们使用如下指标考察中国工业化的质量，这些指标包括三个方面，一是评价科技含量的指标，我们采用大中型工业企业研究与试验发展经费支出占主营业务收入的比重这个指标；二是评价经济效益的指标，我们采用规模以上工业企业利润占增加值的比重；三是反映信息化状况的指标，采用邮电业务总量占GDP的比重来代表信息服务方面的指标；四是反映工业化的协调性与可持续性的指标，采用三废综合利用产品产值占GDP的比重这个指标。

表3.3使用上述指标衡量了中国工业化的质量。由于受数据可得性的限制，表中仅列出了1994年之后的部分数据。对于大中型工业企业研究

与试验发展经费支出占主营业务收入的比重这个指标，由于 2002 年之前
和之后使用了不同的度量指标，所以，我们需要分成两个阶段进行考察。
1994 年至 2002 年，大中型工业企业研究与试验发展经费支出占主营业务
收入的比重呈现先下降后上升的趋势，2002 年与 1994 年相比增加了 0.33
个百分点。2003 年至 2007 年，大中型工业企业研究与试验发展经费支出
占主营业务收入的比重从 0.75% 上升到 0.81%，呈现出逐步上升趋势。从
中国工业化的科技投入来看，工业化的质量是逐步提高的。从规模以上工
业企业利润占增加值的比重来看，从 1998 年的 7.51% 上升到 2007 年的
23.20%，9 年间增加了大约 16 个百分点。因此，从经济效益看，工业化
质量的提高是很迅速的。从邮电业务总量占 GDP 的比重来看，从 1994 年
的 1.43% 上升到 2007 年的 7.94%，上升了大约 6.51 个百分点，因此，从
信息化状况来看，中国工业化的质量得到了较大提高。从三废综合利用产
品产值占 GDP 的比重来看，从 1994 年的 0.34% 上升到 2007 年的 0.54%，
部分年份虽然经历了下降过程，但总体是逐步提高的。这说明，经过多年
的努力，中国加强污染治理工程的建设，从发展源头控制污染和减轻对环
境的污染程度取得了一定效果。

表3.3　中国工业化的质量指标（%）

年份	大中型工业企业研究与试验发展经费支出占主营业务收入的比重	规模以上工业企业利润占增加值的比重	邮电业务总量占 GDP 的比重	三废综合利用产品产值占 GDP 比重
1994	1.4	—	1.43	0.34
1995	1.4	—	1.63	0.33
1996	1.2	—	1.89	0.32
1997	1.21	—	2.25	0.26
1998	1.28	7.51	2.88	0.32
1999	1.35	10.61	3.71	0.29
2000	1.65	17.3	4.83	0.31
2001	1.67	16.71	4.16	0.31
2002	1.73	17.53	4.73	0.32

续表

年份	大中型工业企业研究与试验发展经费支出占主营业务收入的比重	规模以上工业企业利润占增加值的比重	邮电业务总量占 GDP 的比重	三废综合利用产品产值占GDP 比重
2003	0.75	19.86	5.17	0.32
2004	0.71	21.77	6.07	0.36
2005	0.76	20.51	6.57	0.41
2006	0.77	21.42	7.23	0.48
2007	0.81	23.20	7.94	0.54

注：大中型工业企业研究与试验发展经费支出占主营业务收入的比重中 2002 年之前数据为大中
　　型工业企业科技经费支出占产品销售收入的比重。
数据来源：《中国统计年鉴》相关期。

三、各区域的工业化比较

（一）基于三次产业产值的比较

表 3.4 比较了部分年度各区域的三次产业产值比。1995 年至 2007 年，各区域三次产业产值比都或多或少发生了变化。1995 年，第二产业产值占比最高的区域依次为东南部、东三省、中北部和东中部，约为 50% 左右，其他三个区域仅有 40% 左右。2007 年，西北部也上升为 50% 以上，其他区域也都获得了增加。从增加速度上看，增加最快的依次为西北部、中南部、西南部和中北部，因此，工业化水平较低的区域获得了更快的工业化速度。除此之外，2007 年与 1995 年相比，各区域第一产业的产值占比都获得了较大下降，而第三产业产值占比获得了较大上升，特别是经济发达地区，随着产业结构的优化升级，第三产业获得了更快的发展。

表 3.4　各区域三次产业产值比（%）

地区	1995 年			1999 年			2003 年			2007 年		
	第一产业	第二产业	第三产业	第一产业	第二产业	第三产业	第一产业	第二产业	第三产业	第一产业	第二产业	第三产业
东三省	17.8	50	32.1	15.1	48.8	36.1	12.4	50.8	36.9	12.1	51.4	36.4
东中部	17.1	49	33.8	13.8	47.3	38.9	10.7	50.2	39.2	8.4	50.7	40.9

续表

地区	1995 年			1999 年			2003 年			2007 年		
	第一产业	第二产业	第三产业	第一产业	第二产业	第三产业	第一产业	第二产业	第三产业	第一产业	第二产业	第三产业
东南部	15.6	51.4	33.0	12	49.5	38.5	8.3	52.1	39.6	6.1	51.9	42
西北部	25.7	40.6	33.7	21.7	42	36.3	17.5	45.7	36.8	13.1	51	35.9
西南部	28.6	38.4	33.0	24.8	40.7	34.5	20.5	41.4	38.2	18	43.3	38.7
中北部	22.1	49.4	28.5	22.5	45.7	31.8	16.2	49.9	33.9	13.1	53.4	33.5
中南部	29.8	39.1	31.1	20.7	43.1	36.2	17.4	43.5	39	16.3	44.8	38.9

数据来源：根据《中国统计年鉴》相关期数据整理计算得到。

（二）基于三次产业就业比重的比较

表 3.5 显示，从三次产业就业比例看，1995 年，第一产业就业比重较低的为东三省、东南部和东中部等区域，其他区域第一产业的就业比重都为 50% 以上，西南部甚至达到了 67.4%。因此，东部地区的就业结构高级化程度最高。2007 年，除了东三省的第一产业就业比重上升以外，其他区域的第一产业就业比重都是下降的，但东三省和东南部、东中部仍是第一产业就业比重最低的三个区域。2007 年与 1995 年相比，西南部、东南部和东中部区域第一产业就业比重下降得最快。比较表 3.5 和 3.4，虽然中国非农产业产值比例很高，但非农产业就业比例相对较低，这意味着中国不仅是一个工业大国，但同时还是一个农业大国。

表 3.5　各区域三次产业就业比（%）

地区	1995 年			1999 年			2003 年			2007 年		
	第一产业	第二产业	第三产业	第一产业	第二产业	第三产业	第一产业	第二产业	第三产业	第一产业	第二产业	第三产业
东三省	36.5	33.8	29.7	44.4	23.8	31.8	45.2	21.1	33.7	41.2	22.7	36.0
东中部	48.1	27.8	24.1	47.0	25.8	27.2	43.0	27.9	29.0	34.6	31.9	33.5
东南部	40.3	31.1	28.6	41.4	28.2	30.3	34.8	31.8	33.4	25.1	38.8	36.1

续表

地区	1995 年			1999 年			2003 年			2007 年		
	第一产业	第二产业	第三产业	第一产业	第二产业	第三产业	第一产业	第二产业	第三产业	第一产业	第二产业	第三产业
西北部	57.5	19.3	23.2	57.3	16.0	26.7	54.7	15.4	29.9	50.8	17.3	31.8
西南部	67.4	11.1	21.5	65.7	12.0	22.4	59.5	13.3	27.2	51.6	18.1	30.3
中北部	57.7	20.7	21.6	60.1	17.9	22.0	56.2	20.1	23.7	47.7	25.9	26.4
中南部	56.6	18.6	24.8	55.5	16.2	28.4	51.7	17.1	31.2	44.6	22.2	33.2

数据来源：根据《中国统计年鉴》相关期数据整理计算得到。

（三）基于人均 GDP 的比较

表 3.6 比较了部分年度各区域的人均 GDP。此表显示，各区域的人均 GDP 很不平衡。1995 年，七个区域按人均 GDP 由高到低为东南部、东三省、东中部、中南部、西北部、中北部和西南部。这七个区域大致可以分为两个层次，东南部、东三省和东中部为第一层次，人均 GDP 为 4000 元人民币以上，其他四个区域为第二层次，人均 GDP 不到 3000 元人民币。2007 年，各区域的人均 GDP 都获得了较大增加，但两个层次没有改变，东南部、东三省和东中部仍为第一层次，人均 GDP 都在 20000 元人民币以上，其他四个区域则在 20000 元人民币以下。从增长速度看，七个区域按照增长速度由快到慢依次为东中部、西北部、中北部、东南部、中南部、西南部和东三省。由此可见，除了东三省外，人均 GDP 较高的区域，人均 GDP 的增长率也较高，这导致各区域的人均 GDP 更加不平衡。

表 3.6　各区域人均 GDP（万元人民币 / 人）

地区	1995 年	1999 年	2003 年	2007 年
东三省	0.48	0.82	1.21	2.15
东中部	0.45	0.90	1.40	2.84
东南部	0.63	1.21	1.83	3.46
西北部	0.27	0.47	0.73	1.62

续表

地区	1995 年	1999 年	2003 年	2007 年
西南部	0.24	0.41	0.57	1.17
中北部	0.25	0.48	0.70	1.49
中南部	0.28	0.55	0.76	1.46

数据来源：根据《中国统计年鉴》相关期数据整理计算得到。

（四）基于工业化质量的比较

表 3.7、表 3.8 和表 3.9 分别描述了各区域科技三项投入占 GDP 的比例、三废综合利用产品产值占 GDP 比例和邮电业务量占 GDP 比重。表 3.7 显示，各区域科技三项投入占 GDP 的比例呈上升趋势。2006 年，此比例较高的三个区域依次为东三省、东南部和东中部，其他四个区域的比例略低。从增长速度看，增长较快的依次为东南部、东中部、中南部和东三省等区域。因此，从这个指标看，经济发达区域和落后区域的差距越来越大。表 3.8 显示，除了东三省之外，其他区域三废综合利用产品产值占 GDP 比例均呈上升趋势。2007 年，此比例较高的区域依次为西南部、中南部、东南部、中北部和东三省，从这个指标看，经济落后区域要略好于经济发达区域。表 3.9 显示，从反映信息化状况的指标——邮电业务量占 GDP 比例来看，各区域均呈快速上升趋势。2007 年，各区此项指标差距不大，大约都是 6% 到 7% 左右，各区域按此指标由大到小依次为：西南部、西北部、东南部、东三省、中南部、中北部和东中部，因此，从这个指标看，经济落后区域和经济发达区域基本没有差距。

总之，从这三个反映工业化质量的指标看，在科技三项投入占 GDP 的比例这个指标上，经济发达区域要好于经济落后区域，但在衡量信息化状况的指标——邮电业务量占 GDP 的比重和反映工业化的协调性与可持续性的指标——三废综合利用产品产值占 GDP 比例来看，经济落后区域并不弱于经济发达区域，甚至略好于经济发达区域。

表 3.7　各区域科技三项投入占 GDP 的比例（%）

地区	1996 年	1999 年	2003 年	2006 年
东三省	0.16	0.16	0.19	0.22
东中部	0.07	0.12	0.13	0.14
东南部	0.06	0.1	0.16	0.19
西北部	0.08	0.13	0.13	0.13
西南部	0.08	0.10	0.13	0.13
中北部	0.05	0.09	0.08	0.10
中南部	0.05	0.07	0.10	0.12

数据来源：根据《中国统计年鉴》相关期数据整理计算得到。

表 3.8　各区域三废综合利用产品产值占 GDP 比例（%）

地区	1996 年	1999 年	2003 年	2007 年
东三省	0.51	0.39	0.24	0.39
东中部	0.22	0.32	0.33	0.46
东南部	0.33	0.20	0.25	0.50
西北部	0.30	0.28	0.27	0.35
西南部	0.44	0.46	0.47	0.63
中北部	0.25	0.33	0.39	0.46
中南部	0.32	0.25	0.49	0.60

数据来源：根据《中国统计年鉴》相关期数据整理计算得到。

表 3.9　各区域邮电业务量占 GDP 比例（%）

地区	1996 年	1999 年	2003 年	2007 年
东三省	1.66	3.19	5.18	6.97
东中部	1.62	2.69	4.2	5.72
东南部	2.37	3.71	5.74	7.74
西北部	1.25	2.42	6.1	7.98
西南部	1.12	2.39	5.53	8.53

地区	1996 年	1999 年	2003 年	2007 年
中北部	1.09	2.32	4.48	6.45
中南部	1.29	2.3	4.49	6.81

数据来源：《中国统计年鉴》相关期。

第二节　中国城市化进程分析

城市化是人类社会发展演变的一种趋势，一般是由经济产业化、人口集中化、社会生活方式文明化所引起的城市人口不断聚集、城市地域范围不断扩大、城乡差别不断缩小的一种发展过程。城市化是社会经济向现代化发展的必然趋势，是扩大内需、提高经济总量、促进国民经济增长的重要手段，也是工业发展的必然要求和必然结果，并在一定程度上代表着一个国家的发展水平。改革开放以来，中国的城市化进程经历了多个阶段的发展过程。这一部分分析了中国城市化的总体进程和城市化的质量，并且对各区域的城市化进程进行了比较。

一、改革开放以来中国城市化进程的总体分析

考察城市化进程有必要从城镇人口角度来探讨。图 3.2 描述了改革开放以来中国城镇人口和乡村人口占总人口的比重。该图显示，改革开放以来，从城镇人口占总人口的比重来看，中国的城市化进程可以大致分为三个阶段，第一个阶段是从 1978 年到 1985 年，这一阶段城镇人口迅速增加；第二阶段从 1986 年至 1995 年，这一阶段城镇人口处于稳定增长期；第三阶段从 1996 年至今，这一阶段镇人口进入一个较快增长期。

（一）1978 年到 1985 年的迅速增长期

改革开放以来，中国的政治、经济形势发生了深刻变化，全国工作重点开始转向以经济建设为中心。随着一系列改革开放措施的实施，农村

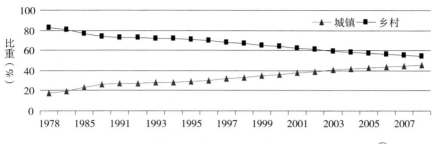

图 3.2　改革开放以来中国城镇人口和乡村人口占总人口的比重①

经济有了较快的发展，城市经济中心作用加强。这一时期，城市建设走上
了科学轨道，城市设置进入了一个加速时期。1977 年至 1985 年，累计新
设城市 139 个，城市净增数达 136 个，年平均递增 15.1 个。至 1985 年底，
全国已有城市 324 个，城市非农业人口达 1.18 亿人。

　　这一时期，城镇化是中国独特的城市化推进形式。随着改革首先从
农村地区开始启动，家庭联产承包责任制的实施形成了激励机制，大大激
发了农民的生产积极性，也进一步解放了农村劳动生产力，使农业剩余劳
动力得以显化。城镇的迅速崛起，既促进了以就业为支撑的经济意义上的
城镇化进程，同时也促成了行政意义上的城镇化进程，其途径就是镇、市
建制的增加。建制镇在 1984—1986 年达到了一个高峰，通过撤社建乡，
降低建制镇标准，3 年内建制镇增加了 7750 个。

　　（二）1986 年至 1995 年的稳定增长期

　　1986 年全国人大六届四次会议通过"七五"计划，要求切实防止大
城市人口规模的过度膨胀，有重点地发展一批中等城市和小城市。这一
时期，东部沿海地带经济的持续高速增长以及乡镇企业的发展，特别是
1991 年国家经济体制从计划经济向市场经济的转变，资本、土地、劳动
和技术等生产要素发挥越来越重要的作用，农村剩余劳动力大量转移到非
农生产领域，新设市标准扩大了非农业人口的范围并适当地降低了条件，
适应了农村城市化的需要，大大推动了城市化的发展。1986 年至 1993 年，

---

① 　根据《中国统计年鉴 2009》中数据绘制此图。

全国共新设城市 248 个，平均每年设新城市 31 个，其中广东、山东、江苏、浙江、河北等沿海地区省份设置新城市的数量较多。1993 年，全国新设城市达 570 个，城市人口也达 1.76 亿人。从 1992 年到 1994 年，国家对乡镇实行撤、扩、并，3 年内又增加建制镇 7750 个。

（三）1996 年至今的较快增长期

1996 年以来，中国城市设置过程趋于稳定，具有两个显著特点：一是新设城市数量减少。由于城市规模的扩张以及城市发展空间的局限，大城市周边的县市区往往被合并到市辖区中，表现为大城市市辖区的规模扩大，例如，2006 年，撤销了江津市、合川市等城市，作为区并入重庆市。二是县市区行政区合并。这一类主要集中在东北和西部等地区，例如吉林、黑龙江和重庆等。

企业的规模化经营要求企业向区位条件好、发展潜力大的城镇和城市聚集，经济和人口在空间上的积聚导致了人口向较大城镇和城市的迁入。同时，农村生产力的提高使更多的农村剩余劳动力释放出来。随着城乡二元制度开始逐渐消融，劳动力也开始逐渐实现自由流动。

总之，改革开放以来中国的城市化进程有这样几个特点：一是城市数量不断增加，由 1978 年的 193 个发展到 2007 年的 655 个；二是城市人口比重迅速提高，与 1978 年前的 30 年相比，城市化水平有了较大幅度的增长；三是城市综合实力大大增强，城市经济、产业结构、城镇空间布局、城市基础设施等方面都发生了明显变化，朝着合理化的方向发展。

二、中国城市化的质量

表 3.10 用部分指标来反映中国城市化的质量。对于大多数指标来说，例如人均住宅建筑面积、城市燃气普及率、每万人拥有公交车辆数、人均城市道路面积、人均公园绿地面积等，随着时间的推移都得到了改善。例如，人均住宅建筑面积从 1999 年的 14.19 平方米增加到 2007 年的 27.06 平方米；人均城市道路面积从 1999 年的 8.8 平方米增加到 2007 年的 11.43 平方米。但对于某些指标，例如，城市用水普及率和每万人拥有公共厕

所，却存在着恶化现象。城市用水普及率从 1999 年的 96.3% 减少到 2007 年的 96.83%，每万人拥有公共厕所数从 1999 年的 5.31 座减少到 2007 年的 3.04 座。这说明，随着中国城市化进程的加快，虽然城市化的整体质量是提高的，但某些城市基础设施还落后于中国城市化的速度。

表 3.10　中国城市化的质量指标

年份	人均住宅建筑面积（m²）	城市用水普及率（%）	城市燃气普及率（%）	每万人拥有公交车辆数（台）	人均城市道路面积（m²）	人均公园绿地面积（m²）	每万人拥有公共厕所（座）
1999	14.19	96.30	81.74	9.36	8.80	6.54	5.31
2003	23.67	86.15	76.74	7.66	9.34	6.49	3.19
2007	27.06	93.83	87.40	10.23	11.43	8.98	3.04

数据来源：《中国统计年鉴》相关期。

三、各区域城市化的比较

各区域在城市化率和城市化质量方面存在较大差异，这里我们从这两个角度对各区域做一下比较。

（一）各区域城市化率的比较

表 3.11 列出了部分年度各区域城镇人口占总人口的比重。表 3.11 显示，2007 年，城镇人口占总人口的比重较高的三个区域依次为东中部、东南部和东三省，分别为 61.95%、59.69% 和 55.42%，其他四个区域只有 40% 左右。从增长速度看，2000 年至 2007 年，增长较快的区域依次为中北部、西南部和中南部，分别增长了 10.4、9.0 和 9.0 个百分点。因此，虽然经济发达区域的城市化程度高，但经济落后地区的城市化发展得更快。

表 3.11　各区域城镇人口占总人口的比重（%）

地区	2000 年	2005 年	2006 年	2007 年
东三省	51.82	54.77	55.15	55.42
东中部	53.40	60.36	61.15	61.95

续表

地区	2000 年	2005 年	2006 年	2007 年
东南部	52.53	58.07	59.03	59.69
西北部	33.23	39.20	40.22	41.29
西南部	27.03	33.64	34.72	36.00
中北部	28.64	36.09	37.53	39.02
中南部	32.55	39.07	40.40	41.52

数据来源：根据《中国统计年鉴》相关期数据整理得到。

（二）各区域城市化质量的比较

表 3.12 对各区域城市化的质量进行了比较。从人均住宅建筑面积看，2007 年，东南部最多，为 31.25 平方米，其次分别为东中部和西南部，分别为 26.78 平方米和 26.74 平方米，其他几个区域大多为 25 平方米左右。从增长速度看，各区域之间并没有显著的差距。从城市用水普及率看，2007 年，最好的为东中部，为 99.69%，最差的为东三省，为 88.94%。其他几个区域大多为 90% 至 96% 之间。2007 年与 1999 年相比，只有东中部一个地区是上升的，其他区域都是下降的。从城市燃气普及率，经济发达区域要好于经济落后区域。2007 年与 1999 年相比，除了东南部此指标是下降的外，其他区域都是上升的。从每万人拥有公共交通车辆数来看，经济发达区域与经济落后区域并无显著差别，2007 年与 1999 年相比，东南部此指标大幅度下降，西南部略微下降，其他地区都上升。从人均城市道路面积和人均公园绿地面积这两个指标看，各区域差距不大，并且 2007 年与 1999 年相比，大多数区域这两个指标都是上升的，唯一有少许下降的是东南部的人均城市道路面积。从每万人拥有公共厕所数这个指标上看，所有区域在这个指标上都是下降的。

总之，通过比较各区域的城市化质量，我们知道，只是在部分指标上经济发达地区要好于经济落后地区，在大多数指标上，两类地区的差距并不大。

表 3.12 各区域城市化质量的比较

地区	年份	人均住宅建筑面积（m²）	城市用水普及率（%）	城市燃气普及率（%）	每万人拥有公交车辆数（台）	人均城市道路面积（m²）	人均公园绿地面积（m²）	每万人拥有公共厕所数（座）
东三省	1999	12.17	90.46	77.08	7.26	6.21	6.22	8.42
	2007	22.90	88.94	82.94	9.22	9.30	8.51	5.59
东中部	1999	14.41	99.19	92.75	12.22	9.72	6.57	6.6
	2007	26.78	99.69	98.08	13.67	12.44	7.57	2.95
东南部	1999	16.91	98.13	94.01	12.27	12.03	8.14	3.59
	2007	31.25	93.31	89.48	9.92	11.88	9.47	2.50
西北部	1999	11.58	95.69	63.48	7.67	7.49	4.72	5.34
	2007	24.13	93.02	80.50	11.33	12.44	8.74	4.05
西南部	1999	13.77	96.88	72.93	9.58	6.90	5.91	4.80
	2007	26.74	89.57	77.70	9.25	9.25	7.57	2.10
中北部	1999	12.17	94.91	71.88	6.35	8.19	5.58	5.71
	2007	25.32	92.00	77.17	7.70	10.97	8.26	3.30
中南部	1999	14.49	96.47	74.94	9.47	8.06	6.60	4.09
	2007	26.42	95.29	86.39	10.62	11.56	8.55	2.45

数据来源：根据《中国统计年鉴》相关期数据整理计算得到。

第三节 中国工业化和城市化对农业资源变化的影响

　　工业化和城市化是经济社会发展的必然现象，也是一个国家实现现代化的必由之路。目前，中国正处于工业化和城市化的快速发展阶段，工业化水平的提高和城市化规模的扩张不可避免地占用和消耗大量耕地资源、水资源和劳动力资源，给中国的农业建设带来了新的挑战。因此，认识工业化和城市化进程对农业资源变化的影响，减少工业化和城市化进程对农业资源的消耗对于中国的农业建设具有重要的意义。这一节从定量方面分析了工业化和城市化对耕地资源、水资源和农村劳动力资源的影响，并对未来中国农业资源的变化进行了展望。

一、工业化和城市化对耕地资源的影响

（一）中国耕地资源的变化

中国是一个人口众多的国家，与巨大的人口规模相比，人均耕地少，优质耕地更是缺乏。目前，中国人均耕地不到世界人均耕地的一半，人均耕地低于联合国粮农组织确定的警戒线。在中国耕地中，中低产耕地的比例太高。中国未利用土地多分布在海拔较高、缺水和气候比较恶劣的地方，开发难度和成本较大。表 3.13 列出了 1996 年以来中国耕地面积变化的情况。1996 年中国共有耕地面积大约 130039.2 千万公顷，2007 年减至大约 1.22 亿公顷，12 年间净减少大约 830 万公顷。1996 年至 2007 年间，每年的耕地面积都是减少的，2002 年和 2003 年达到了一个高潮，年内耕地面积分别大约净减少 169 万公顷和 254 万公顷。2003 年之后，每年耕地面积的减少呈现递减趋势，2007 年与 2006 年相比，全国耕地净减少 6.17 万公顷。

表 3.13　中国耕地面积的变化（千公顷）

年份	年末实有耕地面积	年内净减耕地面积	年份	年末实有耕地面积	年内净减耕地面积
1996	130039.2	—	2002	125929.6	1686.2
1997	129903.1	136.1	2003	123392.2	2537.4
1998	129642.1	261.0	2004	122444.3	800.3
1999	129205.5	436.6	2005	122066.7	377.6
2000	128243.1	962.4	2006	121800.0	266.7
2001	127615.8	627.3	2007	121735.2	64.8

数据来源：根据国土资源部各年国土资源公报整理得到。

表 3.14　各区域耕地面积的变化

地区	1996 年		2007 年		2007 年比 1996 年减少的百分比（%）
	耕地面积（千公顷）	占全国比重（%）	耕地面积（千公顷）	占全国比重（%）	
东三省	21526.20	16.55	21458.56	17.63	0.31
东中部	15402.10	11.84	14498.07	11.91	5.87
东南部	12971.10	9.97	11849.18	9.73	8.65
西北部	24308.70	18.69	21617.84	17.76	11.07
西南部	24902.10	19.15	22963.71	18.86	7.78
中北部	18670.60	14.36	17707.63	14.55	5.16
中南部	11895.90	9.15	11279.07	9.27	5.19

数据来源：根据《中国统计年鉴》相关期数据整理计算得到。

中国地域辽阔，不同地区的工业化、城市化的进程不同，土地利用状况表现出一定的区域非均衡特征。表 3.14 描述了 1996 年至 2007 年各区域耕地面积的变化情况。从耕地的存量面积看，2007 年耕地面积较多的区域依次为西南部、西北部、东三省和中北部。2007 年与 1996 年相比，耕地减少的百分比较高的几个区域依次为西北部、东南部、西南部和东中部，最少的为东三省。可见，耕地减少速度的快慢与各区域的工业化和城市化的发展快慢是成正比的。

（二）工业化和城市化对耕地资源的影响

工业化和城市化的一个主要影响是占用大量的城市外围土地资源。工业化的过程是人类生产活动由农业部门转向非农业部门，城市化的过程则是人口分布由农村转向城市。工业化和城市化的快速发展离不开土地这一基础要素的投入。随着工业化、城市化进程的推进，产业结构发生变化，第二产业向城市集中，人口向非农产业转移，农村人口向城市转移，从而使城市数量增加，城市规模扩大。随着人口在城市的集聚，住宅、公共建筑、基础设施等各项建设对土地的需求也越来越大。经济在空间上的集聚也对土地产生了新的需求，以解决原有建设用地不足问题，导致工业和城市用地规模的逐步扩大。

工业化和城市化除了使耕地数量减少外，也会带来耕地质量下降。在中国工业化和城市化进程中，由于城市外围耕地地价低，地上建筑物和其他设施少、价值低，征地费低等原因，工业和城市用地不断向城市周边扩张，占用了大量耕地。工业化和城市化占用的耕地，大多数是城市周围、公路两旁的良田沃土，很难靠开发同等质量的耕地来弥补；同时耕地变为建设用地后也引起了周围耕地质量的下降，例如，由于城市垃圾处置不当和水资源污染等造成的生态环境恶化，使土地利用环境特别是耕地的利用环境恶化，导致耕地质量下降。因此，工业化和城市化过程常常导致大量优质耕地资源的流失，并带来周边耕地质量的下降。

（三）工业化和城市化对耕地资源影响的计量分析

在中国近年来的经济发展过程中，促进耕地资源变化的主要影响因素有：（1）人口增加。人口增加，会增加对住宅用地、交通用地和公共设施用地等的需求，从而推动农用地特别是耕地的非农化，导致耕地大量流失。（2）工业化。随着工业化的发展，厂房用地和与之配套的基础设施用地都会增加，从而推动耕地的流失。（3）城市化。城市化表现为大量农村人口转变为城市人口、城市数量的增多和城市规模的扩大。随着城市化进程的加快，城市周围的农用地，特别是耕地，就会转变为城市用地。（4）利益驱动。一般情况下，城市工业用地和商业用地的效益要远大于农用地，比较效益的差距诱使耕地向非农用地转变，城市用地不断扩张，从而减少耕地的数量。

由于我们只能得到 1996 年和 2007 年两年的分地区的耕地面积数据，因此，本文使用除西藏以外的 29 个省、自治区和直辖市（以下简称省份）1996 年和 2007 年的数据考察工业化和城市化对耕地资源的影响，为了与1996 年的数据相统一，2007 年的数据把重庆并入四川计算。根据以上分析的各影响因素，本文使用下面的计量模型：

$$\mathrm{Ln}land_{it} = \beta_0 + \beta_1 \mathrm{Ln}popu_{it} + \beta_2 \mathrm{Ln}indu_{it} + \beta_3 \mathrm{Ln}urba_{it} + \mu_i + \lambda_t + \varepsilon_{it} \qquad (1)$$

在公式（1）中，i 代表省份，t 代表时间，$land_{it}$、$popu_{it}$、$indu_{it}$ 和 $urba_{it}$ 分别代表 i 省份 t 年度的耕地面积、总人口数量、工业增加值和城镇人口数量，它们的计量单位分别为千公顷、万人、亿元和万人。其中，$land_{it}$ 是被解释变量，$popu_{it}$、$indu_{it}$ 和 $urba_{it}$ 是解释变量。$indu_{it}$ 和 $urba_{it}$ 分别代表了工业化和城市化的发展变化程度。由于缺乏合适的变量来描述代表利益驱动的因素，本文省略这个变量。为了克服异方差的影响，对上述变量均取对数。根据上文的分析，$Lnpopu_{it}$、$Lnindu_{it}$ 和 $Lnurba_{it}$ 的系数都期望为负值。μ_i 为省份固定效应，体现各省份之间差异的非观测效应，例如一个省份的历史、资源、环境和气候等特点与耕地资源的变化可能存在相关性，若不考虑这个影响，未观测效应将进入到随机误差项中，估计结果将是有偏并且不一致的。λ_t 是时间固定效应，体现随时间变化的影响所有省份耕地资源的因素。ε_{it} 是随机误差项。此模型使用的数据均根据《中国统计年鉴》相关期的数据整理得到。

表 3.15 工业化和城市化对耕地资源影响的计量分析结果

	模型（1）	模型（2）	模型（3）
常数项	13.04 (8.80)***	12.45 (8.30)***	13.26 (8.11)***
$Lnpopu_{it}$	−0.58 (−3.44)***	−0.57 (−2.11)**	−0.63 (−2.89)***
$Lnindu_{it}$	−0.05 (−2.08)**		−0.05 (−2.81)***
$Lnurba_{it}$		−0.02 (−1.99)**	−0.03 (−1.72)*
省份固定效应	是	是	是
年度固定效应	是	是	是
R^2	0.99	0.99	0.99
观测值	58	58	58

注：*、**、*** 分别表示 10%、5%、1% 的显著性检验水平上显著。括号中为 t 值。表中省略了年度虚拟变量和省份虚拟变量。

表 3.15 是回归结果。模型（1）只包括 $\mathrm{Ln}popu_{it}$ 和 $\mathrm{Ln}indu_{it}$ 两个解释变量，结果显示，$\mathrm{Ln}popu_{it}$ 和 $\mathrm{Ln}indu_{it}$ 的符号与期望一样为负数。人口每增长 1%，耕地面积减少 0.58%；工业增加值每增加 1%，耕地面积减少 0.05%。模型（2）只包括 $\mathrm{Ln}popu_{it}$ 和 $\mathrm{Ln}urba_{it}$ 两个解释变量，结果同样显示，$\mathrm{Ln}popu_{it}$ 和 $\mathrm{Ln}urba_{it}$ 的符号都为负数，人口每增长 1%，耕地面积减少 0.57%；城镇人口每增长 1%，耕地面积减少 0.02%。模型（3）包括了 $\mathrm{Ln}popu_{it}$、$\mathrm{Ln}indu_{it}$ 和 $\mathrm{Ln}urba_{it}$ 三个解释变量，结果显示，它们的符号与期望一样，都为负数。人口每增长 1%，耕地面积减少 0.63%；工业增加值每增加 1%，耕地面积减少 0.05%，城镇人口每增长 1%，耕地面积减少 0.03%。以上结果显示，工业化和城市化对耕地资源产生了显著影响。

二、工业化和城市化对农业水资源的影响

（一）中国水资源的变化

中国是一个水资源短缺的国家，水资源总量不丰富，人均占有量更低，并且水资源时空分布不均。中国水资源总量居世界第六位，人均占有量约为世界人均的四分之一，并且年内年际分配不匀。表 3.16 描述了中国水资源状况。中国的水资源总量从 2000 年的 27700.8 亿立方米下降到 2007 年的 25255.2 亿立方米，下降了 2445.6 亿立方米，年均下降 300 多亿立方米。地表水资源量和地下水资源量也都是呈下降趋势。人均水资源量从 2000 年的 2193.9 立方米下降到 2007 年的 1916.3 立方米。因此，随着经济社会的发展，中国的水资源缺乏的问题会进一步凸显出来。

表 3.16　中国水资源状况

年份	水资源总量 （亿立方米）	地表水资源量 （亿立方米）	地下水资源量 （亿立方米）	人均水资源量 （立方米／人）
1995	—	28124	8257	—
2000	27700.8	26561.9	8501.9	2193.9
2005	28053.1	26982.4	8091.1	2151.8

续表

年份	水资源总量 （亿立方米）	地表水资源量 （亿立方米）	地下水资源量 （亿立方米）	人均水资源量 （立方米 / 人）
2006	25330.1	24358.1	7642.9	1932.1
2007	25255.2	24242.5	7617.2	1916.3

数据来源：《中国统计年鉴》相关期。

表 3.17　2007 年与 2003 年相比中国各区域水资源变化情况

地区	水资源总量 （亿立方米）	地表水资源量 （亿立方米）	地下水资源量 （亿立方米）
东三省	−273.68	−231.54	−91.52
东中部	−129.73	−73.76	−74.10
东南部	594.44	603.06	59.22
西北部	−447.04	−400.47	−141.19
西南部	−37.22	−37.22	−63.86
中北部	−634.59	−588.09	−130.20
中南部	−841.46	−844.48	−125.54

注：正数表明水资源总量增加，负数表示水资源总量减少。
数据来源：根据《中国统计年鉴》相关期数据整理计算得到。

表 3.17 描述了 2007 年与 2003 年相比，中国各区域水资源的变化情况。2007 年与 2003 年相比，水资源总量下降较多的区域依次为中南部、中北部、西北部和东三省，唯一一个上升的区域为东南部。东南部水资源总量的上升主要是由浙江、福建和广东三省，特别是浙江水资源总量的上升引起的。中南部和中北部水资源总量下降主要分别由湖南和安徽引起的。西南部的云南和贵州水资源总量是上升的，但由于广西的水资源总量下降太大，所以导致了西南部的水资源总量是下降的。由此可见，中国的水资源总量在时空分布上极为不平衡的。

（二）工业化和城市化对农业水资源的影响

工业化和城市化的发展，使得水资源需求量不断增长，从而加快了水资源的消耗速度。随着工业和城市用地规模的不断增加，工业和城市居民对水资源的需求也不断增加；另一方面，原有城市土地利用趋向立体化，使得城市各种社会、经济活动更加频繁和集中，尤其是人口的集聚，也促进城市水资源利用的集中化；同时路面大量使用混凝土，使地面的可渗水面、绿化和水面积减少[①]。城市化使原本不足的水资源更加紧缺，工业生产和城市生活用水紧张，不得不挤占农业用水，加剧了城乡用水的矛盾，使农业生产受到很大影响。

工业化与城市化对水质也产生了重要影响。工业化与城市化导致工业废水和生活污水的大量排放，造成城市水体及周边河流水质的严重污染问题。特别是工业废水，由于数量大，并且成分复杂，带来了严重的污染。改革开放40多年来，随着中国工业化和城市化的迅速发展，污废水大量增加，城市中工业生产排出的污水、居民的生活废水等，不经处理或处理不当，排入河流或直接渗入地下，从而导致地表及地下水污染。以地下水资源作为供水水源的城市，由于超采地下水，使地下水位大幅度下降，使污水渗入，从而污染地下水。

（三）工业化和城市化对水资源影响的计量分析

除了上文分析的工业化和城市化因素，促进水资源需求量增加的其他因素还有总人口数量，总人口数量增加也会消耗更多的水资源。和上一部分考察对耕地资源的影响一样，这里我们选取 $popu_{it}$、$indu_{it}$ 和 $urba_{it}$ 作为解释变量考察这些变量对非农业用水量 $wate_{it}$ 的影响。非农业用水量为用水总量减去农业用水量，单位为亿立方米。

由于受数据可得性的限制，本文使用除西藏以外的30个省、自治区和直辖市2003年和2007年的数据考察工业化和城市化对水资源的影响。根据以上分析的各影响因素，本文使用下面的计量模型：

$$Lnwate_{it} = \alpha_0 + \alpha_1 Lnpopu_{it} + \alpha_2 Lnindu_{it} + \alpha_3 Lnurba_{it} + \sigma_i + \varsigma_t + \phi_{it} \quad (2)$$

[①]　曾晓燕等：《城市化对区域水资源的影响》，《资源环境与工程》2005年第11期。

在公式（2）中，Ln*popu*$_{it}$、Ln*indu*$_{it}$和 Ln*urba*$_{it}$与公式（1）中的含义一样，系数都期望为正值。σ_i为省份固定效应，体现各省份之间差异的非观测效应，ζ_t是时间固定效应，体现随时间变化的影响所有省份水资源的因素，φ_{it}是随机误差项。此模型使用的数据均根据《中国统计年鉴》相关期的数据整理得到。

表 3.18　工业化和城市化对水资源影响的计量分析结果

	模型（4）	模型（5）	模型（6）
常数项	4.29 (1.87)*	8.50 (3.47)***	6.51 (2.97)***
Ln*popu*$_{it}$	0.30 (2.09)**	0.52 (2.11)**	0.37 (2.10)**
Ln*indu*$_{it}$	0.12 (2.18)**		0.12 (1.74)*
Ln*urba*$_{it}$		0.14 (1.88)*	0.15 (2.05)**
省份固定效应	是	是	是
年度固定效应	是	是	是
R^2	0.99	0.99	0.99
观测值	60	60	60

注：*、**、*** 分别表示 10%、5%、1% 的显著性检验水平上显著。括号中为 t 值。表中省略了年度虚拟变量和省份虚拟变量。

表 3.18 是回归结果。模型（4）只包括 Ln*popu*$_{it}$ 和 Ln*indu*$_{it}$ 两个解释变量，结果显示，Ln*popu*$_{it}$ 和 Ln*indu*$_{it}$ 的符号与期望一样为正数。人口每增长 1%，非农业用水量增加 0.30%；工业增加值每增加 1%，非农业用水量增加 0.12%。模型（5）只包括 Ln*popu*$_{it}$ 和 Ln*urba*$_{it}$ 两个解释变量，Ln*popu*$_{it}$ 和 Ln*urba*$_{it}$ 的符号都为正值，人口每增长 1%，非农业用水量增加 0.52%；城镇人口每增长 1%，非农业用水量增加 0.14%。模型（6）包括了 Ln*popu*$_{it}$、Ln*indu*$_{it}$ 和 Ln*urba*$_{it}$ 三个解释变量，它们的符号与期望一样都为正值。人口每增长 1%，非农业用水量增加 0.37%；工业增加值每增

加 1%，非农业用水量增加 0.12%，城镇人口每增长 1%，非农业用水量增加 0.15%。由以上结果可知，工业化和城市化对非农业用水量产生了显著影响，工业化和城市化的进一步发展会增加非农用水量。

三、工业化和城市化对农业劳动力资源的影响

（一）中国农业劳动力资源状况

中国劳动力资源十分丰富，尤其是大量的农村劳动力转移为城镇提供了大量廉价劳动力。表 3.19 列举了中国 1978 年以来部分年度总就业人员数、农林牧渔业就业人员数以及其他行业就业人员数。因为 2003 年之后，国家开始统计分行业职工人数，统计口径与以前不同，所以这里只列举了 2003 年之前的就业情况。从总就业人员数看，1978 年至 2002 年，由 4 亿人增加到 7.3 亿多人。其中，农林牧渔业就业人员数由 1978 年的 2.8 亿人增加到 2002 年的 3.2 亿人，占总就业人员的比例从 2002 年的 70.53% 降低到 2002 年的 44.06%。而其他行业占的比例从 29.47% 增加到 55.94%。随着时间的推移，农林牧渔业就业人员占的比例逐步降低，这意味着一部分农林牧渔业就业人员逐步转移到其他行业。

表 3.19　中国分行业就业人员数及所占比例

年份	合计（万人）	农林牧渔业（万人）	农林牧渔业占比（%）	其他行业（万人）	其他行业占比（%）
1978	40152	28318	70.53	11834	29.47
1980	42361	29122	68.75	13239	31.25
1985	49873	31130	62.42	18743	37.58
1990	64749	34117	52.69	30632	47.31
1995	68065	33018	48.51	35047	51.49
2000	72085	33355	46.27	38730	53.73
2001	73025	32974	45.15	40051	54.85
2002	73740	32487	44.06	41253	55.94

数据来源：《中国统计年鉴》相关期。

从不同的区域看，各区域农林牧渔业职工人数以及变化的速度差距较大。表 3.20 描述了这种情况。2007 年，农林牧渔业职工人数较多的区域依次为东三省、西北部、东南部、中南部和西南部。2007 年与 2003 年相比，农林牧渔业职工人数下降较快的依次为中南部、东中部、中北部和东南部，下降比例分别为 36.42%、24.19%、23.41% 和 19.31%；下降较慢的依次为东三省、西北部和西南部，下降比例分别为 7.04%、10.17% 和 16.19%。在各区域内部，农林牧渔业职工人数变化的速度也很不均衡。在东三省中，辽宁增加 12.01%，而吉林和黑龙江分别下降 14.85% 和 11.62%；在东中部区域，下降最多的为山东，下降了 40.46%，最少的为北京，只下降 4.73%；在东南部区域，下降最多的为浙江，下降了 41.14%，最少的为福建，只下降 9.24%。其他区域的情况与之类似，各省份之间差别很大。

表 3.20　农林牧渔业职工人数及其变化率

地区	2003 年（万人）	2007 年（万人）	2003—2007 年变化率（%）
东三省	122.45	113.83	−7.04
东中部	22.06	16.72	−24.19
东南部	61.83	49.89	−19.31
西北部	118.48	106.43	−10.17
西南部	46.70	39.14	−16.19
中北部	25.21	19.31	−23.41
中南部	62.67	39.84	−36.42

数据来源：《中国统计年鉴》相关期。

（二）工业化和城市化对农业劳动力资源的影响

工业化和城市化促使农村劳动力逐步转移。农村劳动力转移主要包括产业转移与空间转移，产业转移是指农村劳动力从农业向非农产业转移，空间转移是指农村劳动力从农村向城市转移。改革开放以来，中国农业处于急剧的社会变迁中，农村劳动力从农业部门向非农业部门转移、从农村向城市流动是中国经济发展和农业转型过程中最重要的特征之一。农村日益严峻的就业形势和来自农业的收入持续下降，使越来越多的农民向农业与农村以外转移。大多数研究表明，农业比较效益低和劳动力过剩是农村劳动力转移的最主要动因。

农村劳动力转移对农业也带来了不利影响。转移出的农村劳动力中大多数是受教育年限相对较长的中、青年劳动力，这些高素质的农村劳动力转移降低了农业资源的利用率，导致了耕作质量下降和农业产出降低，许多地方甚至出现了大量土地"撂荒"现象。目前，由于进城打工的收入高于农村的农业生产收入，农户就会选择把农业中的投入减少，这样必然导致农业产出的降低。此外，由于大多数农村劳动力转移是非永久性转移，大多不愿或不能在城镇定居，他们在外出打工时也不愿退出农村的承包土地，导致农村的土地不能有效集中，不利于农业的产业化和机械化；大量农村劳动力外出以后，留在家中从事农业劳动的更多是老人和小孩，这对于推广现代农业技术、搞好农田水利建设、防汛抗灾、修建道路等基础建设很不利，进一步阻碍了农业生产效率的提高和农业生产的发展。

（三）工业化和城市化对农业劳动力资源影响的计量分析

这一部分考察工业化和城市化对农林牧渔就业人数的影响。除了上文分析的工业化和城市化因素外，农林牧渔业就业人数的其他影响因素还有总人口数量，总人口数量越多，从事农林牧渔业的人数就越多。所以，我们选取 $popu_{it}$、$indu_{it}$ 和 $urba_{it}$ 作为解释变量考察这些变量对农林牧渔业就业人数 $labo_{it}$ 的影响。$labo_{it}$ 的单位为万人。

与上一部分一样，由于受数据可得性的限制，本文使用除西藏以外的 30 个省、自治区和直辖市 2003 年和 2007 年的数据考察工业化和城市化对农林牧渔业就业人数的影响。本文使用下面的计量模型：

$$\text{Ln}labo_{it} = \gamma_0 + \gamma_1 \text{Ln}popu_{it} + \gamma_2 \text{Ln}indu_{it} + \gamma_3 \text{Ln}urba_{it} + \psi_i + \upsilon_t + \varphi_{it} \qquad (3)$$

在公式（3）中，$\text{Ln}indu_{it}$ 和 $\text{Ln}urba_{it}$ 的系数都期望为负值，即随着工业化和城市化程度的加深，农林牧渔业就业人数会减少。$\text{Ln}popu_{it}$ 的系数期望为正值，即随着总人口数量的增加，农林牧渔业就业人数也会增加。ψ_i 为省份固定效应，v_t 是时间固定效应，φ_{it} 是随机误差项。使用的数据均根据《中国统计年鉴》相关期的数据整理得到。

表 3.21 是回归结果。模型（7）只包括 Ln$popu_{it}$ 和 Ln$indu_{it}$ 两个解释变量，结果显示，Ln$popu_{it}$ 和 Ln$indu_{it}$ 的系数符号与期望一样，Ln$popu_{it}$ 的系数为正数，Ln$indu_{it}$ 的系数为负数。人口每增长 1%，农林牧渔业就业人数就会增加 0.61%；工业增加值每增加 1%，农林牧渔业就业人数就会减少 0.02%。模型（8）只包括 Ln$popu_{it}$ 和 Ln$urba_{it}$ 两个解释变量，Ln$popu_{it}$ 和 Ln$urba_{it}$ 的系数符号都与期望一样，分别为正值和负值，人口每增长 1%，农林牧渔业就业人数增加 0.68%；城镇人口每增长 1%，农林牧渔业就业人数就会减少 0.24%。模型（9）包括了 Ln$popu_{it}$、Ln$indu_{it}$ 和 Ln$urba_{it}$ 三个解释变量，它们的系数符号都与期望一样，人口每增长 1%，农林牧渔业就业人数增加 0.70%；工业增加值每增加 1%，农林牧渔业就业人数就会减少 0.03%，城镇人口每增长 1%，农林牧渔业就业人数就会减少 0.25%。因此，工业化和城市化对农林牧渔业就业人数产生了显著影响，工业化和城市化的深化使得一部分农林牧渔业就业人员转移到其他行业。

表 3.21　工业化和城市化对农村劳动力资源影响的计量分析结果

	模型（7）	模型（8）	模型（9）
常数项	−1.05 （−1.50）	−1.99 （−1.31）	−1.39 （−1.21）
Ln$popu_{it}$	0.61 （2.14）**	0.68 （2.13）**	0.70 （2.94）***
Ln$indu_{it}$	−0.02 （−2.11）**		−0.03 （−1.98）**
Ln$urba_{it}$		−0.24 （−1.98）**	−0.25 （−1.75）*
省份固定效应	是	是	是
年度固定效应	是	是	是

	模型（7）	模型（8）	模型（9）
R^2	0.99	0.99	0.99
观测值	60	60	60

注：*、**、*** 分别表示 10%、5%、1% 的显著性检验水平上显著。括号中为 t 值。表中省略了年度虚拟变量和省份虚拟变量。

四、对未来中国农业资源变化的展望

随着中国工业化和农业化程度的进一步提高，将会占用和消耗更多的农业资源，使得发展农业所需要的耕地资源、水资源和劳动力资源变得更加相对短缺。

从目前中国工业化发展所处的阶段来看，大多数学者认为中国大多数地区的工业化水平尚处于中级或者初级到中级过渡的发展阶段，该阶段的经济发展在很大程度上仍然以数量与速度增长为主，非农产业规模的扩张仍将主导较长的一段时期。这意味着，大量农业用地转为建设用地、大量土地转为工业用地和大量农村劳动力转向工业的趋势将不可避免。上文的计量分析表明，工业增加值每增加 1%，耕地面积减少大约 0.05%，非农业用水量增加大约 0.12%，农林牧渔业就业人数就会减少大约 0.03%。若未来仍保持近年来每年 25% 左右的工业增加值增长率，工业化会导致每年耕地面积减少大约 1.25%，非农业用水量增加大约 3%，农林牧渔业就业人数减少大约 0.75%。

根据城市化发展规律，中国已进入了城市化中期阶段，这一阶段是城市化快速发展时期。城市化发展的过程是城市地域空间不断向外延伸发展、城市人口不断增加的过程，在这一过程中，部分耕地面积会转变为城市用地，使日趋紧张的耕地资源进一步减少。进一步的城市化会增加对水资源的消耗，加剧水资源的供求矛盾。随着城市化的发展，将有更多的农村人口转变为城市人口，使农村劳动力资源减少。目前中国城市化水平不仅低于世界平均水平，而且低于很多发展中国家水平，提高城市化水平是中国

一个长期的任务，这个过程将会使农业资源变得更为短缺。上文的计量分析表明，城镇人口每增长 1%，耕地面积会减少 0.03%。非农业用水量增加 0.15%，农林牧渔业就业人数就会减少 0.25%。若未来仍保持近年来每年 3% 左右的城镇人口增长率，城市化会导致每年耕地面积减少大约 0.09%，非农业用水量增加大约 0.45%，农林牧渔业就业人数减少大约 0.75%。

在表 3.22 中，我们根据近年来各区域工业化和城市化的速度，并利用本文计量模型得出的工业化和城市化对农业资源影响的系数，计算了工业化和城市化给各区域农业资源带来的影响。表 3.22 显示，若各区域仍保持近年来的工业化速度，工业化将对中北部农业资源带来的影响最大，每年使中北部耕地面积减少大约 1.95%，非农业用水量增加大约 4.68%，农林牧渔业就业人数减少大约 1.17%，其次分别为西北部和西南部，影响最小的为东南部。若各区域仍保持近年来的城市化速度，城市化对中北部农业资源带来的影响最大，城市化每年使中北部耕地面积减少大约 0.14%，非农业用水量增加大约 0.68%，农林牧渔业就业人数减少大约 1.14%，其次分别为西南部和西北部，对东三省农业资源带来的影响最小。我们把工业化和城市化带来的影响加起来看，工业化和城市化对中北部农业资源带来的影响最大，每年使中北部耕地面积减少大约 2.09%，非农业用水量增加大约 5.36%，农林牧渔业就业人数减少大约 2.31%；对东南部的耕地影响和非农用水量的影响最小，分别使耕地面积减少大约 1.24%，非农业用水量增加大约 3.17%，对东三省农林牧渔业就业人数影响最小，大约每年减少 1.01%。

表 3.22　工业化和城市化给各区域农业资源带来的影响（%）

地区	工业化带来的影响			城市化带来的影响			工业化和城市化带来的总的影响		
	耕地	非农用水	农林牧渔就业人数	耕地	非农用水	农林牧渔就业人数	耕地	非农用水	农林牧渔就业人数
东三省	−1.34	3.21	−0.80	−0.02	0.12	−0.21	−1.36	3.33	−1.01
东中部	−1.20	2.89	−0.72	−0.10	0.52	−0.86	−1.30	3.41	−1.58

续表

地区	工业化带来的影响			城市化带来的影响			工业化和城市化带来的总的影响		
	耕地	非农用水	农林牧渔就业人数	耕地	非农用水	农林牧渔就业人数	耕地	非农用水	农林牧渔就业人数
东南部	−1.16	2.79	−0.70	−0.08	0.38	−0.63	−1.24	3.17	−1.33
西北部	−1.71	4.11	−1.03	−0.11	0.56	−0.93	−1.82	4.67	−1.96
西南部	−1.72	4.12	−1.03	−0.12	0.60	−0.99	−1.84	4.72	−2.02
中北部	−1.95	4.68	−1.17	−0.14	0.68	−1.14	−2.09	5.36	−2.31
中南部	−1.63	3.92	−0.98	−0.09	0.47	−0.78	−1.72	4.39	−1.76

数据来源：根据《中国统计年鉴》相关期数据整理计算得到。

随着中国工业化和城市化的快速发展，农业资源将会进一步减少，农业发展将会面临资源方面带来的约束。在这样的资源约束条件下，现代化的农业建设一方面要注重提高资源利用效率，另一方面要充分利用国外的资源。从提高资源利用效率看，工业化与城市化水平的提高，不仅要有"量"的扩大，更要注重"质"的提高，外延扩张型的道路不仅会浪费宝贵的农业资源，对未来人类社会的可持续发展也会构成威胁；从利用国外资源看，积极参与国家分工，充分利用各国农业资源的比较优势，对于缓解农业资源约束和分享全球农产品贸易的利益具有重要意义。

第四章 国际粮价波动

粮食是重要的战略物资，其价格变化不但直接影响着国计民生和社会秩序，而且通过作用各类食物价格和国家整体物价水平对整个宏观经济运行、经济社会发展有着重要的间接影响。当今，经济社会高度全球化和一体化使得国际粮价和国内粮价之间的相互传导日益明显，增大了国际粮食价格与国内粮食价格的关联性，国际粮食价格容易通过贸易、资本、预期等因素成为一国国内粮食价格的重要影响变量。近年来，国际粮食价格呈现出上涨的趋势，且波动剧烈。这样，国际粮食价格波动对一国的粮食安全有着较大影响。因此，探究国际粮食价格波动的成因，找出国际粮食价格波动的根源，有助于完善粮食安全政策的制定，进而实现粮食安全和社会稳定。

第一节 理论分析

近年来，国际粮食价格总体上呈现出上涨趋势，且波动剧烈。粮食作为一种商品，具有商品属性。这样，考虑到粮食所具有的商品属性，要用到经济学中的供求理论，即商品的价格是由供求决定的。供需失衡引起的粮食价格调整是粮食价格短期波动的一个重要因素。根据供需均衡理论，供大于求，物价下跌；供不应求，价格上涨；供需均衡时，物价比较稳定。此理论基础也可用于分析粮食价格的波动，当粮食供给量大于需求量时，粮食价格下跌；需求量大于供给量时，粮食价格上涨；供需均衡时粮价保持稳定。可以说，粮食价格波动的主要原因是供需的变动，粮食价格波动幅度的大小，也由供需波动的大小来决定。这样，对于粮价波动的原因可以从供给和需求两个方面分析，且影响国际粮食供给和需求波动的因素也就是影响国际粮食价格波动的因素。供给方面因素主要有自然灾害、气候变暖等。需求方面因素主要有消费结构升级、人口增加、生物燃料的生产。但只是这样简单分析并不能真正解释价格时高时低的波动性，充其量只能解释粮价上涨，只有将供给和需求两者结合起来辩证地分析才能真正找到价格波动的根源。

此外，粮食价格受期货投资、炒作等活动的影响，粮食价格具有了金融产品的属性，且粮食具有的金融属性在解释国际粮食价格波动的原因中所起的作用也越来越明显，特别是恐慌性购买和煽动远景悲观预期的国际投机热钱的大举进入，即国际游资的冲击。

总之，国际粮食价格波动影响因素的分析不但要综合考虑供给与需求两种因素的共同作用，还需要结合粮食的金融属性进行综合判断。因此，国际粮食价格波动的原因主要表现在三个方面：国际粮食供给、国际粮食需求和投机因素。国际粮食供给波动、供给粮食需求波动和投机波动会引起国际粮食价格波动，具体而言：

一、国际粮食供给波动影响国际粮食价格波动

一种商品的均衡价格是由该商品市场的需求曲线和供给曲线的交点决定的。粮食具有需求价格弹性和需求收入弹性较低的特点，从而需求对供给缺乏快速的反应，粮食价格波动情况受供给的影响较大。国际粮食供给影响国际粮食价格，国际粮食供给波动会引起国际粮食价格波动。

国际粮食供给的来源包括粮食生产、粮食期初库存和粮食进口。粮食生产、粮食期初库存和粮食进口波动就会影响粮食供给波动，进而影响粮食价格。

图 4.1 是国际粮食（total cereals）供给及其波动率。其中，国际粮

食供给是通过对国际粮食生产、国际粮食期初库存和粮食进口求和所得；波动率的计算公式为： $fluctuate\_\sup ply_{it}^{cereal} = \ln(\sup ply_{it}^{cereal} / \sup ply_{it-1}^{cereal})$ 。 $\sup ply_{it}^{cereal}$ 表示第 t 期的粮食供给， $\sup ply_{it-1}^{cereal}$ 表示 $t-1$ 期粮食供给，相应数据来源于 AMIS（http：//statistics.amis-outlook.org/data/index.html#DOWNLOAD）。如图 4.1 所示，2001—2015 年间，粮食供给波动幅度最小发生在 2015 年，为 0.17%，2004 年波动幅度最大，为 45.90%。绝对量上来看，15 年间平均波动率为 5.79%。

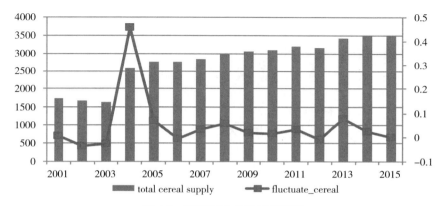

图 4.1　国际粮食供给及波动率

　　图 4.2—图 4.5 是分品种粮食供给及波动率。图 4.2 是 2001—2014 年间国际大豆供给及波动率，相应计算公式和数据来源同前。由图可见，国际大豆供给波动较为剧烈。14 年间，大豆波动幅度最小发生在 2007 年，为 -0.44%，波动率最大发生在 2009 年，为 15.70%。从绝对量上来看，14 年间平均波动率为 6.63%。图 4.3 是 2001—2015 年间国际稻米供给及波动率，计算公式和数据来源同前。由图可知，国际稻米供给波动较为剧烈。15 年间，稻米供给波动幅度最小是 2014 年，为 0.15%，波动幅度最大发生在 2002 年，为 -4.49%。从绝对量上来看，平均波动率为 2.36%。图 4.4 是 2001—2015 年间国际小麦供给及波动率，计算公式和数据来源同前。国际小麦供给呈现出波动的特点。15 年间，2015 年小麦供给波动幅度最小，为 -0.23%，幅度最大是 2003 年，为 -5.53%。从绝对量上来看，平均波动率为 3.15%。图 4.5 是 2001—2015 年间国际玉米供给及波

动率，计算公式和数据来源同前。由图可知，国际小麦供给波动也较为剧烈。15 年间，玉米供给波动幅度最小为 2001 年的 0.10%，2013 年小麦供给波动率最大，为 12.50%。从绝对量上来看，平均波动率为 3.47%。

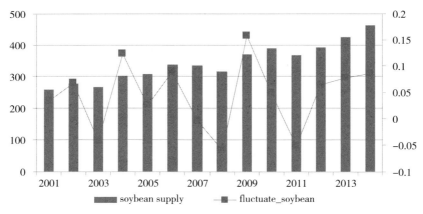

图 4.2　国际大豆供给及波动率

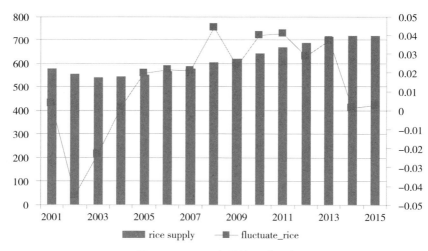

图 4.3　国际稻米供给及波动率

由图 4.1—图 4.5 可知，国际粮食供给波动较为剧烈。那么粮食供给波动是由什么造成的呢？国际粮食供给由粮食生产、粮食期初库存和粮食进口三部分构成。那么对粮食生产、粮食期初库存和粮食进口造成波动的影响因素也是国际粮食价格波动的影响因素。

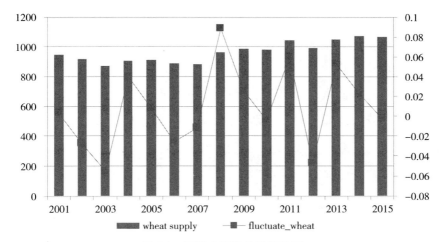

图 4.4　国际小麦供给及波动率

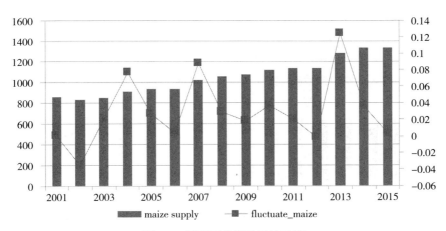

图 4.5　国际玉米供给及波动率

根据 AMIS（http：//statistics.amis-outlook.org/data/index.html#DOWNLOAD）数据，计算出 2001—2015 年间粮食总体及各类粮食，包括稻米、小麦和玉米的供给波动率、生产波动率、期初库存波动率和进口波动率，如图 4.6、图 4.10、图 4.14 所示，同时计算了 2001—2014 年间大豆供给生产期初库存和进口波动率，如图 4.8 所示。

由图可以看出，无论是粮食总体还是各类粮食，无论是总供给还是供给的组成部分，生产、期初库存和进口，都呈现出波动的特点。总体而言，粮食总体和各类粮食供给波动率和生产波动率较为一致。由此可推测，粮食供给波动的主要原因在于粮食生产波动，这是由于粮食生产在总供给中所占比重最大，均在 60% 以上。如图 4.7、图 4.9、图 4.11、图 4.13、图 4.15 所示。

就粮食总体而言，16 年间，其中 12 年生产波动与供给波动一致，7 年期初库存波动、12 年进口波动与供给波动一致。从粮食供给构成来看，进口所占比重较小。

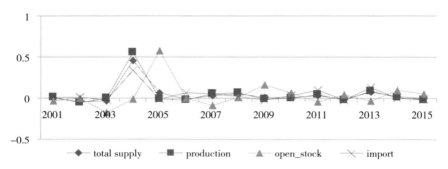

图 4.6　国际粮食供给、生产、期初库存和进口波动率

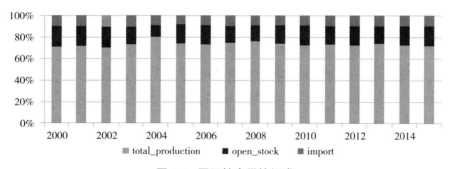

图 4.7　国际粮食供给组成

就国际大豆而言，2001—2014 年生产波动与供给波动一致，而期初库存波动与供给波动一致的年份为 8 年，进口的这一数值为 9 年。从粮食供给构成来看，期初库存所占比重较小。

就国际稻米而言，15 年间，其中 13 年生产波动与供给波动一致，12 年期初库存波动、6 年进口波动与供给波动一致。从粮食供给构成来看，进口在总供给中所占比重较小。

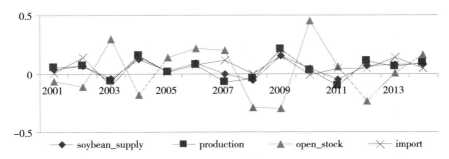

图 4.8 国际大豆供给、生产、期初库存和进口波动率

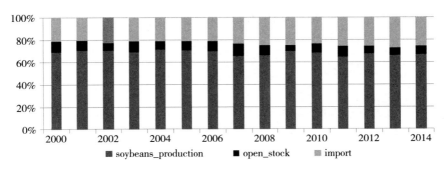

图 4.9 国际大豆供给组成

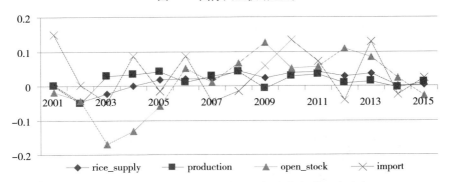

图 4.10 国际稻米供给、生产、期初库存和进口波动率

就小麦而言，16 年间，有 13 年生产波动与供给波动一致，8 年期初库存波动、12 年进口波动与供给波动一致。从粮食供给构成来看，期初库存在总供给中所占比重逐渐下降。

就玉米而言，16 年间，其中 12 年生产波动与供给波动一致，8 年期初库存波动、10 年进口波动与供给波动一致。从粮食供给构成来看，进口在总供给中所占比重始终处于 10% 以下，期初库存所占比重最高为

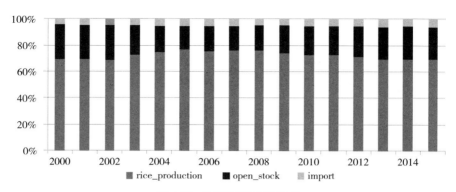

图 4.11　国际稻米供给组成

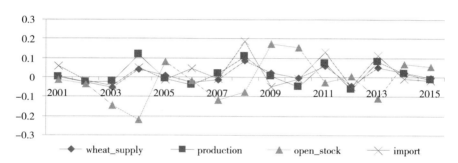

图 4.12　国际小麦供给、生产、期初库存和进口波动率

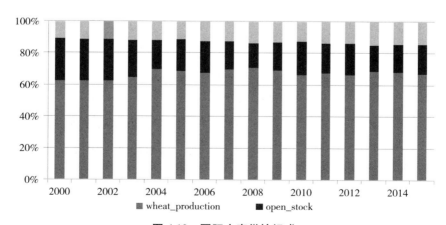

图 4.13　国际小麦供给组成

第四章 国际粮价波动 119

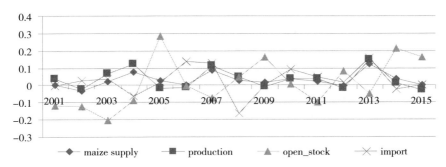

图 4.14 国际玉米供给、生产、期初库存和进口波动率

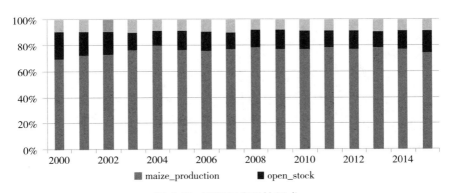

图 4.15 国际玉米供给组成

21%，最低为 12%。

由上述分析可知，总体来看，生产波动是造成供给波动的主要原因。无论是粮食总体还是分粮食品种，生产占供给的比重均在 60% 以上。随着经济全球化的逐步深入以及各国对粮食安全的重视，期初库存和国际贸易也成为调节粮食供求的重要渠道，其波动对粮食供给也会产生影响，但影响幅度及方向取决于期初库存和进口在总供给中所占比重。

图 4.16 是 1962—2013 年间世界粮食生产增长率，图 4.17 是世界粮食单位面积产量增长率，根据世界银行发展数据库相关数据计算得到（http：//databank.worldbank.org/data/reports.aspx？source=world-development-indicators#s_h）。

由图 4.16 和图 4.17 可知，无论是粮食总产量还是单产均呈现出波动的特点。在此期间，年均总产量增长率为 2.67%，年均单产增长率为

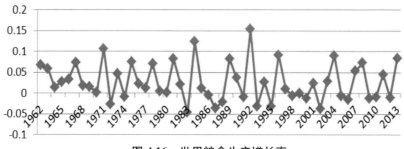

图 4.16　世界粮食生产增长率

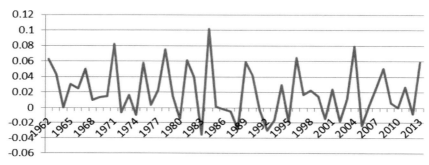

图 4.17　世界粮食单产增长率

1.98%。据世界粮农组织数据库统计，到 2015 年世界粮食产量达 252430万吨。

传统的古典理论认为粮食生产的投入要素主要包括土地、气候、资本、劳动力等。这样，粮食生产投入要素的变化会引起国际粮食供给变动，进而影响粮食价格。

不利的天气条件降低粮食产量。近年来，全球气温逐渐升高，气候变化加剧，干旱、洪涝、飓风、冰雹、冻雨等极端气候频繁发生。农业灌溉用的淡水大规模流失，土地沙漠化、盐碱化严重，可耕地减少，其生产力严重退化或下降，粮食生产将因此受到影响。2007 年，飓风 Sidr 袭击了孟加拉，对 100 多万亩农田以及仓储造成了严重破坏。此外，气候变暖也会滋生各种害虫，对粮食生产带来危害。如果粮食主产国自然灾害频发，世界粮食产量下降，粮食供给减少，就会造成国际粮食价格上涨。如：2007 年亚洲米价飙升是由于世界稻米第二大出口国越南发生了虫灾，虫灾导致越南水稻歉收，出口锐减。2010 年 6 月，俄罗斯联邦遭遇干旱以及美国出现高温和水涝造成小麦和玉米为代表的谷物供给量减少，使其价格攀升。2012 年，美国遭遇历史上最严重的干旱，这扰乱了全球谷物市场。缅甸是世界重要产粮大国之一，2008 年缅甸遭受强烈热带风暴，导致粮食减产，出口大幅下降。

　　新近农业发展理论认为，农业发展主要取决于提高土地和劳动力生产率所做的政策安排。粮食作为影响社会秩序、国计民生的关键变量，政策对粮食生产有较大影响。就国内粮食价格来说，政策虽然不能增加土地、资本、劳动力等粮食生产投入要素，但可以改变粮食生产要素配置的环境和相对价格，从而影响粮食生产的方向、速度和效率，影响国内粮食价格。国家的财政支农政策、农业补贴政策、宏观经济政策、政策的统一性、粮食价格控制政策等都直接或间接地影响着国内粮食生产供给，影响国内粮食价格，进而通过贸易影响到国际粮食价格，国际粮食价格反过来又对贸易国的国内粮食价格产生溢出作用。就政策对国际粮食价格的直接影响而言，主要取决于粮食主产国实施的粮食出口政策。这是因为国际粮食价格的高低取决于国际粮食市场上的供给与需求，也就是取决于粮食主产国在国际市场上的粮食出口量和进口量。粮食是人类赖以生存的必需品和前提，具有需求价格弹性较低的特点，所以，国际粮食市场上的出口量对粮食价格的影响较大。而粮食主产国往往害怕国内粮食价格上涨而采取粮食出口限制、粮食出口禁止、提高出口关税、降低出口退税等政策增加国内粮食供给，从而会对国际粮食价格波动产生较大影响。

　　除此之外，成本也是影响粮食生产的重要因素。随着生产力的不断发展，技术水平的不断提高，粮食生产由劳动密集型产业向资本、技术密集型转变，农业生产的机械化程度提高，生产中机器的使用数量增多，且使用的农药、化肥、农膜等石油附属品也逐渐增多，粮食生产中消耗更多的石油。由此，粮食和能源市场之间的联系变得更加紧密。石油作为粮食生产的重要投入要素会对粮食价格产生重要影响。据统计，石油成本能够占到粮食生产成本的 70%—80%。能源价格主导型成本增长率高于粮食平均总成本与人工成本增长率，对粮食价格产生重要影响。此外，随着经济社会的进步，对规模经济提出了更高的要求，粮食生产逐渐趋向大规模生产，逐渐向更适宜粮食生产的地区转移。这样，粮食产地和消费者之间的距离增加，粮食到达消费者手中对交通运输的依附性增强，交通运输带来的物流成本也成为粮食价格的组成部分，而石油是交通运输的重要投入要素。

图 4.18 显示了世界谷物价格随世界石油价格变动的散点图。数据来源于联合国粮农组织（http：//www.fao.org/worldfoodsituation/foodpricesindex/en/）数据库和英国石油公司（BP）《世界能源统计年鉴 2014》（http：//www.bp.com/en/global/corporate/energy-economics/statistical-review-of-world-energy/oil-review-by-energy-type/oil-prices.html）。

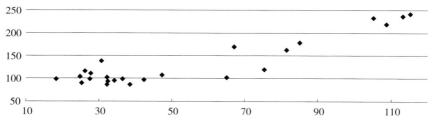

图 4.18　1990—2013 年世界石油价格与世界谷物价格指数散点图

从图 4.18 可以看出世界谷物价格和世界石油价格呈现出明显的正向线性关系。可见，石油作为粮食的投入要素，从成本方面对粮食供给产生影响。石油价格的剧烈波动通过成本驱动效应引起粮食供给调整，进而可能引起粮食价格波动。由此可以认为，能源价格对世界粮食价格的影响为正向。

二、国际粮食需求波动影响国际粮食价格波动

国际粮食需求影响国际粮食价格，这样，国际粮食需求的波动引起国际粮食价格波动。

国际粮食需求有两个来源：国内粮食需求和国外粮食需求。其中，国内粮食需求包括两部分：国内使用和期末库存。国外粮食需求主要体现为粮食出口。由此，国内使用、粮食期末库存和粮食出口波动就会引起粮食需求波动，进而影响粮食价格。

图 4.19 是国际粮食（total cereals）需求及其波动率。其中，国际粮食需求是通过对国内使用、期末库存和出口求和所得；波动率的计算公式为：$fluctuate\_demand_{it}^{cereal} = \ln(demand_{it}^{cereal} / demand_{it-1}^{cereal})$。$demand_{it}^{cereal}$、$demand_{it-1}^{cereal}$分别表示 t 期和 $t-1$ 期粮食需求，原始数据来自 AMIS（http://statistics.amis-outlook.org/data/index.html#DOWNLOAD）。如图 4.19 所示，2001—2015 年间，粮食需求波动幅度最小发生在 2015 年，为 0.001%，2004 年波动幅度最大，为 52.03%。绝对量上来看，15 年间平均波动率为 5.67%。

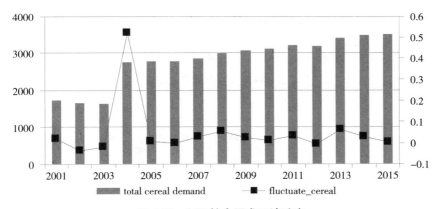

图 4.19　国际粮食需求及波动率

图 4.20 是 2001—2014 年间国际大豆需求及其波动率，数据来源同图 4.19。由图可见，国际大豆需求波动较为剧烈。14 年间，波动幅度最小为 2007 年的 0.35%，波动率最大为 2009 年的 14.01%。从绝对量上来看，14 年间平均波动率为 6.04%。图 4.21 是 2001—2015 年间国际稻米需求及其波动率，数据来源同图 4.19。可见，国际稻米需求呈现出波动的特点。15 年间，稻米需求波动幅度最小为 2004 年的 0.05%，波动率最大为 2011 年的 4.22%。从绝对量上来看，平均波动率为 2.28%。图 4.22 是

2001—2015 年间国际小麦需求及其波动率，数据来源同图 4.19。由图可知，国际小麦需求波动较为频繁。15 年间，2015 年小麦需求波动幅度最小，为 -0.08%，最大波动幅度发生在 2008 年，为 -5.53%。从绝对量上来看，平均波动率为 3.07%。图 4.23 是 2001—2015 年间国际玉米需求及其波动率，数据来源同图 4.19。由图可知，国际玉米需求呈现出波动的特点。15 年间，波动幅度最小发生在 2001 年，为 1.01%，最大为 2013 年的 8.78%。从绝对量上来看，平均波动率为 3.47%。

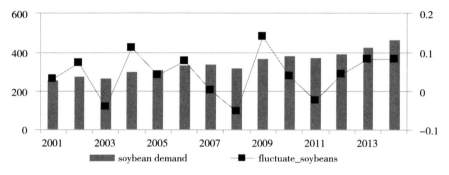

图 4.20　国际大豆需求及波动率

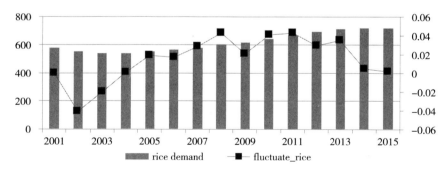

图 4.21　国际稻米需求及波动率

由图 4.19—图 4.23 可知，无论是总体还是各粮食品种，其需求都呈现出波动较为剧烈的特点。国际粮食需求波动的原因是什么呢？国际粮食需求来自国内使用、期末库存和出口三部分。那么，引起国内使用、期末库存和出口波动的因素就是国际粮食需求波动的影响因素，进而影响国际

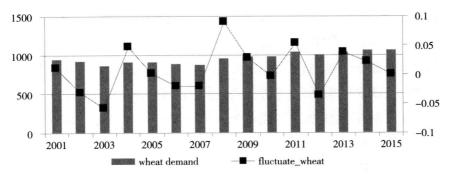

图 4.22　国际小麦需求及波动率

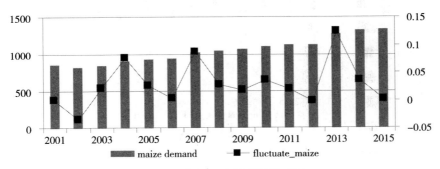

图 4.23　国际玉米需求及波动率

粮食价格。

根据 AMIS（http：//statistics.amis-outlook.org/data/index.html#DOWNLOAD）相关数据进行计算，2001—2015 年间粮食总体及各类粮食，包括稻米、小麦和玉米的需求波动率、国内使用波动率、期末库存波动率和出口波动率，分别如图 4.24、图 4.28、图 4.30 和图 4.32 所示。同时计算了 2001—

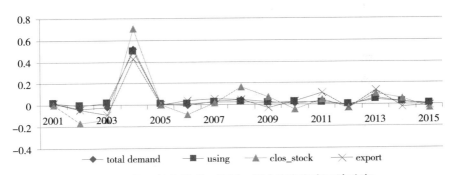

图 4.24　国际粮食需求、使用、期末库存和出口波动率

2014 年间大豆需求、使用、期末库存和出口的波动率，如图 4.26 所示。

由图可知，无论是粮食总体还是分粮食品种，无论是总需求还是需求的各组成部分，都表现出波动的特点。总体而言，粮食总体和各类粮食国内使用波动率和需求波动率较为一致。由此可推测，粮食需求波动的主要原因在于国内粮食使用，这是由于粮食国内使用在总需求中所占比重最大，均在 62% 以上。如图 4.25、图 4.27、图 4.29、图 4.31、图 4.33 所示。

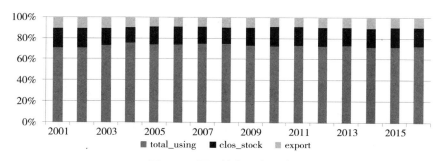

图 4.25 国际粮食需求组成

就粮食总体来说，国内使用、期末库存和出口波动与需求波动的关系较为一致。2001—2015 年间，13 年国内使用与需求波动方向一致，期末库存有 14 年、出口有 12 年与总需求变动方向相同。从粮食需求构成来看，国内使用在总需求中所占比重最低为 70.46%。

就国际大豆而言，14 年间，国内使用与需求波动一致，期末库存波动、出口波动与需求波动也呈现出基本的一致特点。就粮食需求构成来说，国内使用在总需求中所占比重最低为 64.30%。

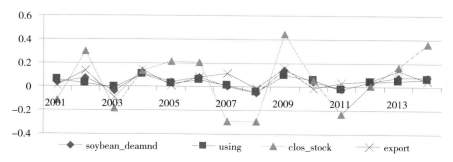

图 4.26 国际大豆需求、使用、期末库存和出口波动率

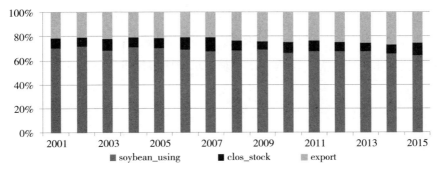

图 4.27 国际大豆需求组成

就国际稻米而言，15 年中有 14 年国内使用与需求波动方向一致。进口和期末库存波动较为剧烈，15 年中有 13 年期末库存与需求波动方向一致、10 年出口与需求波动一致。从生产、进口与库存构成来看，国内使用所占比重较大，最低为 68.73%。

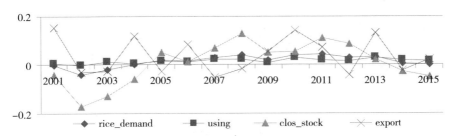

图 4.28 国际稻米需求、使用、期末库存和出口波动率

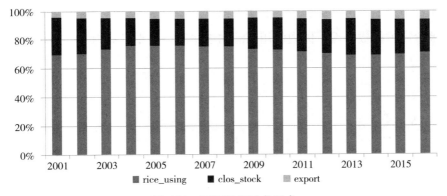

图 4.29 国际稻米需求组成

就小麦而言，2001—2015 年 15 年间，有 13 年国内使用波动与需求波动方向一致，13 年期末库存波动、10 年出口波动与需求波动方向一致。从粮食需求构成来看，国内使用在总需求中所占比重最低为 62.84%。

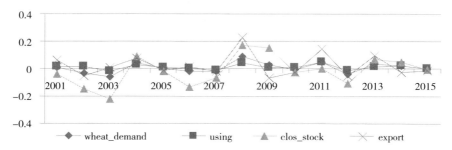

图 4.30　国际小麦需求、使用、期末库存和出口波动率

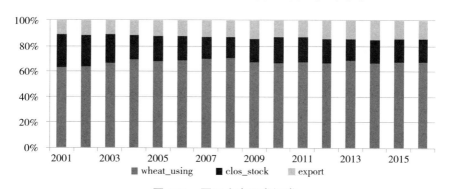

图 4.31　国际小麦需求组成

就玉米而言，15 年间，12 年国内使用与总需求波动方向一致，期末库存与总需求波动一致的有 8 年，出口波动与需求波动一致的有 9 年。从粮食需求构成来看，国内使用在总需求中所占比重最低为 69.57%。

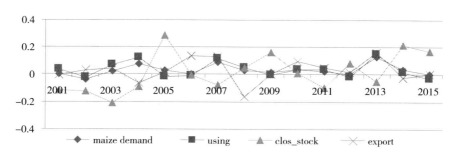

图 4.32　国际玉米需求、使用、期末库存和出口波动率

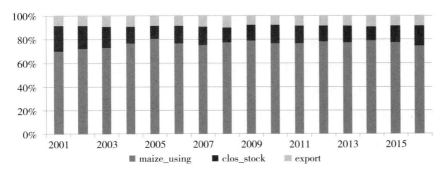

图 4.33 国际玉米需求组成

由上述分析可知，总体来看，国内使用波动是造成需求波动的主要原因。随着经济全球化的逐步深入以及各国对粮食安全的重视，期末库存和出口在调节粮食需求方面发挥着重要作用，其波动对粮食需求也会产生影响，但影响幅度取决于期末库存和出口在总需求中所占的比重。

影响国内使用波动的因素也就是影响粮食需求的重要变量，进而引起国际粮食价格波动。那么，国内粮食使用波动的原因是什么呢？

国内粮食使用波动的因素主要包括人口的变动、经济发展水平的变化等。

世界人口数量的绝对增加，特别是发展中国家人口的迅速增加对粮食形成刚性需求。据世界银行发展数据库统计（http：//databank. worldbank.org/data/reports.aspx？source=world-development-indicators#s_ h），世界总人口呈现出逐年增长的态势，1962—2013 年间年均人口增长率达 1.63%，低于该时间范围内的粮食总产和粮食单产增长率。据世界粮农组织数据库统计，世界直接食用粮食消费呈现出逐年增加的特点，增长率始终为正。到 2015 年，食物消费达 111287 万吨。可见，人口增长对粮食呈现出刚性需求。从粮食生产和直接食用粮食消费总量对比来看，世界粮食生产能够满足需求。

经济发展水平的变动对粮食需求的影响主要表现在：一方面，经济社会的高速发展使人们收入水平不断增加，人们的食物消费结构也发生了较大变化，对肉类、乳制品、蛋等的消费需求逐渐增多。肉类、奶制品、蛋的来源是牲畜，而粮食是牲畜饲料的主要来源。禽养殖成本中，饲料成本占 60%，而饲料中玉米所占比重较大，大豆经压榨所产生的副产品豆粕也是肉禽的主要饲料。由此，人们食物需求结构的变化导致饲料用粮增长迅速，出现"人畜争粮"的现象，造成粮食需求的上升。据世界粮农组织数据库统计，牲畜用粮总体上呈现出上涨趋势。到 2015 年，牲畜用粮达 89376 吨，是世界人口直接食用粮食消费的 0.80 倍。可见，牲畜用粮已成为粮食使用的重要组成部分。

另一方面，近年来，国际国内对于环境问题、能源安全、社会可持续发展等问题越来越重视。石油是不可再生资源，且石油价格呈现出动荡起伏、不断上涨的特点，这引发了能源安全问题的讨论。其中一项应对能源安全的措施就是发展作为汽油、柴油等能源替代品的生物燃料。生物燃料对粮食价格的影响主要体现在生物燃料作为粮食的需求方来影响粮食价格。目前，美国、巴西、欧盟等一些国家相继制定了中长期生物燃料发展规划。美国计划到 2017 年生产生物燃料乙醇 1.2 亿吨，巴西计划到 2020 年使生物燃料乙醇占汽油总消费量的比例达到 20%，欧盟计划到 2020 年使生物能源占到欧盟交通能源使用量的 10%。

发展生物燃料不但能增强能源利用的可持续性，而且能够减少温室气体排放。生物燃料是指由生物质组成或萃取的固体、液体或气体，又称之为"生物油田"，主要包括燃料乙醇和燃料柴油。随着技术水平的发展，粮食呈现出多功能性的特点，除了满足人们的饱腹需求之外，还是生产生物燃料的重要原材料。燃料乙醇的主要原料为玉米、高粱、木薯等，燃料柴油的主要原料为大豆、油菜籽等油料作物。在燃料乙醇提炼中，在美国，97% 来自于玉米，在欧洲，70% 来自于小麦；在生物柴油提炼中，在美国，82% 来源于大豆，在欧洲，主要从植物油中提取，占比为 70%，从大豆中提取柴油占比为 12%。生物燃料虽然已经发展到"第四代生物燃料"，但是由于成本和技术等原因，只有"第一代生物燃料"真正实现了大规模和产业化的生产。也就是说，粮食作为生物燃料的主要投入要素，生物燃料的发展仍然要消耗大量的玉米、大豆等粮食作物。

但世界石油价格持续快速波动，且呈现出上涨压力。为了确保国家能源安全，生物燃料作为石油等工业燃料的替代指标呈现出不断发展态势。从而，工业用粮不断增加。

三、投机因素影响国际粮食价格波动

全球土地面积的限制使得粮食成为一种有限的资源，一旦各个国家开始争夺这种资源，价格就呈现出上升趋势。随着经济全球化的逐步深入，农业部门更加市场化，这为投资者提供了机会。且近年来，市场资金流动性宽松、美元持续贬值，并仍将继续贬值，为规避风险，许多投机资金从证券市场退出，转而投向石油、金属和农产品等大宗商品市场。商品市场是有限的，大量投机资金的涌入使产品市场价格发生严重偏离，偏离了产品市场价格供求决定机制，随之而来的是，期货价格飙升且波动剧烈。美国农业部统计指出，2007 年，农产品期货买家持有美国玉米、大豆和小麦总产值的一半，达 463 亿美元。世界上最大的粮食投机家聚集在华尔街，投机者为谋取暴利，囤积居奇，引起粮食供给波动，而粮食又是需求价格弹性较低的商品，需求具有刚性，供给的波动无法立即通过需求波动来调节，这样，投机行为加剧了产品市场的供求矛盾，导致粮价上涨，波动剧烈。

就热钱规模而言，目前计算热钱的方法有直接法和间接法，直接法是用国际收支表上的净误差与遗漏项作为热钱的衡量指标，但这种方法容易低估热钱规模，优点是计算较为简单。广泛使用的是间接法，计算公式为：外汇储备增加额 − 1/2* 贸易顺差 − 外资净流入。

图 4.34 是利用直接法衡量的国际热钱波动率，数据来源于历年《国际统计年鉴》中国际收支和外债的世界国际收支（http：//data.stats.gov.cn/lastestpub/gjnj/2014/indexch.htm）。计算公式为：$fluctuate\_hotmoney = \ln(hotmoney_t / hotmoney_{t-1})$，其中，$hotmoney_t$ 表示第 t 期国际热钱规模，$hotmoney_{t-1}$ 表示 $t-1$ 期国际热钱规模。

由于数据可得性限制，利用间接法只计算出部分年份的国际热钱规

模。经计算，得到 2001 年热钱波动率为－395.93%、2004 年为 106.44%、2005 年为 8.23%、2009 年为－1299.91%、2010 年为 21.47%、2011 年为 21.03%。

可见，国际热钱波动较为剧烈，从而会引起国际粮价异常波动。

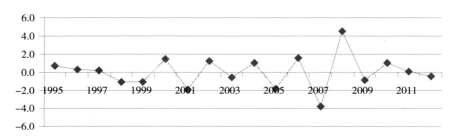

图 4.34　国际热钱波动率

第二节　国际粮价波动原因的实证分析

根据上节理论分析可知，国际粮价波动的影响渠道包括国际粮食供给、国际粮食需求和国际热钱。为了明确各渠道对国际粮价波动的影响方向及影响程度，本部分将采用 AMIS 选择的中国、印度、印度尼西亚、日本、哈萨克斯坦、韩国、菲律宾、泰国、越南、埃及、尼日利亚、南非、加拿大、墨西哥、美国、阿根廷、巴西、俄国、土耳其、乌克兰和澳大利亚全球 21 个国家和地区的相关面板数据就国际粮食价格波动的影响因素进行实证检验，时间范围为：2000—2013 年。

一、变量说明及数据来源

（一）国际粮食价格波动率

本部分通过对国际粮食价格指数进行加权求得各国家和地区的粮食价格指数。计算公式为：$price = \overline{price}_t \times (CPI^{food} / CPI_t^{food})$。其中，$i$，$t$ 分别表示第 i 个国家和第 t 年，$price$ 表示第 i 个国家、第 t 期粮食价格指数，$\overline{price}_t$ 是第 t 年国际粮食价格指数，CIP^{food} 表示第 i 个国家、第 t 期食物消费价格指数，CPI_t^{food} 是第 t 期所选 21 个国家和地区食物消费价格指数的平均数，CIP^{food}/CPI_t^{food} 即为将第 t 期国际粮食价格折算为第 t 期各国家和地区粮食价格的权重。

价格波动率的测算方法有很多，关于哪种方法更好，尚没有统一的答案。简单的做法是计算价格指数的标准差，但这种方法不能解释不可预测的成分，比如价格变动中趋势对价格波动的作用，因此会夸大价格波动。衡量价格波动率更有效的方法是比例法，即：$fluctuate\_price_{it} = \ln(price_{it}/price_{it-1})$，其中 $fluctuate\_price_{it}$ 表示第 i 个国家、第 t 期国际粮食价格波动率，$price_{it-1}$ 表示第 i 个国家、第 $t-1$ 期国际粮食价格指数。

$price_t$ 数据来源于联合国粮农组织，CIP^{food} 数据来源于历年《国际统计年鉴》，网址分别为（http://www.fao.org/worldfoodsituation/foodpricesindex/zh/）、（http://data.stats.gov.cn/lastestpub/gjnj/2014/indexch.htm），其中 2004—2009 年各国食物消费价格指数以 2000 年为基期，但埃及以 2004 年为基期。2010—2013 年各国食物消费价格指数以 2005 年为基期，但印度、尼日利亚以 2000 年为基期，印度尼西亚、泰国以 2007 年为基期，日本以 2000 年为基期、菲律宾以 2006 年为基期、南非以 2008 年为基期。为了具有可比性，本部分对其进行了统一，将各国家第 t 年的食物消费价格指数均以同一年份为基期。

（二）国际粮食供给

各国粮食供给有两个来源：国内粮食供给和粮食进口。其中，国内粮食供给由两部分构成：粮食生产和期初库存。

国际粮食供给的计算公式为：$sup\,ply = production + opening\_stocks + import$。其中 $production$ 为第 i 个国家、第 t 年国内粮食生产，$opening\_stocks$ 为第 i 个国家、第 t 年国内粮食期初库存，$import$ 为第 i 个国家、t 年粮食进口量。

进而，利用国际粮食供给 $sup\,ply$ 计算出国际粮食供给波动率，计算公式为：$fluctuate\_sup\,ply_{it} = \ln(sup\,ply_{it}/sup\,ply_{it-1})$，其中 $sup\,ply_{it}$ 表示第 i 个国家、第 t 期粮食供给，$sup\,ply_{it-1}$ 表示第 i 个国家、第 $t-1$ 期粮

食供给。

production、*opening_stocks*、*import* 数 据 均 来 自 于 AMIS（http：//statistics.amis-outlook.org/data/index.html#DOWNLOAD）。

（三）国际粮食需求

各国粮食需求有两个来源：国内粮食需求和国外粮食需求。其中，国内粮食需求包括两部分：国内使用和期末库存。国外粮食需求主要体现为粮食出口。

国际粮食需求的计算公式为：$demand = utilization + clos\_stocks + export$。其中 *utilization* 为第 i 个国家、第 t 年国内粮食使用，*clos_stocks* 为第 i 个国家、第 t 年国内粮食期末库存，*export* 为第 i 个国家、第 t 年粮食出口量。

由此，利用国际粮食需求 *demand* 计算出国际粮食需求波动率，计算公式为：$fluctuate\_demand_{it} = \ln(demand_{it} / demand_{it-1})$，其中 $demand_{it}$ 表示第 i 个国家、第 t 期粮食需求，$demand_{it-1}$ 表示第 i 个国家、第 $t-1$ 期粮食需求。

demand、*clos_stocks*、*export* 数 据 均 来 自 于 AMIS（http：//statistics.amis-outlook.org/data/index.html#DOWNLOAD）。

（四）国际热钱

就国际热钱的衡量指标而言，目前应用比较普遍的是间接法，计算公式为：$hotmoney_{it} = \Delta reserve_{it} - 1/2 \times \text{Trade Surplus}_{it} - NetFDI_{it}$。其中，$\Delta reserve_{it}$ 表示第 i 个国家、第 t 期外汇储备增加额，$\text{Trade Surplus}_{it}$ 表示第 i 个国家、第 t 期贸易顺差，$NetFDI_{it}$ 表示第 i 个国家、第 t 期外资净流入。

外汇储备增加额的计算公式为 $\Delta reserve_{it} = reserve_{it} - reserve_{it-1}$，其中，$reserve_{it}$ 表示第 i 个国家、第 t 期外汇储备，$reserve_{it-1}$ 表示第 i 个国家、第 $t-1$ 期外汇储备；贸易顺差计算公式为 $\text{Trade Surplus}_{it} = export_{it} - import_{it}$，其中，$export_{it}$ 表示第 i 个国家、第 t 期出口，$import_{it}$ 表示第 i 个国家、第 t 期进口；外资净流入的计算公式为 $NetFDI_{it} = FDI_{in} - FDI_{out}$，其

中，FDI_{in} 表示 fdi 流入，FDI_{out} 表示 fdi 流出。

外汇储备数据来源于 2001—2014 年《国际统计年鉴》；出口、进口及 FDI 净流入数据来源于世界银行发展数据库（http：//data.stats.gov.cn/lastestpub/gjnj/2014/indexch.htm，http：//databank.worldbank.org/data/reports.aspx？source=world-development-indicators#s_h）。

二、统计性分析

（一）前期国际粮食价格波动与国际粮食价格波动

我们通过如下各个国家一阶自相关模型，检验前期国际粮食价格波动是否会对现期国际粮食价格波动产生影响以及影响方向是什么，模型设定如下：

$$\Delta(fluctuate\_price_{it}) = \alpha + \beta\Delta(fluctuate\_price_{it})_{t-1} + \varepsilon_t \tag{4.1}$$

其中，Δ 是一阶差分。我们关注的是系数 β。若 β 系数在统计上显著，说明前期国际粮食价格波动对当期国际粮食价格有显著影响；若 β 显著为正，说明前期国际粮食价格波动会加剧当期国际粮食价格波动；若 β 显著为负，说明前期国际粮食价格波动对当期国际粮食价格波动具有抑制作用，存在均值回复过程。

表 4.1 是模型（4.1）的回归结果，可见系数 β 显著为负，说明国际粮食价格波动存在均值回复过程，也就是说，各个国家存在系统性要素使得国际粮食价格波动不至于太高或太低，围绕"目标国际粮食价格波动率"上下波动。

表 4.1 回归模型系数（β）的统计性描述

变量	系数	标准差	T	P	R²
	−0.405	0.084	−4.83	0.000	0.161

表 4.1 初步证明了国际粮食价格波动存在均值回复过程，为进一步检验，设定如下动态模型：

$$(fluctuate\_price)_{it+1} - (fluctuate\_price)_{it} = a + b[(fluctuate\_price)_{it} - (fluctuate\_price_{it})^*] + \varepsilon_{it}$$

$$(4.2)$$

其中，$(fluctuate\_price_{it})^*$ 表示目标国际粮食价格波动率。

表 4.2 是对目标粮食价格波动率采用不同的衡量方式，根据模型（4.2）进行的回归分析结果。其中，第一列是采用滞后两期国际粮食价格波动率的平均值衡量目标国际粮食价格波动率；第二列和第三列是将影响国际粮食价格波动的一些常规要素与国际粮食价格波动率进行回归，得到的国际粮食价格波动率拟合值作为目标国际粮食价格波动率，但第三列采用的是 OLS 估计，第四列是采用 Fama-MacBench（1973）的方法进行回归，即在不同年度上分别回归，然后计算各年系数的平均值。

其中，将影响目标国际粮食价格波动率的因素设定为：国际粮食供给波动和国际粮食需求波动。

表 4.2　国际粮食价格波动的时间序列分析

变量	(1)	(2)	(3)
$(fluctuate\_price_{it})^*$	-0.671^{***} (-4.87)	-1.213^{***} (-5.51)	-1.124^{***} (-9.07)
R^2	0.3726	0.3408	0.5990

注：***、**、* 分别表示相应变量通过了 1%、5% 和 10% 的显著性水平检验。

（二）国际粮食供给与国际粮食价格波动

图 4.35 描述了 2005—2013 年间粮食价格波动率不同组别的粮食供给水平对比状况。包括两部分：PanelA 和 PanelB。其中，PanelA 是价格波动率低于每一年度价格波动率的平均值的样本组粮食供给情况；PanelB 是价格波动率高于每一年度价格波动率的平均值的样本组的粮食供给。

由图我们可以看出：一方面，无论是价格波动率低的样本组还是价格波动率高的样本组，其粮食供给都呈现出波动性的特点；另一方面，价格波动率低样本组的粮食供给大于价格波动率高的样本组，且价格波动率低样本组粮食供给波动幅度小于价格波动率高样本组粮食供给波动幅度。

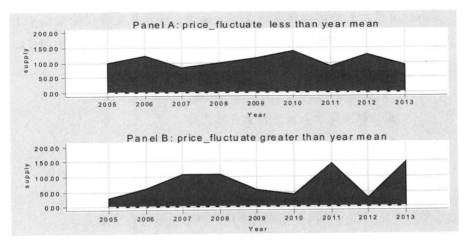

图 4.35 粮食价格波动率不同组别的粮食供给水平对比

　　进一步地，我们绘制了粮食价格波动率不同组别粮食供给波动状况，如图 4.36 所示。图 4.36 描述了 2005—2013 年间粮食价格波动率不同组别的粮食供给波动率对比状况。

　　由图我们可以看出，总体来看，价格波动率高样本组的粮食供给波动率大于价格波动率低样本组的粮食供给波动率，且价格波动率低样本组粮食供给波动幅度小于价格波动率高样本组粮食供给波动幅度。

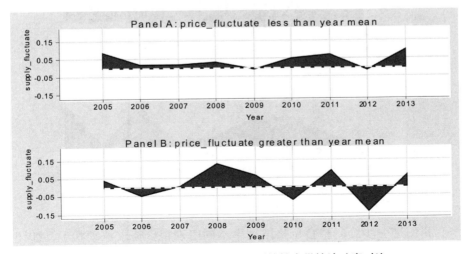

图 4.36 粮食价格波动率不同组别的粮食供给波动率对比

由此可见，无论从粮食供给水平上来说，还是从粮食供给波动率上来看，都会造成粮食价格波动，且粮食供给水平与粮食价格波动率成反向相关关系，而粮食供给波动率与粮食价格波动率成正向相关关系。

为此，我们假设 1：粮食供给是影响粮价波动的重要因素。

（三）国际粮食需求与国际粮食价格波动

图 4.37 是 2005—2013 年间粮食价格波动率不同组别的粮食需求水平对比状况。包括两部分：PanelA 和 PanelB。其中，PanelA 是价格波动率低于每一年度价格波动率的平均值样本组的粮食需求情况；PanelB 是价格波动率高于每一年度价格波动率的平均值样本组的粮食需求。

由图可知，价格波动率低的样本组和价格波动率高的样本组相较而言，部分年份，价格波动率低的样本组粮食需求高于价格波动率高的样本组的粮食需求，而有的年份，价格波动率高的样本组粮食需求高于价格波动率低的样本组的粮食需求，但两组的粮食需求都具有波动性的特点，且价格波动率低样本组的粮食需求波动幅度较小。

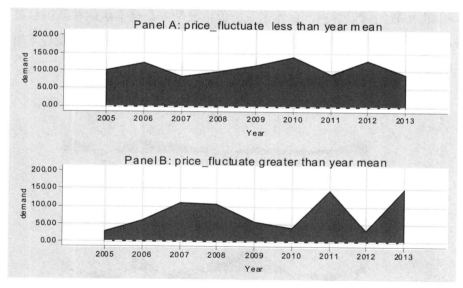

图 4.37　粮食价格波动率不同组别的粮食需求水平对比

我们进一步绘制粮食价格波动率不同组别粮食需求波动状况，如图 4.38 所示。

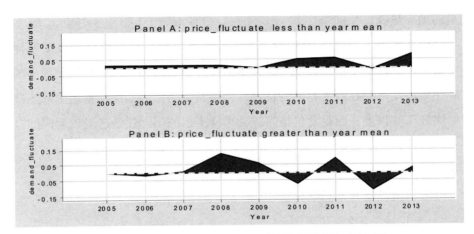

图4.38 粮食价格波动率不同组别的粮食需求波动率对比

由图4.38我们可以看出，价格波动率高样本组的粮食需求波动幅度相对较大。

为此，我们假设2：粮食需求波动是影响粮价波动的重要因素。

（四）国际热钱与国际粮食价格波动

图4.39是粮食价格波动率不同组别的国际热钱对比状况。其中，PanelA是价格波动率低样本组的国际热钱；PanelB是价格波动率高样本

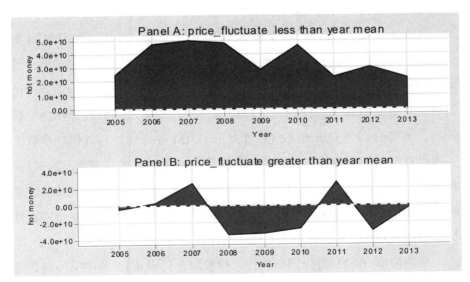

图4.39 粮食价格波动率不同组别的国际热钱对比

组的国际热钱。

由图可知，从绝对量来看，两组并没有呈现出粮食价格低波动率样本组国际热钱低于价格波动率高样本组国际热钱的特点。但两组呈现出国际热钱波动率存在较大差异的特点，即粮食价格低波动率样本组国际热钱始终处于 0 以上，而粮食价格高波动率样本组的国际热钱进退较为剧烈。

为此，我们假设 3：国际热钱波动是影响粮价波动的重要因素。

三、实证检验及结果分析

（一）模型设定

根据上文分析，我们将影响国际粮食价格波动的四条主要渠道纳入到模型中，即前期国际粮食价格波动、国际粮食供给波动、国际粮食需求波动和国际热钱波动，设定模型如下：

$$fluctuate\_price_{it} = fluctuate\_price_{it-1} + fluctuate\_price_{it-2} + ... +$$
$$fluctuate\_\sup ply_{it} + fluctuate\_demand_{it} + fluctuate\_hotmoney_{it} + \varepsilon_{it}$$

$$(4.3)$$

（二）实证检验及结果分析

1. 国际粮食价格波动影响因素的实证检验

首先，对模型进行自相关检验和异方差检验，使用的统计软件为 Stata10。检验结果显示表明，模型没有通过自相关检验和异方差检验。此时，运用面板模型中的 FE（固定效应）和 RE（随机效应）进行估计，所得结果可能是有偏的。同时，考虑到模型中各变量之间可能存在内生性问题，本部分运用 System GMM 和差分 GMM 进行估计。其估计参数的一致性在于其前提假设：残差项不存在序列相关以及工具变量是有效的，相应的检验方法是 Sangan/Hansen 过度识别检验和残差序列相关检验。系统 GMM 是将差分 GMM 和水平 GMM 结合起来作为一个方程系统进行估计。与差分 GMM 相比，系统 GMM 估计效率更高。

根据模型（4.3）进行回归估计，检验结果见表 4.3。表中第一列是混合 OLS 估计结果；第二列是差分 GMM 估计结果；第三列是系统 GMM 估计结果。

由表 4.3 可知，第一列混合 OLS 估计得到的 R^2 为 0.12。第二列和第三列的 Sargan 检验以及 Hansen 检验均达到要求，即检验结果表明各模型均没有拒绝满足过度识别的约束条件。

由第二列和第三列可知，模型总体拟合程度较高，各解释变量均通过了显著性水平检验，都至少在 5% 的水平上显著，说明模型设定较为准确，所选解释变量能够较好地说明被解释变量。另外，估计得到的各解释变量对被解释变量的系数符号，即各解释变量对被解释变量的影响方向在混合 OLS 估计、差分 GMM 估计和系统 GMM 估计中都是一致的，说明模型设定有效且稳健。

结果中，$fluctuate\_price_{it-1}$ 和 $fluctuate\_price_{it-2}$ 的系数均为负，且至少都在 1% 的显著水平上有效，这说明国际粮食价格波动对国际粮食价格具有滞后效应，且为负，即国际粮食价格波动有均值回复的过程，前期国际粮食价格波动有利于降低国际粮食价格波动。$fluctuate\_sup\,ply_{it}$、$fluctuate\_demand_{it}$ 在各模型中的系数均为正，且均通过了显著性水平检验，说明粮食供给波动和粮食需求波动会引发粮食价格波动。$fluctuate\_hotmoney_{it}$ 的系数也为正，说明国际热钱的波动对国际粮食价格波动具有强化作用。值得注意的是，与国际粮食供给、国际粮食需求系数相比，国际热钱波动系数较小，说明粮食基本面因素的波动，即国际粮食供给波动和国际粮食需求波动，是国际粮食价格波动的主要原因。

表 4.3　国际粮食价格波动影响因素检验

变量名称	混合 OLS	差分 GMM	系统 GMM
$fluctuate\_price_{it-1}$	-0.188^{**} (-2.02) 0.093	-0.296^{***} (-50.98) 0.006	-0.156^{***} (-9.61) 0.016
$fluctuate\_price_{it-2}$	-0.376^{***} (-4.15) 0.090	-0.391^{***} (-43.29) 0.009	-0.321^{***} (-22.21) 0.014

续表

变量名称	混合 OLS	差分 GMM	系统 GMM
$fluctuate\_sup\,ply_{it}$	0.208 (0.57) 0.368	0.228*** (4.96) 0.046	0.278** (2.43) 0.114
$fluctuate\_demand_{it}$	0.001 (0.00) 0.417	0.071* (1.80) 0.039	0.17*** (1.82) 0.091
$fluctuate\_hotmoney_{it}$	0.002 (1.32) 0.002	0.002*** (29.23) 0.000	0.003*** (3.24) 0.001
$cons\,tant$	0.121 (5.03***)	0.134 (29.67***)	0.109 (18.23***)
R^2	0.12		
Sargan/Hansen Test（P）		0.8076	0.9579
AR（2）Test（P）		0.5408	0.5711

注：*、** 和 *** 分别表示在 10%、5% 和 1% 的显著性水平。

2. 国际粮食供给波动影响因素的实证检验

进一步地，我们分析国际粮食供给波动的影响因素，进而找出对国际粮食价格波动产生较大影响的变量。

根据上文分析，国际粮食供给主要包括国内粮食生产、国内粮食期初库存以及粮食进口。进而，分析国际粮食供给波动的影响因素，设定如下模型：

$$fluctuate\_sup\,ply = fluctuate\_production + fluctuate\_opening\_stocks + fluctuate\_import + \varepsilon \tag{4.4}$$

根据模型（4.4）进行回归估计，检验结果见表 4.4。表 4.4 第一列是根据 Fama and French（2002）的方法，即在每个年度上进行截面回归，然后取各年度系数的平均值作为各变量的回归系数；第二列是进行截面回归。分为两步，第一步：对各国家各变量取其所有年度平均值。第二步，进行截面估计；第三列是利用固定效应模型进行估计；第四列是加入时间虚拟变量，采用固定效应模型进行估计；第五列是利用随机效应模型进行估计；续表是利用混合 OLS 模型进行估计。

由表 4.4 估计结果可知，各模型的 R^2 都在 0.7 以上，且假设的粮食供给的三种影响因素 fluctuate_ production、fluctuate_opening_stocks、fluctuate_import 基本都通过了至少在 5% 水平上的显著性检验，可见模型拟合效果较好。

各模型中，粮食供给波动的影响因素即粮食生产、期初库存和粮食进口的符号都显著为正，说明粮食生产波动、期初库存波动和粮食进口波动都会引起粮食供给波动，进而影响粮食价格。与粮食供给其他影响因素相比，fluctuate_ production 在各列中系数最大，说明国内粮食生产波动是引起粮食供给波动的最重要因素；期初库存和国外进口对粮食供给的影响作用相当，期初库存和国外进口的波动都会引起粮食供给波动。可见，随着各国对粮食安全的重视以及经济全球化的加强，通过国际贸易和库存调节粮食供给已成为重要一环。

此外，从表 4.4 的续表可以看出，第一列模型中只包括粮食生产，得到的 R^2 为 0.8062；第二列在第一列的基础上加入粮食进口，得到的 R^2 有了一定程度的增加，增加到 0.8137，增加了 0.0075；第三列是在第一列基础上加入期初库存一项，得到的 R^2 增加到 0.8090，增加了 0.0028；最后一列是将三种影响因素同时放入模型中进行回归，得到的 R^2 最高，达 0.8162。

总之，粮食生产波动是引起粮食供给波动的最主要因素，期初库存和粮食进口波动会影响粮食供给波动，期初库存波动和粮食进口波动对粮食供给波动的影响程度相当，但影响程度较小。

进一步地，我们关注粮食生产的主要影响因素有哪些？这些因素影响粮食生产，而粮食生产又是影响粮食供给波动的最重要变量，从而影响粮食生产的因素也是影响粮食供给波动的最重要因素，这有助于我们找到粮食价格波动的根本原因。根据本章第一节的理论分析，粮食生产对自然资源较为依赖，主要是依靠耕地，除此之外我们考虑农业从业人员、化肥使用量以及石油价格波动对粮食生产的影响。

表 4.4 国际粮食供给波动影响因素检验

变量名	FM model	Cross-sectional regression	FE	FE_year	RE
fluctuate_production	0.702*** (18.07)	0.467*** (5.41)	0.597*** (33.53)	0.578*** (24.52)	0.596** (34.30)
fluctuate_opening_stocks	0.107** (7.94)	0.262*** (2.89)	0.033* (1.79)	0.027 (1.24)	0.039** (2.21)
fluctuate_import	0.025*** (4.09)	0.101 (1.54)	0.044*** (3.38)	0.037** (2.40)	0.046*** (3.59)
固定效应			控制	控制	
时间效应				控制	
随机效应					控制
R^2	0.8347	0.8231	0.7450	0.7403	0.7495
F 检验			0.5247	0.5570	
BP 检验					1.0000
变量名	混合 OLS	混合 OLS	混合 OLS	混合 OLS	
fluctuate_production	0.607*** (34.75)	0.596*** (34.10)	0.606*** (34.97)	0.596*** (34.30)	
fluctuate_opening_stocks			0.041** (2.30)	0.039** (2.21)	
fluctuate_import		0.046*** (3.62)		0.046*** (3.59)	
R^2	0.8062	0.8137	0.8090	0.8162	

注：括号内为 z 值，*、** 和 *** 分别表示在 10%、5% 和 1% 的显著性水平；Speed=1-_b [consume]；Half-Life=ln2/Speed（Years）

表 4.5 是根据粮食生产的第 50 百分位进行分组（在每一年进行的），对相关变量进行的单变量组间差异比较。我们感兴趣的是拥有高粮食生产组的国家特点，比如，在第二组的那些国家和在第一组的那些国家，耕地面积（Arable）、农业从业人员（employ）、每公顷可耕地面积化肥施用量

（fertilizer）、石油价格（oil）的差别，时间范围是 2000—2014 年。

耕地面积数据来源于世界银行发展数据库（http：//databank.worldbank.org/data/reports.aspx？source=world-development-indicators#s_h）；基于数据可得性，农业从业人员根据计算得到，计算公式为 $employ\_agri_{it} = employ_{it} \times percent\_agri_{it}$，其中 $employ_{it}$ 表示第 i 个国家、第 t 期总就业人数，$percent\_agri_{it}$ 表示农业就业人数占总就业人数的百分比。总就业人数数据来源于 2000—2014 年《国际统计年鉴》（http：//data.stats.gov.cn/lastestpub/gjnj/2014/indexch.htm），农业就业人数占总就业人数的百分比来源于世界银行发展数据库（http：//databank.worldbank.org/data/）；化肥施用量数据来源于世界银行发展数据库（网址同前）；石油价格数据主要来源于世界银行发展数据库（网址同前），但部分年份各国家的石油价格数据不全，我们根据三大市场平均原油价格的增长率补齐缺少年份的各国家数据，三大市场平均原油价格数据来源于 2014 年《国际统计年鉴》（网址同前）。

利用 t 检验，检验第一组和第二组相关变量是否存在统计上的显著差别。

表 4.5　根据粮食生产分组的国家特征

变量	Q_{1th}	Q_{2th}	t-value（p）
Min	0.115	16.470	
Max	48.830	760.060	
production	24.090	147.822	−8.597
	[24.240]	[66.490]	(0.000)
Arable	1.7*107	7.2*107	−11.151
	[1.3*107]	[7.2*107]	(0.000)
employ_agri	692.150	4510.151	−3.653
	[414.702]	[608.690]	(0.000)
fertilizer	136.247	191.598	2.519
	[100.329]	[121.365]	(0.012)

变量	Q_{1th}	Q_{2th}	t-value（p）
oil	0.895	0.845	0.872
	[0.736]	[0.785]	(0.384)

由表 4.5 第四列可知，第二组国家和第一组国家的粮食生产差异在 1% 水平上显著，对于其他变量而言，除石油价格外，第二组和第一组的差异均至少在 5% 水平上显著。具体来说，粮食产量高的国家比粮食产量低的国家拥有更多的耕地面积，粮食生产与耕地面积呈现正向相关关系。拥有类似结果的变量还有农业从业人数。每公顷耕地化肥施用量与粮食生产存在单调递增关系。但石油价格没有通过 t 检验，这是因为石油价格在国家间具有传递作用，各国家间石油价格相互影响、相互依存。

表 4.5 是从统计角度分析了粮食生产与耕地面积、农业从业人数、化肥施用量以及石油价格之间的相关关系。为进一步明确粮食生产的影响因素，我们作如下实证检验。

表 4.6 提供了 2000—2014 年间粮食生产影响因素的面板回归检验结果，利用混合 OLS 模型进行估计。

由表 4.6 估计结果可知，各模型的 R^2 都在 0.6 以上，且各模型中各解释变量都至少在 1% 水平上显著，模型拟合效果较好。耕地面积、农业从业人员以及每公顷耕地面积化肥施用量的系数均为正，说明耕地面积、农业从业人员、化肥施用量与粮食产量呈现正相关关系。

由表 4.6 可以看出，第一列模型中只包括耕地面积，耕地面积的系数显著为正，说明耕地面积增加有利于提高粮食产量，得到的 R^2 为 0.6741；第二列在第一列的基础上加入农业从业人员，耕地面积和农业从业人员系数均为正，且通过了 1% 的显著性水平检验，说明农业从业人员数量的增加有利于提高粮食产量。得到的 R^2 有了一定程度的增加，增加到 0.7851，增加了 0.1110；第三列是在第二列基础上加入化肥施用量，得到的系数也显著为正，说明化肥的使用有利于提高产量。R^2 增加到 0.8226，增加了

0.0375；最后一列是在第三列的基础上，加入石油价格，得到的石油价格系数为负，且通过了 1% 显著性水平检验，说明石油价格上涨不利于粮食生产。此时，R^2 最高，为 0.8303，与第三列相比增加了 0.0077。

表 4.6　国际粮食生产影响因素检验

变量名	混合 OLS	混合 OLS	混合 OLS	混合 OLS
Arable	1.94*106*** (23.79)	1.71*106*** (18.08)	1.73*106*** (16.53)	1.87*106*** (16.44)
employ_agri		0.006*** (8.54)	0.007*** (7.54)	0.006*** (6.45)
fertilizer			0.075*** (2.65)	0.134*** (3.89)
oil				−22.091*** (−2.88)
R^2	0.6741	0.7851	0.8226	0.8303

由 R^2 在各列的变动情况可知，耕地面积对粮食产量的解释力最强，其次依次为农业从业人员、化肥施用量、石油价格。耕地面积、农业从业人员、化肥施用量和石油价格对粮食生产的解释力达 83.03%。说明耕地面积是影响粮食产量的最主要因素，农业从业人员、化肥施用量和石油价格也会影响粮食生产，从而这些因素也是导致粮食供给波动的最主要因素，进而影响粮食价格。

3. 国际粮食需求波动影响因素的实证检验

根据上文分析，国际粮食需求主要来自国内粮食使用、国内粮食期末库存以及粮食出口。进而，分析国际粮食需求波动的影响因素，设定如下模型：

$$fluctuate\_demand = fluctuate\_utilization + fluctuate\_clos\_stocks + fluctuate\_export + \varepsilon \tag{4.5}$$

模型（4.5）回归估计结果见表 4.7。

表 4.7 中第一列是根据 Fama and French（2002）的方法进行估计；第

二列是进行截面回归；第三列是固定效应模型估计；第四列是固定效应模型＋时间虚拟变量进行估计；第五列是随机效应模型进行估计；续表是利用混合 OLS 模型进行估计。

由表 4.7 可以看出，各模型的 R^2 均大于 0.7，且各解释变量均都通过了显著性水平检验，说明模型拟合效果较好，所选解释变量能够较大程度地解释被解释变量。

就各解释变量对被解释变量的影响方向而言，均显著为正，说明国内粮食使用、期末库存和出口都是影响粮食需求的重要变量。就各解释变量对被解释变量的影响程度而言，各模型中，国内粮食使用的系数最大，且与库存和出口相比，相差较大。说明国内粮食使用是粮食需求的重要组成部分，其波动会对粮食需求产生较大影响。期末库存和出口相较而言，在各模型中，期末库存系数均大于出口的系数，说明各国纷纷重视期末库存对粮食价格、粮食供求的调节作用，进而期末库存会影响当期粮食需求。

此外，从表 4.7 的续表可以看出，第一列模型中只包括国内粮食使用，R^2 为 0.8737；第二列加入粮食出口，得到的 R^2 增加了 0.0994；第三列是在第一列基础上加入期末库存，得到的 R^2 增加了 0.0061；最后一列是将三种影响因素同时放入模型中进行回归，得到的 R^2 为 0.9780。

总之，国内粮食使用波动是引起粮食需求波动的最主要因素，期末库存和粮食出口波动对粮食需求波动有影响，但影响较小。另外，期末库存波动对粮食需求波动的影响大于出口波动对粮食需求波动的影响。

表 4.7　国际粮食需求波动影响因素检验

变量名	FM model	Cross-sectional regression	FE	FE_year	RE
fluctuate_ production	0.808*** (4.41)	0.641*** (7.61)	0.790*** (32.56)	0.810*** (30.50)	0.789*** (33.97)
fluctuate_opening_stocks	0.156*** (7.57)	0.308*** (3.92)	0.125*** (7.59)	0.119*** (6.90)	0.128*** (7.98)

续表

变量名	FM model	Cross-sectional regression	FE	FE_year	RE
fluctuate_import	0.080*** (6.89)	0.043* (1.85)	0.071*** (8.28)	0.070*** (8.12)	0.071*** (8.70)
固定效应			控制	控制	
时间效应				控制	
随机效应					控制
R^2	0.7494	0.9917	0.9892	0.9871	0.9893
F 检验			0.9975	0.9941	
BP 检验					1.0000
变量名	混合 OLS	混合 OLS	混合 OLS	混合 OLS	
fluctuate_ production	1.072*** (44.95)	0.923*** (52.35)	0.852*** (14.20)	0.789*** (33.97)	
fluctuate_opening_stocks			0.178*** (3.99)	0.128*** (7.98)	
fluctuate_import		0.086*** (9.75)		0.071*** (8.70)	
R^2	0.8737	0.9731	0.8798	0.9780	

注：*、** 和 *** 分别表示在 10%、5% 和 1% 的显著性水平。

进一步地，我们关注国内粮食使用的主要影响因素有哪些？这些因素影响国内粮食使用，而国内粮食使用又是影响粮食需求波动的最重要变量，从而影响国内粮食使用的因素也是影响粮食需求波动的最重要因素，这有助于明确粮食价格波动的原因。根据前文的理论分析，国内粮食使用主要来自三个方面的原因：生物燃料的发展、人口的绝对增加、人口食物消费结构的变化，主要体现为肉、奶、蛋消费逐渐增多。由此，我们使用矿物燃料在能源总消费中所占比重作为衡量生物燃料发展对国内粮食使用影响的替代指标，并用工业产值进行稳定性检验；人口数量和用于饲养牲畜的粮食数量，分别为代表人口增长和食物消费结构的指标。

表 4.8 是根据国内粮食使用的第 50 百分位进行分组（在每一年进行

的），对相关变量进行的单变量组间差异比较。我们感兴趣的是国内粮食使用较高样本组的国家特点。比如，在第二组的那些国家和在第一组的那些国家相比，矿物燃料消费比重（fuel）及工业发展（industry）、人口数量（person）、喂养牲畜用粮（feed）的差别，时间范围是 2000—2014 年。矿物燃料消费比重、工业产值数据来源于世界银行发展数据库（http：//databank.worldbank.org/data/reports.aspx？source=world-development-indicators#s_h）；人口数量及牲畜用粮数据均来源于 AMIS（http：//statistics.amis-outlook.org/data/index.html#DOWNLOAD）。

利用 t 检验，检验第一组和第二组相关变量是否存在统计上的显著差别。

表 4.8 从统计角度分析了国内粮食使用与人口数量、人口食物消费结构变化、生物燃料消费之间的相关性。为进一步明确国内粮食使用的影响因素，进行如下实证检验。

由表 4.8 第四列可知，第二组国家和第一组国家的国内粮食使用存在差异，且通过了 1% 的显著性水平检验。对于其他变量而言，除矿物燃料外，第二组和第一组的差异均至少在 1% 水平上显著。具体来说，工业产值、人口、牲畜用量与国内粮食使用呈现正相关关系，国内粮食使用较多的国家比粮食使用较低的国家工业产值更高、人口更多、牲畜用粮更多。

表 4.8   根据国内粮食使用分组的国家特征

变量	Q_{1th}	Q_{2th}	t-value（p）
Min	0.125	16.400	
Max	47.150	770.990	
utilization	24.165	148.204	−8.535
	[24.180]	[65.890]	(0.000)
fuel	76.397	78.961	−1.136
	[82.843]	[84.037]	(0.257)

续表

变量	Q_{1th}	Q_{2th}	t-value（p）
industry	1.8*1011	6.4*1011	−5.559
	[7.8*1010]	[2.9*1011]	(0.000)
person	7.6*104	3.3*105	−6.979
	[7.0*104]	[1.4*105]	(0.000)
feed	6.128	35.910	−7.455
	[5.155]	[16.500]	(0.000)

注：*、** 和 *** 分别表示在 10%、5% 和 1% 的显著性水平。

表 4.9 提供了 2000—2014 年间国内粮食使用影响因素的面板回归检验结果。利用混合 OLS 模型进行估计。

表 4.9　国内粮食使用影响因素检验

变量名	混合 OLS	混合 OLS	混合 OLS	混合 OLS
fuel	0.774*** (1.70)	1.303*** (4.19)	0.229*** (2.58)	
person		0.0003*** (17.30)	0.0001*** (34.64)	0.0002*** (37.19)
feed			2.557*** (55.22)	2.404*** (26.38)
industry				1.15*1011** (2.40)
R^2	0.0073	0.5406	0.9644	0.9669

注：*、** 和 *** 分别表示在 10%、5% 和 1% 的显著性水平。

由表 4.9 估计结果可知，各模型的各解释变量都至少在 1% 水平上显著。人口数量、人口食物消费结构变化、生物燃料消费的系数均为正。

由表 4.9 可以看出，第一列模型中只包括矿物燃料消费，说明矿物燃料的消费增加了矿物燃料用粮的数量，得到的 R^2 为 0.0073；第二列是在第一列的基础上加入人口数量，人口数量系数显著为正，说明人口绝对数量的增长增加了国内粮食使用。得到的 R^2 增加，增加到 0.5406，增加了 0.5333；第三列是在第二列基础上加入牲畜用粮，得到的系数为 2.557，且显著，说明牲畜用粮也是粮食国内使用的重要组成部分。R^2 增加到 0.9644，增加了 0.4238。由第一列的 R^2 和第三列的 R^2 对比可以发现，模型中随着人口用粮和牲畜用粮的加入，R^2 有了显著增加，可见，人口用粮和牲畜用粮对国内粮食使用的解释力度更大。第四列是将工业产值作为生物燃料发展的替代指标进行的稳定性检验，得到的各变量系数的显著性及方向与第三列一致。

总之，工业用粮、人口用粮、牲畜用粮是影响国内粮食使用的主要因素，进而对粮食需求产生影响，这样，这些因素也是影响粮食价格的主要因素。

综上所述，国际粮食价格波动的影响因素主要有四个渠道：前期国际粮食价格波动、国际粮食供给波动、国际粮食需求波动和国际热钱波动。其中，前期国际粮食价格波动对国际粮食价格波动的影响系数显著为负，说明国际粮食价格波动对国际粮食价格具有滞后效应，国际粮食价格波动有均值回复的过程，前期国际粮食价格波动有利于降低当期国际粮食价格波动。国际粮食供给波动和国际粮食需求波动在各模型中的系数显著为正，说明粮食供给波动和粮食需求波动能够引发粮食价格波动。国际热钱的系数也显著正，说明国际热钱波动对国际粮食价格波动具有强化作用。值得注意的是，与国际粮食供给波动、国际粮食需求波动对粮食价格波动的影响系数相比，国际热钱波动系数较小，说明粮食基本面因素的波动，即国际粮食供给波动和国际粮食需求波动是国际粮食价格波动的主要原因。

另外，我们考察了粮食供给波动和粮食需求波动的影响因素。

粮食供给波动的影响因素主要包括粮食生产、期初库存和粮食进口，这三者对粮食供给波动的影响系数都显著为正，说明粮食生产波动、期初库存波动和粮食进口波动都会引起粮食供给波动，进而影响粮食价格。与粮食供给其他影响因素相比，国内粮食生产的系数最大，说明国内粮食生产波动是引起粮食供给波动的最重要因素；期初库存和国外进口对粮食供给的影响作用相当，且期初库存和国外进口波动都会引起粮食供给波动。就粮食生产而言，耕地面积是影响粮食产量的最主要因素，农业从业人员、化肥施用量和石油价格也会对粮食生产产生影响，从而这些因素也是导致粮食供给波动的最主要因素，进而影响粮食价格。

粮食需求波动的影响因素主要包括国内粮食使用、期末库存和粮食出口，这三者对粮食需求波动的影响系数均显著为正，说明国内粮食使用、期末库存和出口都是影响粮食需求的重要变量。其中，国内粮食使用波动是引起粮食需求波动的最主要因素，期末库存和粮食出口波动对粮食需求波动有影响，但影响较小。期末库存波动对粮食需求波动的影响大于出口波动对粮食需求波动的影响。就粮食国内使用而言，工业用粮、人口用粮、牲畜用粮是影响粮食国内使用的主要因素，人口用粮和牲畜用粮对粮食国内使用的解释力度更大。从而，工业用粮、人口用粮和牲畜用粮也是导致粮食需求波动的最主要因素，进而影响粮食价格。

第五章　国际粮食定价机理的
理论与实证分析

第一节　国际粮食定价机理理论分析

一、粮食价格决定的相关理论

政治经济学理论认为，价格是价值的货币表现，价格围绕价值上下波动。价值受到商品的社会需求总量的影响，由生产某种商品所需要的社会必要劳动时间所决定，价值决定价格，而供求关系对价格有直接影响。当该商品供过于求时，就会导致价格下降，低于自身价值，当商品供不应求时，价格就会上升，高于自身价值。均衡价格理论认为，粮食合理的市场价格是指粮食供求均衡时出现的价格，粮食价格体系由不同的市场价格所构成。

价格是一种经济利益关系，同每个人的经济利益息息相关，尤其在现代商品经济成熟的社会，各种商品的表现形式都是货币。就消费者而言，价格决定了消费者使用同样的货币量能够购买到的商品数量和质量，同时由于商品的替代作用，也会影响到对其他可替代品的选择；对于生产者来说，价格关系到商品市场，关系到商品中的劳动价值是否能够实现。因此，消费者和生产者都关注并且对商品价格的高低和波动比较敏感。

价格调节机制是引导生产、经营和消费的一种经济运行机制，通过价格的升降来调节商品及要素的供给和需求。价格调节机制的主要功能有：其一，供给和需求信号传递。如果价格水平过低，说明供过于求；如果商品价格水平过高，则说明供不应求。其二，调节经济利益关系。商品经营者的经济利益关系最终通过交换的商品价格来实现，其外在表现是他们之间的商品交换关系，因此产品经营者在产品经营活动中获得利益的大小主要表现为价格。人与人之间、部门之间、地区之间经济利益的再分配关系也是通过价格来实现的。由此，合理的价格表现为各种经济利益分配的合理性，有利于激发人们的工作热情，而不合理的价格表现为经济利益分配不均，容易滋生不满、引发矛盾。其三，经济效益核算。商品只有通过交换才能实现其价值，商品交换时的价格高于生产成本时，说明在商品交换过程中获得了收益，产出大于投入。从而，价格能够准确地反映商品的生产投入和产出状况，比较和分析各种经济活动间的效益，有效地使用和配置资源，因此，价格是核算效益的有力工具。

就经济变量时间序列值的长短而言，经济活动的波动情况有短期和长期之分。实际的经济观测值偏离长期趋势称之为短期波动。短期波动幅度越大，说明经济运行稳定性越差，反之，说明经济运行较稳定。经济变量在一个较长的时间范围内呈现出的总体波动水平与特征称之为长期波动，长期波动表现为增长的不稳定性。粮食价格波动属于经济活动波动的一种，不是由某个或某几个因素造成的，而是受到多种因素的影响。根据对农业经济系统各指标影响程度的不同，这些影响因素可分为内部因素和外部因素，其中，内部因素是粮食价格周期波动的核心动力，是粮食供给和需求矛盾作用的结果，由内部因素造成的波动称为内在波动。由经济系统外部因素带来的粮食价格波动称为外在波动。

（一）劳动价值论

马克思政治经济学所提出的劳动价值论指出：生产商品的社会必要劳动时间决定商品的价值，商品交换遵循等价交换原则。商品经济环境中，等量的资本换取等量的利润，在生产要素自由流动条件下，部门间的利润均等化，商品的价值表现为生产价格。因此，生产粮食的社会必要劳动时间决定粮食的价值，生产成本决定着粮食价格变化的总趋势。

（二）供需价格论

市场经济中，市场供求理论指出，供求变化导致价格的变化，供求成为价格变动的基本因素。在其他的条件不变情况下，假定粮食供给不变，需求发生变化。如需求增加，将使需求曲线向右上方移动，价格上升，如需求减少，将使需求曲线向左下方移动，价格下降。随着科技的发展，人口数量的增多，人们生活水平的提高，需求结构和需求数量发生了较大变化，对粮食的需求一方面来源于满足人们基本的口粮，另一方面来源于牲畜用粮、生产生物燃料等工业用粮，由此，对粮食的需求越来越多，粮食价格不断攀升。在其他条件不变的情况下，假定需求不变，供给发生变化，如恶劣的气候导致粮食减产等。如需求不变，供给增加，将导致供给曲线向右下方移动，价格下降，如供给减少，将使供给曲线向左上方移动，价格增加，供给因素的变动也是粮食价格波动的根本原因。由此，应确保粮食供给稳步增加，强化库存的调剂余缺功能，另外，随着全球化趋势的加强，也应充分利用国际市场，依靠国际贸易调剂国内粮食供求，这有利于稳定粮食价格、降低粮食价格波动。

（三）制度政策论

制度政策论对粮食价格的影响表现为现有的粮食体制。近年来，我国粮食价格不断上涨，波动剧烈，重要原因之一就在于现行的粮食流通体制。现行的粮食流通体制依靠"看得见的手"这一政府宏观调控来影响"看不见的手"市场力量的资源配置功能，这些制度性的安排使得农户生产方面发生较小的变动都会引起粮食供给较大的变动。政府干预市场的主要目的是为了弥补市场失灵，调节消费者和生产者之间的利益分配。政府的宏观调控主要表现在两方面：一是政府通过建立粮食储备机制调节市场供求，在粮食短缺时，释放粮食，在粮食冗余时，吸收粮食，从而防止市场上投机倒把行为的发生；另一方面，由于农业具有天生的"弱质性"，对自然条件依赖性较大，风险较高，为了调动农民种粮积极性，政府给予农民最低保护价以及种粮补贴、良种补贴、农机具补贴等。但是，政府的这些制度性安排往往伴随着粮食价格波动的增加。

二、国际粮食价格决定因素

随着全球经济一体化的发展，国家间的贸易竞争日益激烈，国内外市场的联系也日益密切。国际上粮食市场逐渐与能源市场、全球经济大环境和汇率等因素联系到一起。同时，国际粮价的传导作用日益明显，在国际市场中，粮食出口大国的经济情况对于我国粮食价格有着非常重要的传递作用。比如美国是世界上最大的粮食出口国，它的经济发展状况就会对我国粮食价格产生重要影响。国际石油价格、国际热钱的投机性行为，都会对我国粮食价格波动产生重要作用。

（一）大国粮食价格

在开放经济条件下，一国的国民经济不仅受到国内诸因素（居民消费、私人投资、政府消费或投资）的影响，而且还会受到国外生产和消费的影响。外贸因素的加入还会对封闭经济下的三部门产生影响。因为本国居民消费者和政府已经不只是面对本国的市场，而是面对整个国外市场，因此，消费者选择的机会增多，生产者也同样面对一个国际市场，生产者的决策就会与封闭经济下的生产者决策有所差别。

根据西方经济学的理论我们得知，开放经济是指一个国家和其他国家有经济往来，比如国际贸易，国际金融方面的往来。这就是说，这个国家和其他国家存在资本、进口和出口以及货币方面的流通，这个国家就是一个开放型经济体。

开放经济条件下，国内经济和整个国际市场紧密相连，要素、商品、服务可以在两个市场自由流动，各国根据比较优势生产产品、参与国际分工，资源能够达到最优配置，实现较高经济效率。一般而言，开放经济的特点是经济发展水平和市场化程度较高。

由于现在大部分较为发达的经济体，都处于较开放的经济条件下。所以国内商品的价格变化，会通过贸易渠道影响到全球商品的价格变化。

由于粮食的主要生产国以及消费国，大部分都是发达国家，或者经济较为富裕的国家，这部分国家基本都是开放型经济体。这些国家通过贸易、资本流动等渠道，对全球范围内粮食价格产生影响。

目前，从国际上粮食生产的主要国家来看，国际粮食市场结构为寡头垄断市场，美国、巴西、阿根廷、澳大利亚等国是典型的寡头粮食生产国。世界大豆总产量的 90% 由美国、巴西、阿根廷和巴拉圭等国生产。据《2014 年国际统计年鉴》统计，美国农产品出口占世界农产品出口第一位，2000、2010、2012 年美国农产品出口量分别为 714.08、1425.74、1719.09 亿美元，2000 年美国农产品出口额占世界农产品出口额比重为12.96%，2010 年这一比例为 10.47%，2012 年为 10.38%。目前，邦吉、ADM、嘉吉与路易达孚四大跨国粮商几乎垄断了全球的粮食贸易，粮食的主要生产力也集中在美国等少数国家，因此国际粮食价格的传导会直接影响我国的粮食价格。

从国际市场看，国际粮食市场主要是通过价格传导机制影响国内粮食市场价格波动。具体而言，国际粮食市场生产和消费的变动影响国际粮食市场供求，从而影响国际粮食价格，进而通过价格传导机制影响到国内的粮食市场，使国内的粮食价格波动与国际粮食价格波动同步。当国际市场的粮食价格较高时，增加对国内市场的粮食需求，从而增加了国际市场上粮食供给量、减少了国内市场上粮食供给量，从而国际市场粮食价格由于供给量增加而下降、国内市场粮食价格由于供给量减少而上升；反过来说，当国内市场粮食价格较高时，增加了对国际市场的粮食需求，从而增加了国内市场上粮食供给量、减少了国际市场上粮食供给量，从而国内市场粮食价格由于供给量增加而下降、国际市场粮食价格由于供给量减少而上升。

（二）国际能源价格

近年来，随着石油等能源价格的上涨，由于生物燃料和石油等能源之间具有替代关系，生物燃料能源的生产也在增加。由此，能源价格上涨增加了对生物燃料的需求，而生产生物燃料的原材料来自于粮食，从而，能源价格对粮食需求产生较大影响。能源价格涨落及波动情况也会通过价格传递效应传导给粮食价格。随着社会分工的细化和行业交织的密集化，更多的行业，比如能源等都在直接或者间接地影响着粮食价格。例如，当酒精生产扩大时，其原材料玉米的需求和价格也会随之上涨；当石油、天然气等价格上涨时，燃料和肥料成本的上升会推动农产品和肉产品价格的上涨。

国际能源价格对国际粮食价格的影响主要通过两个渠道影响的。第一个渠道是石油价格推动粮食价格上涨。由于石油和粮食都属于大宗商品，在国际原油价格上涨的同时，对全球产生了一种通货膨胀的作用，在此作用之下，国际粮食价格上涨。另一个渠道是生物燃料的快速发展，导致了对粮食的需求增大。在科学技术的作用下，生物燃料已经成为能源的重要形式。由于石油等能源的有限性以及石油价格的升高，各个国家都加大了对生物燃料的投入。而生物燃料的原材料基本上都来源于粮食，所以石油价格的升高，会导致对生物燃料的需求增大，引致对粮食的需求量增大，也就对国际粮食价格上涨起到推动作用。

国际货币基金组织（IMF）的相关研究表明，就当前全球粮食价格高位运行的重要推动力而言，生物能源产业的快速发展作出了重要的贡献。

目前，美国是全球发展生物能源产业的积极倡导国，随着社会发展、能源安全形势的严峻，全球已有四十多个国家鼓励发展生物能源产业。据联合国粮农组织的统计显示，全球每年用作生物能源原材料的粮食用量增长在一亿吨以上，其中玉米作为原材料就占了九千多万吨。生物能源产业对粮食的消耗表现在，每生产七十升的生物能源，就要消耗掉世界人均消费一年的粮食；像美国这样的生物能源产业发达的国家，每年的生物能源用粮就相当于全球五亿人的粮食需求。可以说，粮食能源化是推动国际粮食价格上涨的主力。

以美国为例，美国著名粮食问题专家布朗指出：美国政府错误的能源政策应该对近年来的粮食价格上涨负有主要责任。近年来，美国大力发展生物能源来减少对石油的依赖性。就美国生物能源的用粮效率而言，加满一辆普通的家用吉普车的油箱，需要消耗 200 千克的玉米，而这一数量够非洲贫穷国家中一个成年男子吃一年的。就美国玉米用于制造乙醇数量而言，2000 年为 6 亿蒲式耳的玉米，到 2008 年，增加了 24 亿蒲式耳，增加到 30 亿蒲式耳，而当年玉米总使用量仅为 125 亿蒲式耳，2009 年、2010 年玉米用于制造乙醇的数量均比上年增加 8 亿蒲式耳，分别为 38 亿蒲式耳和 46 亿蒲式耳，到 2011 年，比上年增加 3.5 亿蒲式耳，占当年玉米总使用量的 37%。仅仅美国就有如此庞大的玉米需求量，这导致了粮食价格的急剧上升。

（三）美元汇率

汇率亦称外汇行市或汇价，是将一个国家货币兑换成另一个国家货币时所用的比率，表示两个国家货币之间的交换关系。由于世界上不同国家使用的货币名称、币值不同，所以，需要规定一个兑换率来进行国家间的货币交换，这一数值即为汇率。短期来看，一国的汇率是由供求决定的，这里的供求是指该国货币兑换外国货币的供给和需求。其中，需求表现为外国人购买本国商品、在本国投资以及利用本国货币进行投机所产生的对本国货币的需求。供给表现为本国居民想购买外国产品、向外国投资以及外汇投机影响本国货币的供给

一般来说，本币汇率降低，即本币对外贬值，能起到促进出口、抑制进口的作用；若本币汇率上升，即本币对外的升值，则有利于进口，不利于出口。

在第二章国际粮食价格波动的原因分析中，我们发现粮食贸易即进口和出口对粮食价格的影响内化为影响粮食的供给和需求。而汇率对国际粮食价格的直接影响就是对进出口贸易的影响。在本国货币贬值的情况下，由于进口货物的成本提高，出口成本相对应地降低，使得出口国际粮食的价格降低。本币升值的情况下，进口货物成本降低，使得进口的国际粮食价格相对应地降低，出口国际粮食的价格提高。

汇率对国际粮食价格的间接影响是通过国际热钱实现的，国际热钱受汇率的影响特别大。资本在全球得到流通的情况下，国际热钱对大宗商品的炒作进一步加强。国际热钱为了获得更大的收益，对国际粮食价格的

炒作进一步加大。在本币升值的情况下，国际热钱为了追逐更高的利益，纷纷涌入国内，在此作用下，抬高了进口粮食的价格。

美元汇率、利率波动对粮食现货市场和粮食期货市场均产生了重要影响。当前的国际粮食价格高位运行，美元贬值作用巨大。美国通过双赤字长期持续贬值美元。2001 年，美国货币发行总量达 7.8 万亿美元，其中只有 7.69% 在美国国内流通。2005 年以来，美元对西方主要货币持续大幅度贬值，如果从最高点到最低点计算，2002—2008 年间，仅 6 年时间，美元对欧元贬值达 64%。

当人民币汇率上升即走强时，相当于降低了中国从国际上进口粮食的成本，可以刺激进口；当人民币汇率下降时，相当于其他国家从中国进口粮食产品的成本变低，有利于中国粮食的出口。我国自 2005 年 7 月开始新的汇率制度改革，采取浮动汇率制度，截止到 2011 年，人民币对美元已累计升值高达 25.06%，人民币升值态势非常明显。人民币的走强与美国多年来扩张印钞的政策相吻合，在这种情况下，美国作为全球最大的粮食出口国，美元贬值提高粮食进口国的购买能力，进而刺激了对粮食需求的增长，直接推动了粮食价格的上涨。由于大多农产品用美元作为标价货币，所以，美元的贬值或升值会对农产品价格产生显著影响。

当前世界粮食价格高位运行，其中就受到美元贬值的影响。美元的贬值与升值可以通过美元的有效汇率来衡量。当美元升值时，世界粮食价格就会下降。有效汇率是一种以某个变量为权重计算的加权平均汇率指数，通常可以用一国与样本国双边贸易额占该国对所有样本国全部对外贸易额比重为权数。有效汇率分为名义和实际有效汇率，名义有效汇率是用来衡量一国货币相对其他一组货币汇率的加权平均值，实际有效汇率是根据价格变化进行调整，即剔除了通货膨胀后的有效汇率。应该采用名义有效汇率，因为价格是货币现象，币值越低价格越高，所以无须剔除通货膨胀。根据国际清算银行的数据，采用 Narrow indices，2001 年之后美元开始持续贬值，而伴随着美元的贬值，世界谷物价格开始上升。图 5.1 显示了谷物价格指数与美元名义有效汇率之间的反向变动关系。

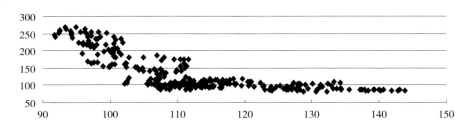

图 5.1　美元名义有效汇率与谷物价格指数散点图①

随着经济全球化的发展，越来越多的商品参与国际市场的交易中，粮食产品也不例外。汇率作为一种国内外货币的换算比率，逐渐成为影响国际粮食价格的一个重要因素，尤其是在农业国际化较高的今天，其波动性对粮食价格的影响更大。

（四）全球经济形势

马歇尔所倡导的均衡价值理论认为，商品价值是由生产者愿意接受的供给价格和消费者愿意付出的购买价格决定的，供给价格受商品生产成本影响，需求价格受到该商品对消费者"边际效用"的制约，商品价值就决定于需求价格与供给价格的均衡点。均衡价值理论在 20 世纪初期被经济学家们广泛采用，是现代经济学价值理论之一。

一个经济体的供给量和需求量受整个国家经济发展水平的影响。当这个国家的经济发展水平较高时，同时体现为其商品经济也较发达，也就是商品的供给量和需求量都比较大。当一个经济体较为贫穷时，其没有足够的购买力去购买商品，表现为商品经济也比较不发达，商品的供给量和需求量也比较少。

根据西方经济学的基本理论，商品价格是由商品的供给量和商品的需求量决定的。粮食作为一种大宗商品，它的价格变动也是受基本经济规律制约的，全球对粮食的需求量和供给量影响着它的价格变动方向。

---

① 数据来源于联合国粮农组织（http：//www.fao.org）数据库和国际清算银行（http：//www.bis.org）数据库。

全球经济形势对粮食价格的影响主要通过对粮食的需求量实现的。在全球经济发展较快、物质生产水平较高，人均收入较高的情况下，对粮食的需求量也会相应增多，从而对国际粮食价格起到一个推动的作用。全球经济形势较好时，粮食的供给量也会相应增多，粮食供给的增多又会对粮食价格上涨起到相反的作用。所以国际粮食价格是由供给和需求的均衡水平决定的。

经济整体的发展水平决定了一个国家居民的收入水平，而收入是消费需求的重要决定因素，由此会带来粮食价格的波动。因此，全球整体经济的发展是各类粮食价格波动的重要原因。例如，自 2005—2008 年间，世界上很多国家的粮食需求量和全球粮食价格都因为全球经济的强劲增长出现大幅度的走高，中国和印度在此期间的 GDP 增长率均超过 10%，作为世界上人口最多的两个国家，其快速的经济增长必然影响国际粮食价格及其副产品和粮食加工产品的价格。与此同时，中国和印度的粮食需求量增长迅速，即粮食价格上涨的情况下，粮食需求量仍呈上涨态势，由于经济发展带来的粮食需求扩张进一步推动了全球粮食价格上涨。

全球的整个经济形势包括全球粮食产量、需求量、库存等基本情况。在经济学基本理论、供给和需求绝对价格的理论框架下，全球经济形势也对全球粮食价格的波动产生影响。全球经济形势比较好的情况下，粮食价格会上涨，在经济形势比较差的情况下，粮食价格会下跌。

（五）其他决定因素

粮食价格除受到上述因素影响之外，凡是影响粮食供给和粮食需求的因素也都是粮食价格的影响因素，还包括一些不可测因素，具体而言：

1. 粮食种植面积

粮食种植面积是保证粮食产量稳定及增长的首要条件，但随着人口增长的压力以及城市化进程的逐渐加快，种植面积在工业化和城市化发展过程中锐减。在过去的 30 年间，全球人均粮食种植面积减少了 30% 左右，而根据联合国粮农组织的统计，粮食收获面积则减少了近 20%。除去人口增长压力和城市化快速发展使粮食种植面积骤减，当前一些国家出于环境保护和环境效益的考虑，通过颁布各项政策来人为地减少粮食种植面积的不在少数，如我国的退耕还林还湖政策、欧洲和北美的农田休耕政策等。这些政策的出台客观上限制了全球粮食产量增长的空间。

2. 农业补贴政策

总的来说，农业补贴政策的实施对全球粮食生产规模带来严重影响。发达国家实行高额农业补贴政策，就欧盟来说，在 2011 年提供的农业补贴就高达 660 亿美元。而这些实行农业补贴政策的发达国家又是国际粮食援助和出口主体，抑制了其他国家粮食产业的形成。因为这些发达国家可以通过不公平的竞争来弱化欠发达国家和地区的粮食市场影响力；也可以通过廉价粮食使这些欠发达国家和地区对发达国家产生依赖，带来严重的粮食安全问题。

3. 自然灾害导致粮食减产

全球气候变暖带来的自然灾害直接导致全球粮食减产，引发粮食价格上涨。根据世界银行的统计，气温上升 1 度，粮食减产近 2%；气候变暖也使得干旱、洪涝、虫灾等自然灾害成为普遍，对粮食种植和生产带来重大的负面影响。澳大利亚、加拿大、乌克兰等主要产粮国受自然灾害影响，粮食减产严重，导致粮食出口锐减。单单 2010 年全球范围发生的洪水灾害，就对全球近 2 亿人用粮带来影响。

综上所述，国际粮食价格的决定因素主要包括全球经济形势、国际粮价传导机制、国际能源价格、汇率和其他一些不可预测因素等方面。其中，全球经济状况通过影响人们的收入水平对粮食的消费需求和价格变动产生影响；一个国家的粮食价格波动一般通过国际粮食价格和能源价格波动的传导机制来带动；汇率波动影响了国际市场中的粮食贸易活动，对粮食的进出口价格带来了较大的影响；此外还提到了影响粮食价格的一些不可测因素及意外因素，比如粮食种植面积、自然灾害等等。从各种因素对国际粮食价格影响的结果来看，国际粮食价格受到众多因素的影响，在影响的方式上以及传递的渠道上有很大的不同，也就导致了国际粮食价格是由多种因素共同影响作用的结果。这一章的论述对于下面的建模以及实证分析起到一个理论指导作用。

第二节　国际粮食定价机理实证分析

通过上文对国际粮食价格决定因素的分析可知，全球经济状况、大国粮食价格、能源价格和汇率等是国际粮价的主要决定因素。该部分选取上文所分析的四个指标为自变量，建立多元动态回归模型，采取不同的方案拟合，最后对模型进行误差修正等方式进行实证分析。

一、变量选取与数据来源

本章实证分析选取 1991—2013 年时间序列数据，相关变量的统计性描述见表 5.1。其中因变量 y 为国际粮食价格，自变量 $x_1 - x_4$ 分别为全球经济状况、美国谷物粮食价格、能源价格和汇率。使用全球 GDP 代表全球经济状况，计量单位为万亿美元，且是以 2005 年可比价格计算，数据来源于联合国统计司。用国际谷物实际价格指数来表示国际粮食价格，价格指数为 100，数据来源于联合国粮农组织数据（http：//www.fao.org/worldfoodsituation/foodpricesindex/en/）。因为美国是全球最大的发达国家，而且是粮食产量最大的国家，其粮食价格对国际粮食价格的影响也是最大的，选择美国的谷物价格代表大国粮食价格，相关数据来源于美国农业部数据库（http：//www.usda.gov）。原油价格采用英国石油公司（BP）《世界能源统计年鉴 2014》（http：//www.bp.com/statisticalreview）中的世界原油价格，并按照 2013 年的美元价值进行计算。在世界粮食贸易中，世界粮食价格一般用美元表示，因此美元的汇率自然会影响到世界粮食价格，应该采用美元的名义有效汇率，因为价格是货币现象，币值越低价格越高，所以无须剔除通货膨胀，根据国际清算银行（http：//www.bis.org）的数据，采用 Narrow indices。从表 5.1 的 JB 检验可以看出，所有变量均服从正态分布。

表 5.1　相关变量的描述性统计

	y	x_1	x_2	x_3	x_4
均值	116.05	43.41	127.63	54.30	112.73
中位数	99.80	42.55	107.38	36.50	110.87
最大值	179.50	56.84	237.88	115.22	138.19
最小值	86.90	31.47	84.54	18.17	94.21
标准差	31.93	8.25	40.98	32.63	12.45
偏度	1.01	0.09	1.05	0.75	0.56
峰度	2.46	1.67	3.22	2.06	2.39
JB 统计量	4.17	1.74	4.29	3.02	1.55
P 值	0.12	0.42	0.12	0.22	0.46
样本个数	23	23	23	23	23

为更形象具体地说明全球经济发展与粮价关系，我们以中国为例解释粮食价格与经济发展的相互关系，见表 5.2。

从表 5.2 可以看出，在我国经济快速发展的 2009—2012 年间，多种食品的消费量随着经济的增长出现了较大幅度的提高，例如：鸡肉消费量提高了 18%，牛肉和猪肉提高了 9% 和 4%，液态奶和全脂奶粉的增长均超过了 20%，达到 23% 和 25%，作为动物性食品原料的玉米和豆粕的增长也十分明显，玉米提高了 15%，而豆粕销售量增长甚至达到了 33%，植物油的消费也增长迅速，其中大豆油消费量增长 36%、棕榈油消费率增长 28%。可见，粮食消费量受经济发展影响较大，进而对粮食价格产生较大影响。

为更好地说明粮食价格传导机制能够影响国际粮食价格乃至某个特定国家的粮食价格，在此我们以中国为例，根据《中国农业发展报告 2012》数据统计对比中晚籼米、面粉、黄玉米和黄大豆四类粮食价格在 1996—2011 年间的变动情况，来具体地说明粮食价格传导机制影响粮价。

经对比 1996—2011 年间主要粮食价格可以看出，与 1996 年同期相较而言，2001 年国际市场上玉米价格下降了 45.8%，稻米价格下降了

49.6%，大豆价格下降 37.4%，相应地，国内市场上玉米价格下降 28.5%、稻米价格下降 35.4%、大豆价格下降了 25%，由此可见，国际和国内市场粮食价格呈现出一定的同步性。2002—2004 年间，全球粮食价格因产量的下降出现了整体上涨，国际市场的面粉、稻米、玉米和大豆价格分别上涨了 24.4%、37.9%、24.8%、59.7%，同时国内市场的面粉、稻米、玉米和大豆价格也分别上涨了 30.5%、50.5%、21.5% 和 53.1%。2005 年以后，全球的粮食价格增长幅度更大，截止到 2011 年年底，国际市场的稻米、面粉、玉米和大豆价格分别上涨了 190%、208%、340% 和 146%，对应国内市场的稻米、面粉、玉米和大豆价格分别上涨了 39.7%、20.7%、87.3%、51.9%。通过以上数据可以看出，国际粮食价格和国内粮食价格存在同步性，其中当国际和国内粮食价格都下降时，下降的幅度接近，但是同步上涨时，国际价格的波动幅度远远大于国内粮食价格的波动幅度，这在一定程度上也说明了我国政府对粮食供应和价格的宏观调控作用在一定程度上稳定了粮食的价格。

表 5.2 2009 年、2012 年中国粮食产品及其副产品消费量（百万吨）

产品	2009 年	2012 年	绝对变化	相对变化 %
猪肉	48.2	52.5	1.3	4
鸡肉	12.2	18	1.8	18
牛肉	6.7	9.2	0.5	9
液态奶	12.6	15.4	2.9	23
全脂奶粉	2	1.3	0.3	25
玉米	132	148	19	15
稻谷	130.4	127.6	2.8	−3
小麦	103	107	5	5
豆粕	23.5	30.9	7.5	33
大豆油	7.3	9.8	2.6	36
棕榈油	11.7	14.8	3.5	28

数据来源：美国农业部生产、供应和分销在线数据库

二、模型说明

（一）序列平稳性与随机性检验

时间序列分析是计量统计分析的一个专业分支，原理是利用样本估计总体，因此对时间序列必须进行平稳性检验，如果不是平稳序列，则要进行一定的处理使其转化为平稳序列。序列平稳一般指宽平稳或二阶平稳，即对任何时间序列 $\{X_t\}$，满足

① $\forall t, EX_t^2 \leqslant \infty$

② $\forall t, EX_t = \mu$，　　　μ 为常数

③ $\forall t,s,k, \gamma(t,s) = \gamma(k,k+s-t)$

其中 γ 为自协方差函数。均值为常数和二阶矩平稳的性质可以增加样本容量，并得到基于所有样本观察值计算出来的延迟 γ 阶的自协方差函数的估计值。

时间序列平稳性的检验方法一般为 ADF 单位根检验方法，即构造假设检验：$H_o: \rho = 0 \leftrightarrow H_1: \rho < 0$，其中 $\rho = \sum\limits_{i=1}^{p} \theta_i - 1$，$\theta$ 为 p 阶自回归模型的各系数。当 $p=0$ 时序列非平稳，$p<0$ 序列平稳。为进行假设检验，构造检验统计量 $\tau = \rho' / S(\rho')$，$S(\rho')$ 为样本方差，通过蒙特卡洛进行 ADF 检验。假若通过 ADF 检验序列平稳，称之为零阶单整序列（$x_t \sim I(0)$）；若序列非平稳，则进行差分运算来消除单位根的影响，d 阶差分平稳成为 d 阶单整序列，以此类推，即 $x_t \sim I(d)$。

序列确定平稳性后，还需要进行随机性检验，即对于时间序列 $\{X_t\}$，满足

① $\forall t \in T, EX_t = \mu$

② $\forall t,s \in T, \gamma(t,s) = \begin{cases} \delta^2 & t=s \\ 0 & t \neq s \end{cases}$，此时 $\{X_t\}$ 为纯随机序列（白噪声）。纯随机序列通过构造以下统计量来检验：假设 $H_0: \rho_1 = \rho_2 = ... = \rho_m = 0, \forall m \geqslant 1$；$H_1$：至少存在 $\rho_k \neq 0, \forall m \geqslant 1, k \leqslant m$。其中 ρ_k 为自相关系数，构造的统计检验量为：$Q_{LB} = n(n+2) \sum\limits_{k=1}^{m} (\rho_k^2 / n-k) \sim x^2(m)$，若 P 值小于给定的 α，则 $1-\alpha$ 的概率拒绝原假设，序列不是纯随机序列，反之是纯随机序列。

（二）模型定阶

在模型识别的过程中，通过计算样本的 $\rho_k^{'}$（自相关系数）和 $\theta_k^{'}$（偏自相关系数）来确定 ARMA 模型的阶数。其中，

$$\rho_k^{'} = \sum_{t=1}^{n-k}(z_i - \bar{z})(z_{i+k} - \bar{z}) / \sum_{i=1}^{n}(z_i - \bar{z})^2 。$$

$\theta_k^{'}$ 通过 Yule-Walker 方程求解，如下：

$$\rho_1 = \theta_{k1}\rho_0 + \theta_{k2}\rho_1 + ... + \theta_{kk}\rho_{k-1}$$

$$\rho_2 = \theta_{k1}\rho_1 + \theta_{k2}\rho_0 + ... + \theta_{kk}\rho_{k-2}$$

$$\rho_k = \theta_{k1}\rho_{k-1} + \theta_{k2}\rho_{k-2} + ... + \theta_{kk}\rho_0$$

模型的定阶按照以下方式进行：如果 $\rho_k^{'}$ 或 $\theta_k^{'}$ 在 γ 阶的绝对值超过 $2/\sqrt{n}$ 且衰变速度较快，则称该系数为截尾，截尾阶数为 γ，反之，则称系数不截尾；如果 $\rho_k^{'}$ 截尾且截尾阶数为 q，$\theta_k^{'}$ 不截尾，则可以建立 $MA(q)$ 模型；如果 $\rho_k^{'}$ 不截尾，$\theta_k^{'}$ 截尾且截尾阶数为 p，则建立模型 $AR(p)$；如果两个系数都不截尾，则可建立 $ARMA(p,q)$ 模型。

三、动态回归模型的实证分析

（一）平稳性检验和随机性检验

通过对各序列数据进行单位根检验，来确定数据的平稳性或单整阶数，结果如表 5.3、表 5.4 所示。

由表 5.3、表 5.4 的平稳性检验结果可知，原序列在 5% 的置信水平不能拒绝原假设，说明原始序列存在单位根，是非平稳序列；一阶差分后的单位根检验中，除 x_4 在 5% 的显著性水平下显著外，其他各序列的一阶差分检验均在 1% 水平上显著，即都不存在单位根。

表 5.3　原序列单位根检验结果

变量	检验类型 (c，t，l)	ADF 值	5% 临界值	1% 临界值	是否平稳
y	(c，t，0)	−2.166809	−3.632896	−4.440739	否
x_1	(c，t，1)	−3.200118	−3.644963	−4.467895	否

续表

变量	检验类型 (c, t, l)	ADF 值	5% 临界值	1% 临界值	是否平稳
x_2	(c, t, 0)	−2.033887	−3.632896	−4.440739	否
x_3	(c, t, 0)	−2.597077	−3.632896	−4.440739	否
x_4	(c, 0, 4)	−1.997517	−3.040391	−3.857386	否

注：检验类型中 c 表示截距项、t 表示线性趋势项、l 表示滞后阶数，其中滞后阶数的选取依据
的是赤池信息准则（AIC），可以检验在采用施瓦茨准则（SC）时，在一定的滞后阶数下变
量也都是平稳的；** 表示在 5% 的显著性水平上是平稳的，*** 表示在 1% 的显著性水平上
是平稳的。

表 5.4　一阶差分序列单位根检验结果

变量	检验类型 (c, t, l)	ADF 值	5% 临界值	1% 临界值	是否平稳
y	(c, 0, 1)	−4.755053***	−3.020686	−3.808546	是
x_1	(c, 0, 0)	−4.161206***	−3.012363	−3.788030	是
x_2	(c, 0, 0)	−4.481587***	−3.012363	−3.788030	是
x_3	(c, 0, 1)	−4.712297***	−3.020686	−3.808546	是
x_4	(0, 0, 4)	−2.002665**	−1.962813	−2.708094	是

注：检验类型中 c 表示截距项、t 表示线性趋势项、l 表示滞后阶数，其中滞后阶数的选取依据
的是赤池信息准则（AIC），可以验验在采用施瓦茨准则（SC）时，在一定的滞后阶数下变
量也都是平稳的；** 表示在 5% 的显著性水平上是平稳的，*** 表示在 1% 的显著性水平上
是平稳的。

对序列进行平稳性检验后，需要利用上节的 Q_{LB} 对各一阶差分序列进行随机性检验。鉴于各序列一阶差分已经平稳，进一步地，判断序列是否为纯随机性序列。表 5.5 是对一阶差分序列计算出延迟 6 期和 12 期的 Q_{LB} 统计量值。

表 5.5　∇y_t 的随机性检验

延迟阶数	Q_{LB} 统计量值	P 值
6	79.32	0.00
12	85.47	0.00

由表 5.5 看出，各阶延迟下的 P 值都近似为 0，因此 Δy_t 为非白噪声序列；x_1-x_4 的随机检验结果显示 x_1-x_4 均为非白噪声序列。

（二）模型拟合

上述分析得出各序列均为一阶差分序列平稳且非白噪声，建立回归模型如下：

$$\nabla y_t = \mu + \sum_{i=1}^{4}(\Theta_i(B)/\Phi_i(B))B^{l_i}\nabla x_{it} + \varepsilon_t ,$$

其中，$\Theta_i(B)$ 为 ∇x_{it} 的移动平均系数多项式；$\Phi_i(B)$ 为自回归 AR 的系数多项式；ε_i 为回归残差序列。∇y_t 和 ∇x_{it} 的平稳性，其线性组合也平稳，残差序列表示为：

$$\varepsilon_i = \nabla y_t - (\mu + \sum_{i=1}^{4}(\Theta_i(B)/\Phi_i(B))B^{l_i}\nabla x_{it})$$

对差分序列进行模型定阶，采用 ARMA（1，1）模型进行拟合序列，模型的参数估计如下：$\Phi_1(B)=1+0.465B, \Theta_1(B)=0.514+0.901B$。

AR 与 MA 的根系数小于 1，分别为 0.465 和 0.901，因此判断 ARMA 模型稳定可逆。通过计算自变量的移动平均系数和延迟阶数来拟合模型，ARMA 模型的口径为：

采用 AR（2）对残差进行拟合：

$$\nabla y_t = 0.774 + ((0.514+0.901B)/(1+0.465B))\nabla x_{1t} + ((0.443-0.026B)/(1-0.6B))B\nabla x_{2t} +$$
$$(1/(1+0.498B))B\nabla x_{3t} + ((0.255+0.178B)/(1+0.511B))\nabla x_{4t} + \varepsilon_i$$

$$\varepsilon_i = (1/1+0.535B-0.142B^2)v_t$$

（三）协整检验和误差修正

为进一步保证实证结果的准确性，减少波动，必须考虑非平稳序列之间可能存在的协整关系，对序列进行协整关系检验。如果序列之间表现出协整，则建立协整关系下的动态回归模型。进行协整检验构造的回归模型如下：

$$\ln y_t = 8.325 - 0.125\ln x_{1t} + 0.301\ln x_{2t} + 0.006\ln x_{3t} - 0.955\ln x_{4t} + \varepsilon_t$$

其中，估计结果中的 F 统计值为 4.854，P 值为 0.0023（小于 0.01），说明该估计显著。残差序列单位根的检验中，t 值为 -3.822，P 值为 0.008，在 0.01 水平上拒绝原假设，残差序列平稳，残差序列的自相关检验 LM

统计量的 R 值为 1.332，p 值为 0.455，不能拒绝原假设，因此残差不存在序列自相关性。可见，被解释变量和解释变量具有长期稳定的均衡关系。

由于被解释变量和解释变量具有长期关系，进一步地，将协整回归中的误差项视作均衡误差，建立输入输出变量间的误差修正模型来解释序列间的短期波动关系，增强模型的精度。构造的 ECM 模型如下：

$$\nabla y_t = \beta_0 \nabla x_t - \beta_1 ECM_{t-1} + \varepsilon_t,$$

其中，β_1 为误差修正系数，其功能是用来度量误差修正项 ECM_{t-1} 对当期波动的修正力度。

综合协整模型和 ECM 模型，对误差修正的结果如下：

$$\nabla \ln y_t = 0.048 - 0.928 \nabla \ln x_{1t} + 0.299 \nabla \ln x_{2t} - 0.114 \nabla \ln x_{3t} - 1.102 \nabla \ln x_{4t} - 0.688 ECM_{t-1} + \varepsilon_t$$

其中，模拟结果的 F 统计值为 3.899，p 值为 0.008，因此整体估计结果显著。

（四）实证结果分析

通过上文的实证分析，建立的多元动态回归模型如下：

$$\nabla y_t = 0.774 + ((0.514 + 0.901B)/(1 + 0.465B))\nabla x_{1t} + ((0.443 - 0.026B)/(1 - 0.6B))B\nabla x_{2t}$$
$$+ (1/1 + 0.498B)B\nabla x_{3t} + ((0.255 + 0.178B)/(1 + 0.511B))\nabla x_{4t} + \varepsilon_i$$

其中，$\varepsilon_i = (1/1 + 0.535B - 0.142B^2)v_t$。

误差修正模型为

$$\nabla \ln y_t = 0.048 - 0.928 \nabla \ln x_{1t} + 0.299 \nabla \ln x_{2t} - 0.114 \nabla \ln x_{3t} - 1.102 \nabla \ln x_{4t} - 0.688 ECM_{t-1} + \varepsilon_t$$

结果分析如下：上期全球经济对当期国际粮食价格的影响系数为 0.514，再上期的全球经济影响国际粮食价格系数为 0.901，对上期粮食价格的影响系数为 0.465；上期大国粮食价格对当期国际粮食价格的影响系数为 0.443，再上期的大国粮食价格影响粮食价格系数为 -0.026，对上期国际粮食价格的影响系数为 -0.6；能源价格对上期粮食价格的影响系数为 0.498，对当期影响不大；上期汇率对当期粮食价格的影响系数为 0.255，再上期的汇率影响粮食价格系数为 0.178，对上期粮食价格的影响系数为 0.5411。

误差修正模型中，全球经济的短期系数为 -0.928，说明全球经济每增长 1%，带来粮食价格反向 0.928% 的调整；大国粮食价格的短期调整系数为 0.299；能源价格的短期调整为 0.114；汇率的短期调整为 -1.102；ECM_{t-1} 的系数 -0.688 反映了粮食价格短期对长期趋势偏离的调整力度，其绝对值反映了从非均衡恢复到均衡的速度，为了维持实际粮食价格与全球经济、能源价格等因素之间的长期均衡关系，当期对前一期价格与因素间的非均衡状态进行调整，调整速度为 -0.688，使其回到长期趋势。

（五）结论

通过实证结果分析，我们发现，在长期中，全球经济形势和国际粮食价格存在反向调整关系，在短期中，全球经济形势对国际粮食价格也存在反向调整关系。也就是说，全球经济形势在长期和短期内对国际粮食价格都存在相反的作用。在长期中，大国粮食价格对国际粮食价格存在正向调整关系，在短期中，大国粮食价格对国际粮食价格存在正向调整关系，也就是说，短期和长期中，大国粮食价格上涨，国际粮食价格上涨。在长期中，国际能源价格对国际粮食价格存在正向调整关系，在短期中，存在反向调整关系。也就是说，长期中，国际能源价格上涨使得国际粮食价格上涨，短期中，国际能源价格上涨，国际粮食价格下跌。在长期中，汇率影响国际粮价的相同方向波动，短期内，汇率影响国际粮食价格的反向波动。也就是说，美元贬值，导致国际粮食价格在长期中下跌，导致国际粮食价格在短期中升高。

综上所述，本章实证分析了各主要因素对粮食价格的影响，构建了多元动态时间序列模型，对模型各变量进行了设定、取值、平稳性检验、随机性检验等，之后通过各序列的自相关函数与偏自相关函数图对模型进行识别，并对模型进行影响系数估计，并分析了长期均衡方程和误差修正方程。结果表明：全球经济形势、大国粮食价格、国际石油价格、汇率对国际粮食价格的形成都产生显著影响。

第六章　国际粮价波动对中国
粮食安全的影响

　　粮食安全是指确保任何人在任何时候既能买得到又能买得起为了生存和健康所必需的足够食物，其本质是既要保证粮食供应充足又要确保任何人都有能力得到足够的粮食。粮食安全的两个核心要素是粮食供给和粮食获取。国际粮食价格波动对中国粮食安全的影响主要表现为国际粮食价格波动对粮食供给的影响以及国际粮食价格波动对粮食获取的影响。国际粮食价格波动对粮食供给的影响渠道为：国际粮食价格波动对中国国内粮食价格的溢出传导效应，进而影响粮食供给，即国际粮食价格波动通过影响中国国内粮食价格进而影响粮食供给。国际粮食价格波动对粮食获取的影响渠道为：国际粮食价格波动对中国国内粮食价格的溢出传导效应，进而影响粮食获取，即国际粮食价格波动通过影响中国国内粮食价格进而影响粮食获取。国际粮食价格波动是通过国际粮食价格波动对国内粮食价格的溢出传导效应对中国的粮食安全产生影响。要研究国际粮价波动对中国粮食安全的影响，十分重要的是国际粮食价格波动如何影响中国粮食价格，即两个市场之间价格波动的传递关系和影响程度（丁守海，2009）。Chen et al.（2012）指出粮食价格波动造成了粮食价格未来路径的不确定性，增加了贸易信息成本和合同履约机会成本，会对粮食产业产生冲击，因此各国政府提出要干预粮食贸易的相应政策。

　　由此，研究国际粮食价格波动对中国粮食安全的影响就转化为研究

国际粮食价格波动对中国粮食价格的溢出传导效应以及中国粮食价格波动
对中国粮食安全的影响。

第一节　国际粮食价格波动对中国
粮食价格的溢出传导效应

一、研究方法

（一）粮食价格波动的研究方法

粮食价格波动是本文考虑的一个重要方面，本部分主要涉及国际和
中国粮食价格波动问题。在文献中有两种类型的波动性：一是历史（真
实）波动，二是隐含的期货波动。历史波动性基于过去价格的观测值，解
释过去价格的波动情况；隐含的波动更关注未来价格的波动情况。本文仅
关注真实的历史价格波动问题。常见的有下面四种方法：

第一，变异系数

$$CV = \frac{标准差}{均值} = \frac{\sqrt{\dfrac{\sum_{i=1}^{n}\left(P_i - \bar{P}\right)^2}{n}}}{\bar{P}} \tag{6.1}$$

第二，变异系数的修正方法（CCV）

$$CCV = CV\sqrt{\left(1 - R^2\right)} \tag{6.2}$$

其中，R^2 为粮食价格与线性趋势的回归系数。

第三，粮食价格对数形式差分的标准差（SDD）

$$SDD = \sqrt{\mathrm{variance}\left(\ln\frac{P_t}{P_{t-1}}\right)} \tag{6.3}$$

本部分重点阐述第四种方法——HP 滤波方法：

为了正确度量粮价波动，选取 HP 滤波提取波动成分，去趋势法
（Detrending Method）把粮食价格看作是潜在趋势成分和短期波动成分的
某种组合。序列分解方法随着计量方法的发展而不断改进，早期比较常用
的数据分解方法是对时间序列进行一次或二次线性回归，该方法默认经济
变量是趋势稳定的；Nelson and Plosser（1982）认为大多数宏观经济变量

不具有确定性时间趋势，而是具有单位根性质，因而应直接对数据差分或者是进行 Beveridge and Nelson（1981）分解；Hodrick and Prescott（1997）的滤波方法（简称 HP 滤波法）居于两者之间 。HP 分解的概念为在 y_t 中分解出一个平稳序列（随机趋势）TR_t，然后最小化。

$$\sum_{t=1}^{T}\left(y_t - TR_t\right)^2 \tag{6.4}$$

然而，如果只以上述为目标函数，则可设定 $TR_t = y_t$，就能达到最小值，这样没有意义，也造成 TR_t 的波动过大。因此，我们在目标函数中加入一个惩罚项，一般地，时间序列 y_t 中的不可观测部分趋势 TR_t 由下面最小化问题的解来决定：

$$\min \sum_{t=1}^{T}\left\{\left(y_t - TR_t\right)^2 + \lambda\left[c\left(L\right)TR_t\right]^2\right\} \tag{6.5}$$

其中，正实数 λ 表示在分解中长期趋势和周期波动所占的权数，$c(L)$ 是延迟算子多项式。

$$c\left(L\right) = \left(L^{-1} - 1\right) - \left(1 - L\right) \tag{6.6}$$

（6.6）代入（6.5）式后，则 HP 滤波问题就转变为使下面损失函数达到最小，即

$$\min\left\{\sum_{t=1}^{T}\left(y_t - TR_t\right)^2 + \lambda\sum_{t=2}^{T-1}\left[\left(TR_tL^{-1} - TR_t\right) - \left(TR_t - TR_tL\right)\right]^2\right\} \tag{6.7}$$

最小化问题用 $\left[c(L)TR_t\right]^2$ 来调整趋势的变化，并与 λ 的变化呈正向相关关系，但需要在趋势要素对实际序列的跟踪程度和趋势光滑度之间作出权衡。当 $\lambda = 0$ 时，满足最小化问题的趋势等于序列 y_t；λ 增加时，估计趋势中的变化总数相对于序列中的变化减少，即 λ 越大，估计趋势越光滑；当 λ 趋于无穷大时，估计趋势将接近线性函数。

λ 的缺省值如下：

$$\lambda = \begin{cases} 100, & \text{年度数据} \\ 1600, & \text{季度数据} \\ 14400, & \text{月度数据} \end{cases} \tag{6.8}$$

（二）国际粮食价格波动对中国粮食价格波动影响的研究方法

研究国际粮食价格波动对中国粮食价格波动影响的常见方法有三个：一是简单相关系数方法，往往涉及两个价格变量之间的关系，利用两个国家（或地区）市场间价格序列的相关系数，来度量价格的关联程度，其相关系数越高，说明关联性或整合强度越大。在相关系数法文献中，Lele（1967）的研究具有开创性，他考察了国内市场的整合程度，选用的指标是印度各地高粱市场价格序列的相关系数。此后，Thakur（1974）等人也沿用 Lele 的做法进行了研究。相关系数法是一种静态方法，优点是简便易用，缺点是难以控制通货膨胀等共同趋势的影响，由此，运用两个市场间的相关系数来衡量市场间的整合程度仍存在一定缺陷。高帆和龚芳（2012）的研究结果表明：国内不同粮食品种对外部价格呈现出一致的反应，同时，国内不同粮食品种的价格变动也具有显著的相关性。

二是 Ravallion 模型，该方法由 Ravallion（1986）率先提出。它首先根据单一价格法则（Law of One Price）假设国内（或国外）的粮食价格是国外（或国内）价格的线性函数，再根据动态修正原理引入国内外价格的滞后项，两个市场间的整合强度则由各项系数来判断。这个模型需要满足一个较强的前提假设，即需要假设某一市场对另一市场的价格具有决定作用，而事实上，这种市场结构可能是不存在的，这也是它的一个主要缺陷。

三是协整方法，该方法的实质就是利用协整分析技术检验市场间的价格协整关系。如果协整关系是存在的，则说明市场是整合的。最初，检验方法主要是用 Engle-Granger 两步法，所能检验的也只是长期整合关系（Alexander and Wyeth，1994）。之后，Dercon（1995）在误差修正模型的基础上提供了一种改进方法，改进之后，不但能够检验长期整合关系，而且能够检验短期整合关系。自此，这种方法也得到了广泛应用。但和 Ravallion 模型一样，该方法同样需要一个比较强的假设前提，即假设两个市场间存在价格决定关系。另外，受制于 Engle-Granger 方法，它的适用范围具有一定的局限性，只能考察两个市场的整合关系，而不能进行多个市场整合关系的分析。Gonzalez et al.（2001）在考察巴西大米市场时，通过设计一种不同于 Cholesky 分解的基于系统范畴（System-Wide）的冲击信号，然后考察各市场对冲击响应的衰竭时间长短来判定市场整合程度。高帆和龚芳（2012）的研究结果表明，整体上国际国内粮价存在 1—5 个月的传导时滞。贸易传导和信息诱发是国际粮价影响国内粮价的两种基本方式，当前国际价格首先借助贸易或汇率渠道的直接传导效应对国内大豆价格产生影响，其后国内大豆价格借助替代效应等信息诱发渠道影响其他品种和整体粮价波动。顾国达和尹靖华（2014）采用 1992—2011 年的年度数据，研究国际粮价波动对粮食缺口的影响，结果表明：假定其他条件不变，国际小麦、稻米价格波动增加将导致我国小麦缺口增加，稻米缺口下降；国际大豆价格波动增加，通过影响大豆出口和进口收益，分别使国内大豆缺口扩大和缩小；国际玉米价格波动对国内玉米缺口的贸易传导途径和效应不显著。肖小勇、李崇和光李剑（2014）运用 VEC-BEKK-GARCH（1，1）模型，结果表明国际粮食价格对中国粮食价格存在显著的均值溢出效应，大豆国内外价格间存在双向波动溢出效应，大米、小麦和玉米国际价格对国内价格不存在波动溢出效应。

　　为了定量分析国际粮价波动对中国粮食价格的影响，选择两个层面进行分析，一是从整体角度分析，二是从多国角度进行分析。

二、国际粮价波动对中国粮食价格的影响——整体分析

（一）数据来源

　　为验证国际粮价波动如何影响中国粮食价格，选取 2005 年 1 月到 2013 年 12 月共 108 个样本数据进行估计，资料来源于《中国农产品价格调查年鉴》（2014）p.147—181，《中国农产品价格调查年鉴》（2011）p.155—189。选取的国内粮食品种为籼稻、粳稻、小麦、玉米、大豆、籼米、粳米，从图 6.1 可以看出，除了大豆的价格在 2008 年有一个较大波动外，中国分品种粮价大致趋势是相同的。为了从整体上评估粮食价格，选取六种谷物的平均值。国际粮价来源于联合国粮农组织（http：//www.

fao.org/economic/est/prices），小麦价格采用 1 号硬红冬麦（普通蛋白质）FOB 墨西哥湾每公吨美元价；玉米价格采用 2 号美国黄玉米 FOB 墨西哥湾每公吨美元价；大米价格采用 5% 破损率精白米泰国名义每公吨美元价；大豆价格采用美国大豆芝加哥大豆期货合约 2 号黄豆票面每公吨美元价。为了体现整体国际粮价的波动选取了平均值，国际原油价格指数来自 IMF（http：//www.imf.org/external/np/res/commod/index.aspx）。贸易指数是用来衡量相对于进口而言，一个国家在一定时间范围内的出口盈利能力或贸易利得的重要指标，选取的贸易指数来源于 CEIC 数据库（http：//www.ceicdata.com/）。气温指标和降雨量数据来源于《中国统计年鉴》（2006—2014）（http：//www.stats.gov.cn/tjsj/ndsj/）。

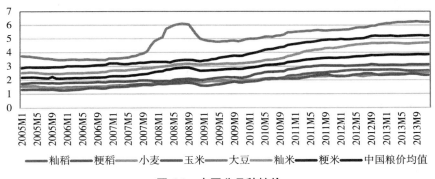

图 6.1　中国分品种粮价

（二）实证结果

为了保证估计结果不存在伪回归问题，首先对所选变量进行了单位根 ADF 检验，对文中中国粮价波动、世界粮价波动进行了 HP 滤波分解（见图 6.2 和图 6.3），这里的取值为 14400。

然后，根据 HP 滤波的结果得到波动成分，对于气温和降雨量为了体现其变化对于中国粮食价格是否具有影响，也选择 HP 滤波方法进行。

时间序列变量的平稳性的 ADF 检验结果见表 6.1。

根据表 6.1 可以看出，选取的变量都是平稳序列，在利用时间序列回归时可不考虑伪回归问题。

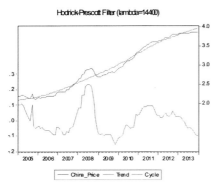

图 6.2　中国粮价波动的 HP 滤波

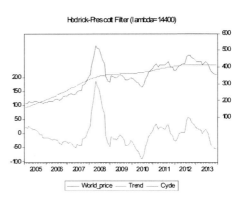

图 6.3　世界粮价波动的 HP 滤波

　　进而，以中国粮价波动为被解释变量，以世界粮价波动、原油价格、进口贸易指数、气温指标和降雨量指标进行回归分析，回归结果如表 6.2。

表 6.1　单位根检验

变量	检验类型 (c，t，p)	t 值	5% 临界值	1% 临界值	是否平稳
中国粮价波动	(0，0，1)	− 2.3220**	− 1.9439	− 2.5870	是
世界粮价波动	(0，0，2)	− 3.9621***	− 1.9439	− 2.5872	是
原油价格	(1，1，1)	− 3.6327**	− 3.4528	− 4.0469	是
进口贸易指数	(1，1，2)	− 4.9195***	− 3.4532	− 4.0478	是
气温指标	(1，1，10)	− 4.5829***	− 3.4568	− 4.0554	是
降雨量指标	(0，0，6)	− 10.1116***	− 1.9440	− 2.5881	是

注：*，**，*** 分别表示通过了 10%，5% 和 1% 的显著性水平检验。

表 6.2　国际粮价波动对中国粮价波动的影响

	模型 1	模型 2
常数项	− 0.0401*** （− 1.933871）	− 0.0471** （− 2.3799）
世界粮食波动	0.0014*** （11.6497）	0.0008** （2.5212）

续表

	模型 1	模型 2
世界粮食波动滞后一期		1.25E−05 (0.0254)
世界粮食波动滞后二期		0.0008** (2.5313)
原油价格	0.0004 (1.5735)	0.0004* (1.7096)
贸易指数	4.36E−05 (0.9027)	5.55E−05 (1.1760)
气温指标	−1.83E−05 (−0.0148)	0.0005 (0.4330)
降雨量指标	1.18E−06 (0.1553)	−2.25E−06 (−0.3316)

从表 6.2 可以看出，模型 1 中世界粮食波动对中国粮食波动的影响是显著为正，说明世界粮价波动与中国粮价波动是同方向的，但原油价格、进口贸易指标、气温指标和降雨量指标并没有对中国粮价有显著的影响；为了进一步研究世界粮价对中国粮食价格波动的影响，选取模型 2，即考虑世界粮价波动的滞后期估计。从估计结果可以看出，世界粮价波动仍然与中国粮价波动有正向作用，其数值略有下降，而且可以看出滞后两期的世界粮价波动对中国粮价波动仍然具有正向作用，原油价格的影响在模型 2 中是显著为正的，说明原油价格可能会通过贸易成本等影响中国粮食价格，其余变量仍然不具有显著性。

为了进一步分析国际粮价波动如何影响中国粮价，考虑美国黄玉米、泰国 5% 破损率大米价格，美国大豆和 1 号硬红冬麦的价格波动如何影响中国粮价，考虑表 6.3 中模型 a—模型 e 五个模型。

从表 6.3 的模型 a—模型 e 可以看出，从分品种和同时考虑 4 种品种国际粮价波动与中国粮食价格的关系，都是同方向的关系，且通过显著性水平检验。原油价格从分品种上看会对中国粮食价格产生影响，其余的指标影响不显著。

表 6.3　分品种世界粮价波动对中国粮价波动的影响

	模型 a	模型 b	模型 c	模型 d	模型 e
常数项	-0.0574^{***} (-2.5911)	-0.1019^{***} (-4.1361)	-0.0630^{***} (-2.6621)	-0.0712 (-2.7933)	-0.0328 (-1.5950)
美国黄玉米	0.0018^{***} (9.9382)				0.0010^{***} (3.8687)
泰国大米		0.0005^{***} (6.6439)			0.0003^{***} (4.1338)
美国大豆			0.0010^{***} (8.6692)		$8.48E-05$ (0.4338)
1 号硬红冬麦				0.0011^{***} (7.2014)	0.0004^{**} (2.2023)
原油价格	0.0005^{**} (1.8289)	0.0013^{***} (4.4464)	0.0006^{**} (2.1265)	0.000737^{**} (2.2529)	0.0003 (0.9932)
贸易指数	0.0001^{**} (1.8847)	$-6.05E-05$ (-0.9917)	$7.07E-05$ (1.2475)	$7.36E-05$ (1.1993)	$7.79E-05$ (1.5810)
气温指数	-0.0001 (-0.0906)	-0.0009 (-0.5431)	0.0005 (0.3256)	-0.000289 (-0.1877)	$-5.29E-05$ (-0.0435)
降雨量指数	$5.25E-06$ (0.6379)	$4.79E-06$ (0.4960)	$-4.67E-06$ (-0.5261)	$9.18E-06$ (0.9762)	$4.14E-06$ (0.5363)

对国际粮价波动与中国粮价波动进行 Granger 因果关系检验（Granger Causality Test）。它是用来解释变量间是 Granger 因（Granger cause）、不是 Granger 因（does not Granger cause）、互为 Granger 因，或两者无任何关系。但首先要检验变量是否为平稳（stationary），根据前面分析所选变量均为平稳性序列，则可用向量自回归模型（Vector Autoregressive Model，VAR），但这只检验变量间的长期关系。再以 Granger 因果检验方法判断模型的因果性。结果见表 6.4。

从表 6.4 可以看出，世界粮价波动是中国粮价波动的 Granger 因，但是在 5% 的显著性水平上，中国粮价波动并不是世界粮价波动的 Granger

因；从分品种来看，美国黄玉米和泰国 5% 破损率大米的价格波动与中国
粮价波动之间存在互为因果的关系，美国大豆和 1 号硬红冬麦价格波动是
中国粮价波动的 Granger 因，但是中国粮价波动并不是美国大豆和 1 号硬
红冬麦价格波动的 Granger 因。

表 6.4　国际粮价波动与中国粮价波动的 Granger 因果检验

原始假设	样本量	F 统计值	P 值
国际粮价波动不是中国粮价波动的 Granger 原因	106	15.5407	1.E－06
中国粮价波动不是国际粮价波动的 Granger 原因		2.76382	0.0678
PMAIZMT 波动不是中国粮价波动的 Granger 原因	106	7.62831	0.0008
中国粮价波动不是 PMAIZMT 波动的 Granger 原因		3.13148	0.0479
PRICENPQ 波动不是中国粮价波动的 Granger 原因	106	3.63156	0.0300
中国粮价波动不是 PRICENPQ 波动的 Granger 原因		4.45761	0.0140
PSOYB 波动不是中国粮价波动的 Granger 原因	106	13.9303	5.E－06
中国粮价波动不是 PSOYB 波动的 Granger 原因		1.61487	0.2040
PWHEAMT 波动不是中国粮价波动的 Granger 原因	106	12.5536	1.E－05
中国粮价波动不是 PWHEAMT 波动的 Granger 原因		0.52649	0.5923

注：美国黄玉米为 PMAIZMT，泰国 5% 破损率大米价格为 PRICENPQ，美国大豆为 PSOYB，1
　　号硬红冬麦为 PWHEAMT。

　　上述回归分析和 Granger 因果检验说明变量间存在的关系，下面运用
脉冲响应分析揭示国际粮价波动对中国粮价波动影响传导的时滞性，选用
的方法为正交化的脉冲响应函数，它是以 Cholesky 分解得到的，选取的
时间跨度为 24 期（24 个月），研究中国粮价波动对国际粮价波动的脉冲
响应，见图 6.4。这里的脉冲响应反映了随机扰动项的一个标准差冲击对
于内生变量即期和远期取值的影响，揭示出模型中内生变量之间相互取值
的动态关系。国际粮价波动的冲击对中国粮价波动具有正向作用，且在第
4 期达到最大值 0.022 的幅度，之后影响的程度在逐渐下降，但都是正向
关系。

　　本节利用 2005 年 1 月至 2013 年 12 月的 108 个月度数据分析国际粮

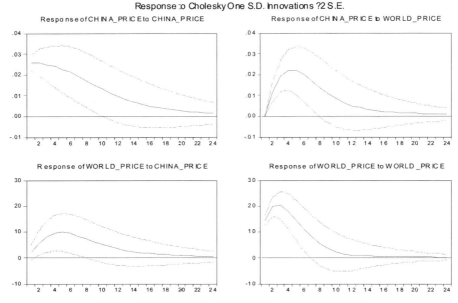

图 6.4　世界粮价波动与中国粮价波动的脉冲响应图

价波动对中国粮食价格的波动溢出效应。首先采用 HP 滤波方法提取价格波动成分，之后实证结果显示国际粮价波动对中国粮价波动的影响是正向显著的，且通过国际粮价分品种的波动研究结果显示国际粮价波动对中国粮价波动的影响是正向的关系，然后进行了 Granger 因果关系检验，结果表明国际粮价波动是中国粮价波动的 Granger 因，而中国粮价波动并不是国际粮价波动的 Granger 因。

三、国际粮价波动对中国粮价波动的 SVAR 分析——多国分析

（一）研究模型与方法

结构向量自回归（Structural VAR，SVAR）模型已经成为实证宏观经济学分析重要的工具之一。Sims（1980），Shapiro and Watson（1988）对 SVAR 模型进行了早期研究，但自从 Blanchard and Quah（1989）在 SVAR 模型中引进长期约束条件、Gali（1992）引入长期约束和短期约束来识别经济冲击中的永久性冲击和暂时冲击后，SVAR 模型被广泛运用于宏观经

济波动、货币政策、财政政策的动态效应等相关宏观问题的实证分析。

SVAR（p）模型，把它的表达式写成滞后算子形式：

$$D(L)y_t = Be_t \tag{6.9}$$

其中，$y_t \in R^K$，$e_t \sim WN(0, I)$ 为结构性冲击（Structural Shocks），每个分量是个白噪声序列，要求结构性冲击之间无相关性。$D(L) = I - D_0 - D_1 L - \cdots - D_p L^P$ 是一个关于滞后算子的多项式；y_t 表示 n 个内生变量组成的向量，而在本文中 y_t 含有 8 个变量，它们分别为阿根廷小麦价格的差分、澳大利亚小麦价格的差分、加拿大小麦价格的差分、中国小麦价格的差分、欧盟（以英国为例）小麦价格的差分、美国小麦价格的差分、俄罗斯小麦价格的差分和印度小麦价格的差分。分别记为 darg_p，daustlia_p，dcan_p，dchina_p，duk_p，dusa_p，drussia_p，dindia_p，而结构扰动项分别由阿根廷小麦价格的冲击、澳大利亚小麦价格的冲击、加拿大小麦价格的冲击、中国小麦价格的冲击、欧盟（以英国为例）小麦价格的冲击、美国小麦价格的冲击、俄罗斯小麦价格的冲击和印度小麦价格的冲击。

式（4.9）可以改写为：

$$y_t = D_0 y_t + D_1 y_{t-1} + \cdots + D_p y_{t-p} + Be_t \tag{6.10}$$

即 $(I - D_0)y_t = D_1 y_{t-1} + \cdots + D_p y_{t-p} + Be_t$

$$\begin{aligned} y_t &= (I - D_0)^{-1} D_1 y_{t-1} + \cdots + (I - D_0)^{-1} D_p y_{t-p} + (I - D_0)^{-1} Be_t \\ &= \Phi_1 y_{t-1} + \cdots + \Phi_p y_{t-p} + \varepsilon_t \end{aligned} \tag{6.11}$$

这里，$\Phi_j = (I - D_0)^{-1} D_j, \varepsilon_t = (I - D_0)^{-1} Be_t$

$$\begin{aligned} \Sigma_\varepsilon &= E\left[\big(\varepsilon_t - E(\varepsilon_t)\big)\big(\varepsilon_t - E(\varepsilon_t)\big)' \right] \\ &= E\left(\varepsilon_t \varepsilon_t' \right) \\ &= E\left[(I - D_0)^{-1} Be_t e_t' B' (I - D_0)^{-1'} \right] \\ &= (I - D_0)^{-1} BB' (I - D_0)^{-1'} \end{aligned} \tag{6.12}$$

可以对 Σ_ε 进行 Choleski 分解，即

$$\Sigma_\varepsilon = CC' \tag{6.13}$$

这里，$C = (I - D_0)^{-1} B$，所以 D_0 和 B 可以识别，进一步可以求出：

$$D_j = (I - D_0)\Phi_j \tag{6.14}$$

$$e_t = B^{-1}(I - D_0)\varepsilon_t \tag{6.15}$$

将式（6.11）改写为：

$$\begin{aligned} y_t &= (I - D_0)^{-1}D_1 y_{t-1} + \cdots + (I - D_0)^{-1}D_p y_{t-p} + (I - D_0)^{-1}Be_t \\ &= \Phi_1 y_{t-1} + \cdots + \Phi_p y_{t-p} + Ge_t \end{aligned} \tag{6.16}$$

则可以写出第 i 个变量对第 j 个变量结构性冲击的脉冲响应函数（Impulse Response Function，IRF）：

$$\Psi_s = \frac{\partial y_{it+s}}{\partial e_{jt}} = \frac{\partial y_{it}}{\partial e_{jt-s}} \tag{6.17}$$

这里 s 表示时间。脉冲响应函数是研究 SVAR 模型中变量如何因外生冲击 e_j，随着时间 s 的动态变化。

如果 $D(L)$ 可逆，可将式（6.9）改写为 SVMA（∞）模型

$$y_t = D(L)^{-1} Be_t = A(L)Be_t = A_0 Be_t + A_1 Be_{t-1} + \cdots \tag{6.18}$$

这样 T+h 期的可写为

$$\begin{aligned} y_{T+h} &= A_0 Be_{T+h} + A_1 Be_{T+h-1} + \cdots \\ &= \sum_{s=0}^{h-1} A_s Be_{T+h-s} + \sum_{s=h}^{\infty} A_s Be_{T+h-s} \end{aligned} \tag{6.19}$$

这样可进行方差分解

$$Var(\text{预测误差}) = Var[y_{T+h} - E_T(y_{T+h})]$$

（二）数据来源及描述性统计

数据来源于联合国粮农组织、美国国家农业统计局（National Agricultural Statistics Service，NASS）和历年《中国农产品价格调查年鉴》等，数据范围为 2006 年 1 月至 2013 年 12 月，包括 8 个国家（阿根廷、澳大利亚、加拿大、中国、欧盟（以英国为例）、美国、俄罗斯和印度）的月度小麦价格（同前）。变量的变化图见图 6.5，描述性统计见表 6.5。

从图 6.5 可以看出，小麦价格的波动具有较强的一致性。

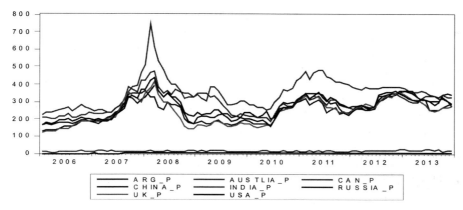

图 6.5 8 个国家的小麦价格

表 6.5 变量的描述性统计

	样本量	均值	最大值	最小值	标准差
ARG_P	94	262.4976	395.0000	133.2000	66.8820
AUSTLIA_P	94	298.3429	474.9000	184.9600	56.2227
CAN_P	94	343.4521	743.6200	203.0300	91.4893
CHINA_P	94	1.9963	2.5700	1.4500	0.3494
INDIA_P	94	16.2986	30.9300	8.0000	4.4896
RUSSIA_P	94	248.3417	365.0000	163.7383	63.5869
UK_P	94	241.1585	413.2524	122.5000	71.6143
USA_P	94	268.6049	439.7200	157.6700	64.3492

（三）实证分析

1.单位根检验

对于时间序列进行回归分析，需要进行单位根检验以判断序列的平稳性，选取 ADF 检验判断序列的平稳性，检验结果见表 6.6。结果表明 8 个变量都为一阶平稳序列 I（0）过程，即在进行 SVAR 模型判断时，应该选取差分形式进行。

表 6.6 变量的单位根检验

变量	检验方程 (c, t, p)	ADF 统计量	P 值	ADF 检验临界值		
				1% 的显著水平	5% 的显著水平	10% 的显著水平
arg_p	(1, 0, 2)	−1.6894	0.4331	−3.5065	−2.8947	−2.5845
austlia_p	(1, 0, 0)	−2.2198	0.2007	−3.5007	−2.8922	−2.5832
can_p	(1, 0, 0)	−2.1568	0.2235	−3.5007	−2.8922	−2.5832
china_p	(0, 0, 0)	5.5136	1.0000	−2.5895	−1.9442	−1.6145
uk_p	(1, 0, 1)	−2.5347	0.1106	−3.5014	−2.8925	−2.5834
usa_p	(1, 0, 1)	−2.3730	0.1521	−3.5014	−2.8925	−2.5834
russia_p	(1, 0, 1)	−2.1491	0.2263	−3.5014	−2.8925	−2.5834
india_p	(0, 0, 2)	−0.1870	0.6162	−2.5901	−1.9443	−1.6145
darg_p	(0, 0, 1)	−6.5829	0.0000	−2.5915	−1.9445	−1.6143
daustlia_p	(0, 0, 0)	−8.5181	0.0000	−2.5898	−1.9443	−1.6145
dcan_p	(0, 0, 0)	−8.7269	0.0000	−2.5898	−1.9443	−1.6145
dchina_p	(0, 0, 0)	−6.0992	0.0000	−2.5898	−1.9443	−1.6145
duk_p	(0, 0, 0)	−6.2095	0.0000	−2.5898	−1.9443	−1.6145
dusa_p	(0, 0, 0)	−7.7531	0.0000	−2.5898	−1.9443	−1.6145
drussia_p	(0, 0, 0)	−7.8492	0.0000	−2.5898	−1.9443	−1.6145
dindia_p	(0, 0, 1)	−12.7075	0.0000	−2.5901	−1.9443	−1.6145

2. SVAR 模型估计的滞后期选择

进行 SVAR 模型的估计，需要进行滞后期 p 的确定，选择三个标准选择合适的滞后期，判断结果见表 6.7，滞后期的选择 1 期或者 2 期。

表 6.7 SVAR 模型滞后期的选择

变量	变量	滞后期	AIC	SC	HQ
darg_p	dchina_p	2	3.7840	4.0906	3.9065
daustlia_p	dchina_p	1	4.2700	4.3267	4.2928
dcan_p	dchina_p	1	5.2367	5.4067	5.3052

续表

变量	变量	滞后期	AIC	SC	HQ
duk_p	dchina_p	1	3.9027	4.0727	3.9712
dusa_p	dchina_p	1	4.1855	4.3556	4.2540
drussia_p	dchina_p	2	3.9955	4.2789	4.10960
dindia_p	dchina_p	2	0.6730	0.9564	0.7871

注：AIC：Akaike information criterion；SC：Schwarz information criterion；HQ：Hannan-Quinn information criterion。

3. 脉冲响应函数

脉冲效应函数，描述的是一个内生变量对来自另一内生变量一个单位的冲击所产生的响应，提供受到冲击时系统响应的方向、调整时滞和稳定趋势等。相应的脉冲响应函数图像可以直观地显示出某个变量的冲击出现后，其他变量对此冲击的响应和动态调整情况。

各图中横轴表示滞后期数，纵轴为响应程度。"Respsonse of DCHINA_P to DARG_P"表示差分形式的中国小麦价格对差分形式的阿根廷小麦价格的响应函数，其他以此类推。

实证结果显示：（1）中国小麦价格对阿根廷、澳大利亚、加拿大、欧盟（以英国为例）、美国、俄罗斯的冲击是正向的影响，即这6个国家的小麦价格变动对中国小麦价格是正向冲击，而且2—4期的冲击最大，达到最大幅度；（2）中国小麦价格对印度小麦价格的冲击具有复杂性，这可能与中印在地理区位上具有邻近性，两者之间的关系受多方面因素影响所致。

4. 方差分解

利用SVAR模型进行方差分解的结果反映的是某一变量变动所导致的另一变量变动的贡献度的大小，从而可以对相对影响大小，即影响强度进行更为有效的刻画，达到一种定量测度。具体地，可以通过方差分解结果，刻画出以小麦价格为例国际粮食价格变动对中国粮食价格影响程度的相对大小，即可理解为贡献率的定量衡量。

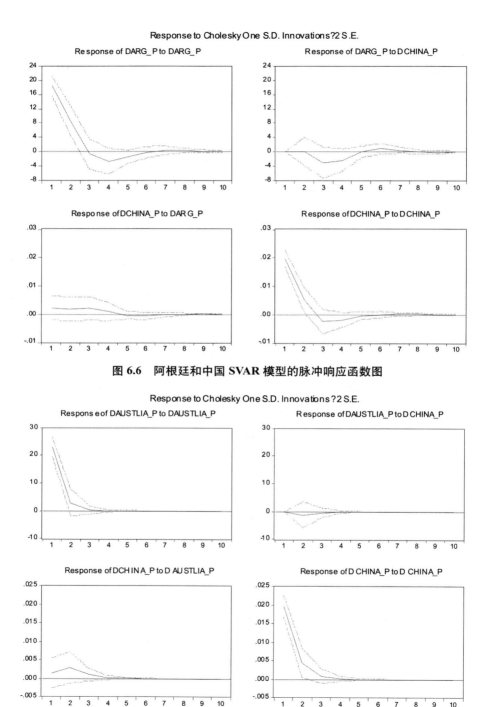

图 6.6　阿根廷和中国 SVAR 模型的脉冲响应函数图

图 6.7　澳大利亚和中国 SVAR 模型的脉冲响应函数图

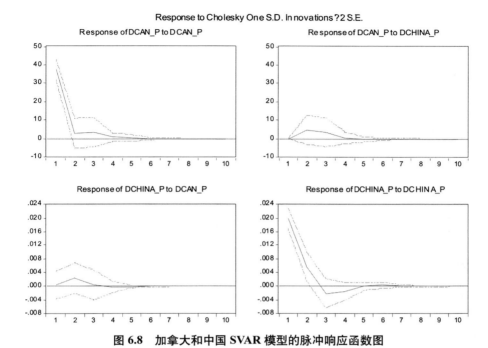

图 6.8　加拿大和中国 SVAR 模型的脉冲响应函数图

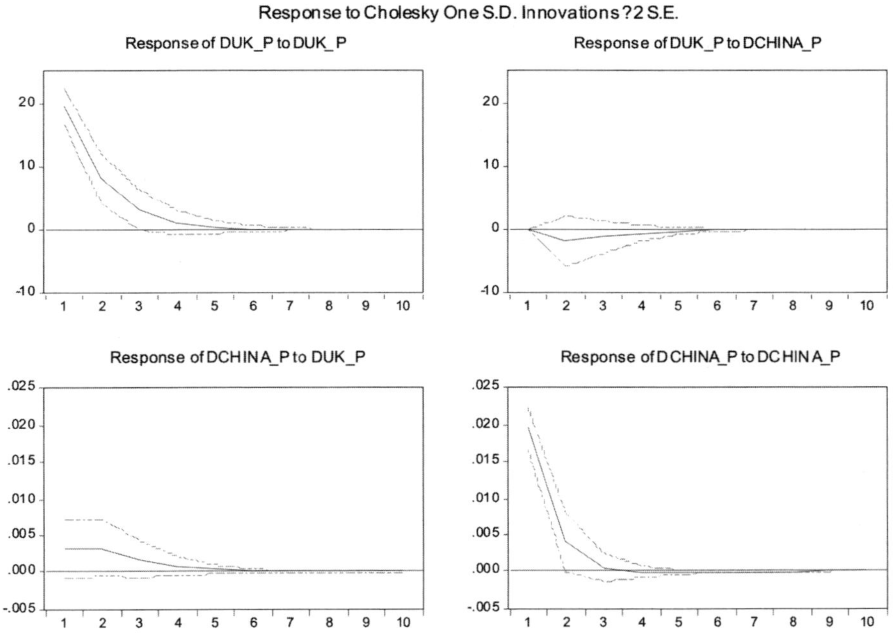

图 6.9　欧盟（以英国为例）和中国 SVAR 模型的脉冲响应函数图

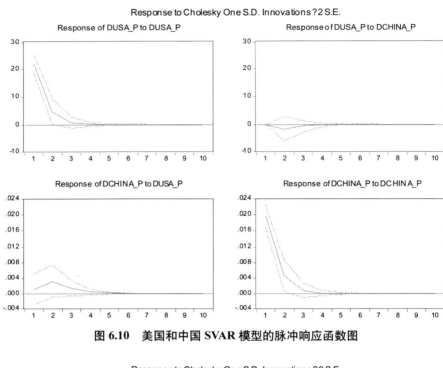

图 6.10　美国和中国 SVAR 模型的脉冲响应函数图

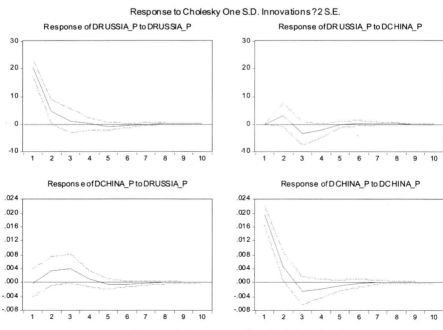

图 6.11　俄罗斯和中国 SVAR 模型的脉冲响应函数图

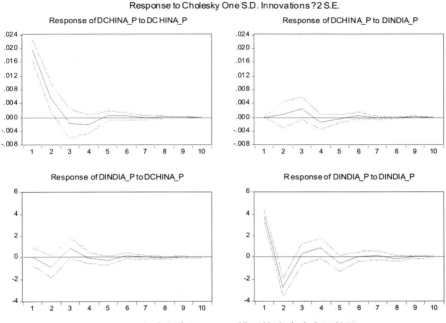

图 6.12　印度和中国 SVAR 模型的脉冲响应函数图

方差分解的结果见图 6.13—图 6.19，结果显示：小麦价格受到本国的影响程度是最高的，其余国家对中国小麦价格影响相对不超过 10%。

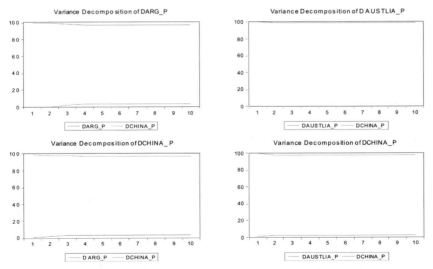

图 6.13　阿根廷和中国小麦价格 SVAR 模型的方差分解　　**图 6.14　澳大利亚和中国小麦价格 SVAR 模型的方差分解**

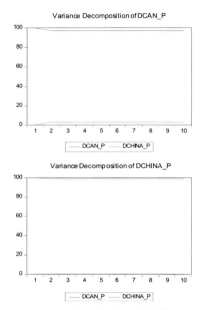

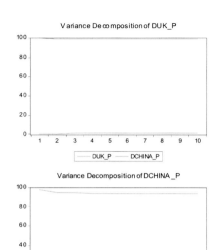

图 6.15　加拿大和中国小麦价格 SVAR 模型的方差分解

图 6.16　欧盟和中国小麦价格 SVAR 型的方差分解

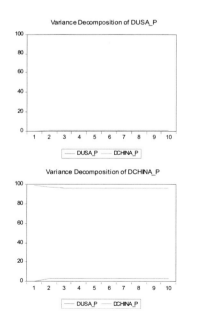

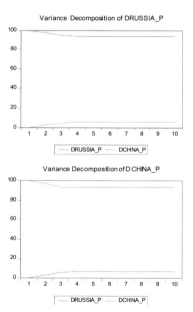

图 6.17　美国和中国小麦价格 SVAR 型的方差分解

图 6.18　俄罗斯和中国小麦价格 SVAR 模型的方差分解

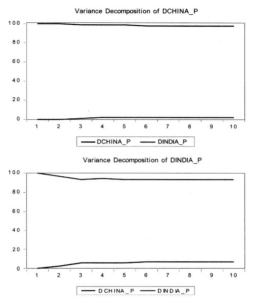

图 6.19　印度和中国小麦价格 SVAR 模型的方差分解

5. 结论

　　基于 SVAR 模型，使用 2006 年 1 月至 2013 年 12 月的月度数据，以小麦价格为例研究国际粮价如何影响中国粮食价格，进而对粮食安全产生影响。结果显示，粮食价格序列本身都是非平稳的数据，所以考虑以差分形式进行 SVAR 模型的估计和推断，同时差分模型在一定程度上可以体现波动性。通过脉冲响应函数和方差分析发现：多数国家粮食价格的冲击与中国粮食价格呈现正向影响，我国在粮食安全政策制定方面必须考虑国际粮价的影响，以应对外来冲击可能对中国的影响；此外，进行的方差分解结果表明，在应对粮食安全方面应立足于本国，本国价格的相对贡献度是最高的，国际粮价的影响相对贡献度在 10% 以下。

第二节　中国粮食价格波动对中国粮食安全的影响

　　改革开放以来，中国农业获得了巨大成功，农业增加值由 1978 年的 1027.5 亿元增加到 2013 年的 56966 亿元，乡村人口占总人口从 1978 年的

82.1% 下降到 2013 年的 46.3%，农村居民纯收入统计从 1978 年的 133.6 元 / 人上升到 2013 年的 8895.9 元 / 人，以占世界 7.59% 的耕地养活了 19.18% 的人（WDI，2014），保障其粮食安全对于经济发展和社会稳定具有至关重要的影响。

一、中国粮食价格波动对粮食自给率的影响

借鉴唐华俊（2014）定义的粮食自给率：粮食自给率 = 产量 / (产量 + 净进口) ×100%。通常认为粮食自给率在 100% 以上属于完全自给；在 95%—100% 之间属于基本自给；在 90%—95% 之间，粮食安全水平尚可接受；一旦小于 90%，粮食供求风险随之增大。根据历年《中国农业发展报告》数据 p.155—184，将计算的粮食自给率减去 95%，可以得到图 6.20。

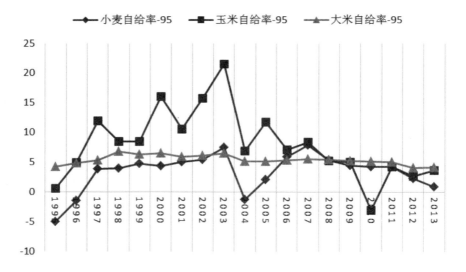

图 6.20　小麦、玉米和大米的粮食自给率

从图 6.20 可以看出，从 1995—2003 年自给率虽有波动，但趋势是上升的，但从 2003 年之后小麦、玉米的自给率有下降的趋势。整体来看，中国粮食安全处于相对较安全的范围，但是我们也不能忽略粮食安全的形势的严峻性，本部分着重研究中国粮食价格波动如何影响粮食安全。

首先，选取的粮食价格为白小麦市场价（三等）、玉米批发价（二等）、早籼米批发价、晚籼米批发价、粳米批发价，然后对粮食价格进行了 HP 滤波分析，得到其波动成分，最后对所有的变量进行平稳性检验，检验结果如下表 6.8。

表 6.8　ADF 单位根检验

变量	检验方程 (c, t, p)	ADF 统计量	P 值	ADF 检验临界值		
				1% 的显著水平	5% 的显著水平	10% 的显著水平
小麦自给率	(c, 0, 0)	-3.7017	0.0137	-3.8574	-3.0404	-2.6606
玉米自给率	(c, 0, 0)	-3.3087	0.0965	-4.5716	-3.6908	-3.2869
大米自给率	(1, 0, 0)	-2.9239	0.1784	-4.5716	-3.6908	-3.2869
白小麦市场价（三等）HP	(0, 0, 0)	-2.9998	0.0051	-2.7081	-1.9628	-1.6061
玉米批发价（二等）HP	(0, 0, 0)	-3.8686	0.0007	-2.7081	-1.9628	-1.6061
早籼米批发价 HP	(0, 0, 0)	-3.4760	0.0017	-2.7081	-1.9628	-1.6061
晚籼米批发价 HP	(0, 0, 0)	-3.3558	0.0022	-2.7081	-1.9628	-1.6061
粳米批发价 HP	(0, 0, 0)	-2.7927	0.0096	-2.7719	-1.9740	-1.6029

注：价格后的 HP 表示进行了 HP 滤波，这里 l=100。

从表 6.8 可以看出，7 个变量通过了 10% 的显著性水平检验，大米自给率的 ADF 检验的 P 值为 0.1784，可近似认为通过了显著性水平检验，结果说明我们利用数据建立模型可以避免伪回归问题。

考虑以小麦、玉米和大米的粮食自给率为被解释变量，以白小麦市场价（三等）、玉米批发价（二等）、早籼米批发价、晚籼米批发价、粳米批发价的 HP 滤波度量的波动成分为解释变量建立模型，研究中国粮价波动对粮食安全的影响，检验结果见表 6.9。

在进行回归分析时，考虑了序列相关性等问题，对于存在序列相关的模型采取 ARMA Maximum Likelihood（OPG-BHHH）估计，检验结果说明除小麦自给率方程外，其余方程都存在序列相关性问题，因此采取上述方法估计模型。估计结果表明：（1）小麦价格波动越大将对粮食自给率产生不利影响，对于国家而言，应制定相应的响应机制，应对粮食价格波动对粮食安全带来的影响；（2）玉米批发价格波动对于玉米自给率也是负向影响，且具有显著性；（3）大米价格波动对于大米自给率虽然实证结果是负值，但是并不具有显著性的影响。

表 6.9　中国粮价波动对中国粮食安全影响的回归分析

	小麦自给率	玉米自给率	大米自给率		
常数项	98.8067*** (256.4852)	103.1423*** (60.8045)	100.3055*** (213.5004)	100.4255*** (574.3068)	100.2092*** (170.8126)
白小麦市场价（三等）HP	−0.0135*** (−4.9965)				
玉米批发价（二等）HP		−0.0223* (−1.9607)			
早籼米批发价 HP			−0.0012 (−1.0562)		
晚籼米批发价 HP				−0.0024 (−1.6110)	
粳米批发价 HP					−0.0010 (−1.3349)
AR（1）		0.4137* (1.9528)	0.6633 (1.6540)	0.6741 (1.7144)	0.7853 (1.7645)
R²	0.6094	0.4147	0.5562	0.5439	0.5497
DW 值	1.5538	2.0722	1.8216	1.8001	1.9159

注：*，**，*** 分别表示通过 10%、5% 和 1% 的显著性水平检验。

二、中国粮食价格波动对粮食供给的影响

为了研究中国粮食价格波动对粮食供给的影响，基于 1995—2013 年白小麦市场价（三等）、玉米批发价（二等）、早籼米批发价、晚籼米批发价、粳米批发价，然后对粮食价格进行 HP 滤波分析，得到其波动成分，作为中国粮食价格波动的测度指标，粮食供给采用粮食生产量，粮食总的供给采取三种粮食作物的和，粮食平均价格是上述品种的均值。

首先选取 ADF 检验对供给变量和平均价格变量进行平稳性检验，检验结果见表 6.10。

表 6.10 结果表明小麦的供给量为 $I(0)$ 序列，玉米、大米及粮食的供给量是非平稳序列，是 $I(1)$ 过程，而粮食波动的指标是 $I(0)$ 序列。若直接进行回归分析，将存在伪回归（spurious regression）问题。现有文献大多以协整（cointegration）处理变量的非平稳序列问题，并通过误差修正模型来描述变量间长短期动态调整关系。但由于粮食价格波动的指标为 $I(0)$，而粮食供给量的指标都是 $I(1)$，故无法使用 Engle and Granger（1987）的方法，在变量具有相同的单整阶次前提下进行协整分析。本部分引用 Pesaran and Shin（1995）所提出的以一般最小平方法为基础的自回归分布滞后模型（Autoregressive Distributed Lag，ARDL）方法了解变量间的短期动态与长期均衡关系，此方法优点有：一是不需考虑变量的单整阶次，$I(0)$ 与 $I(1)$，$I(1)$ 与 $I(1)$ 都可以；二是改善数据为小样本之下的检验势低的问题等。倘若变量间存在长期均衡关系，便可利用误差修正模型分析变量间的长期均衡调整与短期动态调整关系。在使用 ARDL 模型前利用 Pesaran et al.（2001）的边界检验（bounds test）来判断变量是否具有长期关系。如果模型间存在协整关系，可以采取 ARDL 回归得到模型的估计结果，如果模型不存在协整关系，则考虑差分形式的 Granger 因果关系检验，判断两者之间的关系。

表 6.10　变量的平稳性检验

变量	检验方程 （c，t，p）	ADF 统计量	P 值	ADF 检验临界值		
				1% 的 显著水平	5% 的 显著水平	10% 的 显著水平
小麦的供给量	（1，1，3）	−4.2973	0.0205	−4.7284	−3.7597	−3.3250

变量	检验方程 （c，t，p）	ADF 统计量	P 值	ADF 检验临界值		
				1% 的 显著水平	5% 的 显著水平	10% 的 显著水平
玉米的供给量	（1，1，0）	−0.0826	0.9898	−4.6679	−3.7332	−3.3103
Δ 玉米的供给量	（1，1，1）	−4.7417	0.0088	−4.6679	−3.7332	−3.3103
大米的供给量	（1，1，0）	−1.1809	0.8836	−4.5716	−3.6908	−3.2869
Δ 大米的供给量	（0，0，0）	−3.9142	0.0006	−2.7081	−1.9628	−1.6061
粮食的供给量	（1，1，0）	−0.8173	0.9443	−4.5716	−3.6908	−3.2869
Δ 粮食的供给量	（1，1，0）	−4.3892	0.0151	−4.6162	−3.7105	−3.2978
平均粮食价格 HP	（0，0，0）	−3.3937	0.0021	−2.7081	−1.9628	−1.6061

根据表 6.11 的实证结果可以看出，粮食价格波动与粮食供给并没有长期均衡关系的存在，然后采用差分形式的 Granger 因果关系检验两者之间的关系。

表 6.11　ARDL Bound 检验

	ARDL 模型	AIC	SC	似然函数	F Wald 检验	P 值
玉米供给与 价格	ARDL（1，1）	17.1094	17.3508	−131.8750	1.0281	0.3896
大米供给与 价格 1	ARDL（1，1）	16.4262	16.6676	−126.4093	0.8333	0.4603
大米供给与 价格 2	ARDL（1，1）	16.2611	16.5025	−125.0884	0.7182	0.5091
粮食供给与 价格	ARDL（1，1）	18.5746	18.8161	−143.5970	0.0400	0.9609

注：此价格为价格波动成分，大米供给与价格 1 和大米供给与价格 2 中价格分别为早籼米批发价、晚籼米批发价的价格波动成分。

表 6.12　粮食价格波动与粮食供给的 Granger 因果关系检验

原始假设	样本量	F 统计值	P 值
小麦价格波动不是小麦供给的 Granger 原因	14	3.4616	0.1028
小麦供给不是小麦价格波动的 Granger 原因		1.3058	0.3810
玉米价格波动不是玉米供给的 Granger 原因	14	2.0575	0.2244
玉米供给不是玉米价格波动的 Granger 原因		1.6868	0.2879
大米价格波动 1 不是大米供给的 Granger 原因	14	4.5897	0.0629
大米供给不是大米价格波动 1 的 Granger 原因		1.8040	0.2654
大米价格波动 2 不是大米供给的 Granger 原因	14	4.3825	0.0683
大米供给不是大米价格波动 2 的 Granger 原因		1.9711	0.2373
粮食价格波动不是粮食供给的 Granger 原因	14	3.7032	0.0918
粮食供给不是粮食价格波动的 Granger 原因		4.0412	0.0789

表 6.12 的结果显示粮食价格波动是粮食供给量的 Granger 因，分品种的结果与此一致；但是分品种的粮食供给并不是粮食价格波动的 Granger 因，总体是 Granger 因。

三、中国粮食价格波动对粮食获取的影响

为了研究中国粮食价格波动对粮食获取能力的影响，关键是如何度量粮食获取能力，采取生产量加净进口来表示粮食获取能力。同样，首先对变量进行平稳性检验，检验结果见表 6.13，检验结果表明，小麦、玉米、大米及粮食获取能力指标为非平稳序列，都是 I（1）序列。

进一步地，进行 ARDL Bound 检验，检验结果见表 6.14，结果表明：粮食价格波动与粮食的获取能力并没有长期均衡关系的存在，然后采用差分形式的 Granger 因果关系检验两者之间的关系。

表 6.13　变量的平稳性检验

变量	检验方程 （c，t，p）	ADF 统计量	P 值	ADF 检验临界值		
				1% 的 显著水平	5% 的 显著水平	10% 的 显著水平
小麦的获取能力	（1，0，2）	−1.8871	0.3292	−3.9204	−3.0656	−2.6735
D 小麦的获取能力	（0，0，1）	−1.9175	0.0549	−2.7175	−1.9644	−1.6056
玉米的获取能力	（1，1，0）	−1.8701	0.6279	−4.5716	−3.6908	−3.2869
D 玉米的获取能力	（1，1，1）	−5.1055	0.0047	−4.6679	−3.7332	−3.3103
大米的获取能力	（1，1，0）	−1.1676	0.8865	−4.5716	−3.6908	−3.2869
D 大米的获取能力	（0，0，0）	−4.1717	0.0003	−2.7081	−1.9628	−1.6061
粮食的获取能力	（1，1，0）	−1.0594	0.9082	−4.5716	−3.6908	−3.2869
D 粮食的获取能力	（1，1，0）	−5.6229	0.0017	−4.6162	−3.7105	−3.2978

表 6.14　ARDL Bound 检验

	ARDL 模型	AIC	SC	似然函数	F Wald 检验	P 值
小麦获取与价格	ARDL（1，1）	16.4125	16.6539	−126.2996	0.1212	0.8870
玉米获取与价格	ARDL（1，1）	17.6581	17.8995	−136.2647	0.7058	0.5148
大米获取与价格 1	ARDL（1，1）	16.5196	16.7610	−127.1568	0.6255	0.5530
大米供给与价格 2	ARDL（1，1）	16.5482	16.7896	−127.3854	0.3322	0.7243
粮食供给与价格	ARDL（1，1）	19.0280	19.2694	−147.2238	0.2158	0.8092

表 6.15　粮食价格波动与粮食获取能力的 Granger 因果关系检验

原始假设	样本量	F 统计值	P 值
小麦价格波动不是小麦获取能力的 Granger 原因	14	0.9662	0.4993
小麦获取能力不是小麦价格波动的 Granger 原因		1.2326	0.4032
玉米价格波动不是玉米获取能力的 Granger 原因	14	5.4122	0.0462
玉米获取能力不是玉米价格波动的 Granger 原因		2.9695	0.1318
大米价格波动 1 不是大米获取能力 1 的 Granger 原因	14	3.6980	0.0920
大米获取能力不是大米价格波动的 Granger 原因		1.8352	0.2599

续表

原始假设	样本量	F 统计值	P 值
大米价格波动 2 不是大米获取能力 2 的 Granger 原因	14	3.5241	0.0998
大米获取能力不是大米价格波动的 Granger 原因		1.7994	0.2663
粮食价格波动不是粮食获取能力的 Granger 原因	14	4.9652	0.0544
粮食获取能力不是粮食价格波动的 Granger 原因		3.8986	0.0840

表 6.15 的结果显示：粮食价格波动是粮食获取能力的 Granger 因，分品种除小麦外的结果与此一致；但是分品种的粮食获取并不是粮食价格波动的 Granger 因，总体是 Granger 因。

由此，中国粮食价格的波动越大越容易影响中国的粮食安全问题，作为政策的制定方而言，在考虑国际粮价波动对中国粮价波动的影响基础上，应研究和制定相应的制度降低中国粮食价格波动或者稳定中国粮食价格。

第七章　中国农产品的供需分析及
粮食安全目标的确定

　　我国是一个农业大国，粮食是安天下的战略产业，粮食供需平衡状况的好坏，对实现我国粮食安全有着深远的影响。因次，对我国粮食供求均衡的研究一直是国内外学者关注的焦点。国内外一些专家、机构分别建立各种模型对我国未来粮食的供需情况进行预测，进而得出供需缺口，并以此来衡量未来我国粮食的安全状况。总结各项研究，可以看出国内外专家、机构对中国粮食供求预测的结果有较大的差距，且国外的预测要比国内悲观，特别是布朗模型和日本人海外合作基金模型，布朗甚至得出中国无法养活自己甚至还会拖累世界的极端悲观的结论。而相比之下，国内专家、机构的预测要乐观得多，认为中国能够主要通过自己的资源向本国人提供更多更好的食物，中国人可以自己养活自己。但所有的预测都表明我国在未来的一段时间里粮食的供给和消费进入了偏紧状态，粮食供需会出现一定的缺口。

　　国内外专家、机构对未来我国粮食供求状况的预测在方法上有一定的科学性，预测结果也有一定的意义，值得借鉴和学习。本文基于我国能否利用自己的资源来实现粮食的供需平衡这一着眼点，将分别建立粮食需求的四大模型和供给的灰色系统模型，来预测未来粮食的供求平衡问题。

第一节　粮食需求预测

粮食总需求主要可以分为城乡居民口粮、饲料用粮、种子用粮、工业用粮等几个方面。本书将收集 1978—2006 年数据，采用比例估算、经验估计等方法计算出有关粮食消费方面的数量，并采取不同的拟合模型对中国未来 10 年的粮食需求情况进行了数量分析和预测。

一、数据的来源及预测方程的建立

根据国家统计局提供的统计数据，我们只能获得粮食总产量的有关数据，而对粮食总消费量却没有可供查询的数据资料，并且也没有资料对饲料粮、口粮、工业用粮、种子粮等进行统计。因此，在对粮食需求预测时，可以通过有关指标按照一定的折算比例计算出各类用粮的消费量。

（一）全国口粮。将全国口粮分成农村居民口粮和城镇居民口粮两个部分，对农村居民口粮按历年统计年鉴上的人均农村居民口粮用量乘以农村人口数量的方法计算得出，城镇居民口粮也同样是按照历年统计年鉴上人均口粮量乘以城镇人口数得出。年鉴上缺乏对城乡居民家庭以外的粮食消费情况的统计，则按照经验数值大致估计，农村人口在家庭之外的用粮约占 4% 左右，城镇人口约占 12% 左右（肖国安，2002；刘晓俊等，2006）。

（二）饲料用粮。根据国际上通用的饲料转化率标准，并结合我国喂养畜禽和鱼的习惯，分别按以下比例进行折算：猪肉 1：4、牛羊肉 1：2、家禽 1：2、蛋 1：2.5、鱼 1：1。

（三）工业用粮。工业用粮的主要用途是酒精、白酒、啤酒、味精和其他用粮。因此可以根据《中国食品工业年鉴》上统计的酒精、白酒、啤酒、味精的年产量情况，然后按照以下的折算比例对酒精、白酒、啤酒、味精的用粮情况进行估算：酒精 1：3、白酒 1：2.3、啤酒 1：0.172、味精 1：24。其他工业用粮按上述工业用粮的 25% 计算（肖国安，2002）。

（四）种子用粮，对种子用粮量的计算是参照《2007 年中国农业发展报告》中农作物播种面积，并按照稻谷 75 公斤 / 公顷、玉米 75 公斤 / 公顷、小麦 150 公斤 / 公顷、大豆 75 公斤 / 公顷、其他 225 公斤 / 公顷的比例计算得出的（肖国安，2002）。

二、我国粮食需求量的特点及建立预测模型

根据以上比例推算，可以得出我国粮食的消费情况如表 7.1 所示：

表 7.1　1978—2008 年全国粮食消费量（万吨）

年份	全国口粮	饲料粮	工业用粮	种子粮	合计
1978	22865.132	2954.333	611.164	1571.445	28002.074
1979	23318.435	3954.798	824.653	1544.445	29282.331
1980	25726.825	4557.634	901.778	1496.055	32682.291
1981	25966.715	5082.160	997.793	1463.108	33509.775
1982	26643.460	5387.681	1155.243	1442.738	34629.121
1983	26979.510	6054.096	1297.384	1455.263	35786.252
1984	27726.771	6519.695	1432.095	1433.033	37111.593
1985	26995.399	6727.464	1588.635	1360.748	36672.245
1986	27672.690	7467.382	1645.246	1378.598	38163.916
1987	27914.329	7616.805	2159.874	1374.795	39065.802
1988	28561.783	7279.823	2376.018	1364.895	39582.519
1989	29015.284	7621.784	2372.328	1384.155	40393.551
1990	29248.267	7976.920	2780.204	1391.963	41397.354
1991	28879.146	8684.799	3012.850	1376.880	41953.675
1992	27843.400	8796.617	3357.239	1353.555	41350.811
1993	28801.189	8693.034	3718.231	1352.145	42564.599
1994	28776.383	8750.036	4009.046	1339.208	42874.672
1995	28347.791	9085.376	5058.716	1335.195	43827.079
1996	28320.952	9877.424	5032.798	1359.623	44590.796
1997	27536.334	10225.191	5347.468	1356.803	44465.796

续表

年份	全国口粮	饲料粮	工业用粮	种子粮	合计
1998	27330.708	10564.508	4805.847	1362.608	44063.671
1999	27055.744	11264.232	4834.333	1355.460	44509.769
2000	27082.593	11976.028	5158.413	1305.645	45522.679
2001	25820.131	11783.048	5229.179	1263.180	44095.538
2002	25549.177	13469.474	5711.232	1234.898	45964.780
2003	24140.743	13090.734	5911.581	1173.413	44316.471
2004	23974.460	13293.038	6114.011	1172.730	44554.239
2005	23099.485	14793.021	7259.240	1203.368	46355.112
2006	22779.006	14865.011	8690.745	1218.105	47552.867
2007	22572.403	15483.355	9031.204	1215.258	48302.220
2008	22351.869	16107.815	9680.608	1207.141	49347.433

数据来源：《中国统计年鉴》《中国食品工业年鉴》《中国农村住户调查年鉴》相关期。

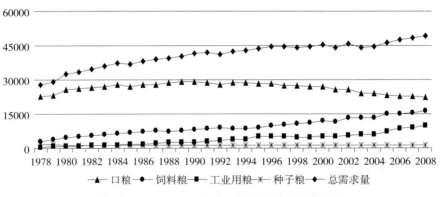

图 7.1　1978—2008 年中国粮食的消费量曲线图

由图 7.1 可以看出我国各种粮食消费呈现以下特点：全国口粮需求随着时间变化呈下降趋势，总体上波动幅度不大，下降的原因是人民生活质量提高，恩格尔系数减小的表现。饲料用粮基本上是呈现长波形上升趋势，这主要是一方面由于人们对肉类的需求刺激了对畜禽产品需求的增加，从而导致饲料用粮消耗的增加；另一方面由于喂养禽畜的方式逐渐转向为饲料粮喂养，饲料中青饲料的比例减少，从而对饲料粮消耗也在增加。工业用粮随时间的变化呈现长波形稳步上升，有一定的波动幅度，上升斜率较大，这主要是随着人们生活水平的提高，对啤酒、白酒等饮料以及调味产品的消费量上升，从而从事食品生产的工业部门必然会加大对工业用粮的需求量。种子用粮呈短波形变化趋势，波幅较小，波动周期较短，并且波动形式接近于线性，种子用粮主要是受播种面积的影响，而播种面积从长期趋势来看波动幅度不大。根据全国口粮、工业用粮、饲料粮、种子用粮的变动特点，并根据 Eviews 中各模型的拟合优度的大小，采用指数模型 $y=ae^{bt}$（其中 a，b 皆为常数，t 表示时间），根据提供的数据，采用 Eviews 计量软件，可以得出预测方程和拟合优度，见表 7.2：

表 7.2   各种粮食需求的预测模型

	预测方程及 t 值	拟合优度及 F 值
口粮预测	$y=37231.111e^{-0.016004t}$ （386.071）*** （−13.310）***	调整后 R^2=0.9073 F=177.1489
饲料粮预测	$y=4232.542e^{0.044684t}$ （218.828）*** （21.464）***	调整后 R^2=0.9387 F=460.6928
工业用粮预测	$y=811.186e^{0.083181t}$ （111.056）*** （25.279）***	调整后 R^2=0.9551 F=639.0310
种子粮预测	$y=1525.490e^{-0.007819t}$ （699.549）*** （−13.679）***	调整后 R^2=0.8612 F=187.1148

三、至 2020 年的粮食需求量预测

根据表 7.2 各种粮食需求的预测模型，可分别预测出至 2020 年我国口粮、饲料粮、工业用粮、种子粮的需求量，然后进行汇总，就可以得出未来我国粮食的需求的预测，见表 7.3。

表 7.3   2009—2020 年我国粮食需求情况预测（万吨）

年份	全国口粮	饲料粮	工业用粮	种子粮	合计
2009	22309.592	17684.539	11617.750	1187.806	52799.687

年份	全国口粮	饲料粮	工业用粮	种子粮	合计
2010	21955.391	18492.676	12625.456	1178.554	54252.077
2011	21606.814	19337.743	13720.569	1169.375	55834.501
2012	21263.771	20221.426	14910.670	1160.268	57556.135
2013	20926.174	21145.492	16204.000	1151.231	59426.897
2014	20593.937	22111.786	17609.510	1142.264	61457.497
2015	20266.975	23122.236	19136.932	1133.368	63659.511
2016	19945.204	24178.861	20796.841	1124.541	66045.447
2017	19628.542	25283.772	22600.727	1115.782	68628.823
2018	19316.907	26439.174	24561.080	1107.092	71424.253
2019	19010.220	27647.374	26691.472	1098.469	74447.535
2020	18708.402	28910.786	29006.649	1089.914	77715.751

从上表的预测结果可以看出粮食的总需求量是逐年增加的，其中对饲料粮和工业用粮的消费增加较多，但对口粮的消费呈现逐年递减的趋势，这是由以下因素造成的：一是随着居民生活水平将进一步提高，恩格尔系数继续减小，人们购买力成倍增加，同时消费食物的多样化、优质化进一步加强，对全国口粮的消费逐渐减少，而对肉类、家禽类、蛋类、水产品的消费量将有很大的增长，同时也会加大对啤酒、白酒等饮料及调味料的消费量，从而饲料用粮和工业用粮呈现较快的增长趋势。二是我国人口总量将继续增长，到 21 世纪 30 年代将达到高峰期，到 2010 年、2020年和 2030 年，根据国内外多种途径的预测，中国人口将先后达到 14.0亿—14.3 亿、14.7 亿—15.4 亿和 15.3 亿—16.3 亿人。人口的稳步增长必然会增加对粮食的需求数量。因此，可以预见我国居民对粮食的需求量是在不断攀升。

第二节 粮食产量预测

一、粮食供给现状

下图 7.2 是全国粮食产量曲线图,通过图 7.2 可以看出,全国粮食产量整体呈波动上升趋势,波幅大,周期短,长波周期为 6—8 年,短波周期为 3 年。第一个长波为 1979—1984 年,第二个长波为 1984—1990 年,第三个长波为 1990—1998 年,第四个长波为 1998—2003 年,第五个长波为 2003 年以后。其中比较典型的短波有 1984—1987 年,1989—1991 年,1993—1995 年,1996—1999 年,2002—2004 年。由于粮食产量波动幅度如此大,并且影响粮食产量变动的随机因素很多,有些因素存在难计量或统计口径不统一等多方面的限制(如影响粮食产量变动的气候因素等),鉴于此,本文采用能够弱化随机变量影响的灰色系统方法对未来粮食的产量进行预测。

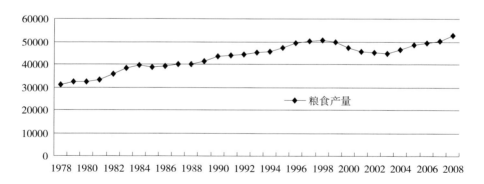

图 7.2 1978—2008 年中国粮食产量[①]

二、灰色系统模型建模

GM (1, 1) 模型的建模步骤为:

[①] 数据来源:《中国统计年鉴》相关年份。

（一）构造原始数列 $x^{(0)}(t)=\{x^{(0)}(1),x^{(0)}(2),\cdots x^{(0)}(n)\}$ ，然后对原始数列做一次累加生成，可得到：$x^{(1)}(t)=\{x^{(1)}(1),x^{(1)}(2),\cdots x^{(1)}(n)\}$

（二）构造累加矩阵 B 与常数项向量 Y_n，

$$B=\begin{bmatrix} -\frac{1}{2}\left[x^{(1)}(1)+x^{(1)}(2)\right] & 1 \\ -\frac{1}{2}\left[x^{(1)}(2)+x^{(1)}(3)\right] & 1 \\ \cdots & \cdots \\ -\frac{1}{2}\left[x^{(1)}(n-1)+x^{(1)}(n)\right] & 1 \end{bmatrix}$$

$$Y_n=[x_1^{(0)}(2),x_1^{(0)}(3),\cdots x_1^{(0)}(n)]^T$$

（三）用最小二乘法解灰参数 $\hat{a}$ ：

$$\hat{a}=\begin{bmatrix} a \\ u \end{bmatrix}=(B^TB)^{-1}B^TY_n$$

（四）将灰参数带入时间函数：
$$\hat{x}^{(1)}(t+1)=[(x^{(0)}(1)-\frac{u}{a})]e^{-at}+\frac{u}{a}$$

（五）对 $\hat{x}^{(0)}(t+1)$ 还原得到：
$$\hat{x}^{(0)}(t+1)=-a[x^{(0)}(1)-\frac{u}{a}]e^{-at}$$
或者 $\hat{x}^{(0)}(t+1)=\hat{x}^{(1)}(t+1)-\hat{x}^{(1)}(t)$

（六）计算与之差及相对误差：
$$\varepsilon^{(0)}(t)=x^{(0)}(t)-\hat{x}^{(0)}(t)$$

$$e(t)=\varepsilon^{(0)}(t)\big/x^{(0)}(t)$$

（七）模型精度检验

为了分析模型的可靠性，必须对模型进行精度检验。通常是对模型进行后验差比值及小误差概率检验。

均方差比值的计算需先计算观察数据的方差 s_1^2：

$$s_1^2=\frac{1}{n}\sum_{t=1}^{n}[x^{(0)}(t)-\bar{x}]^2,\ \text{其中 }\bar{x}=\frac{1}{n}\sum_{t=1}^{n}x^0(t)$$

及残差的方差 s_2^2：

$$s_2^2 = \frac{1}{n}\sum_{t=1}^{n}\left(\varepsilon^{(0)}(t) - \bar{\varepsilon}\right)^2 , \quad 其中 \ \bar{\varepsilon} = \frac{1}{n}\sum_{t=1}^{n}\varepsilon^{(0)}(t)$$

再计算后验差比值：

$c = \dfrac{s_2}{s_1}$，其中，s_1 和 s_2 分别为观测数据的标准差和残差的标准差，对于给定的 $c_0 > 0$，当 $c < c_0$ 时，称模型为均方差比合格模型。

小误差概率的计算为：

$$p = p\left(\left|\varepsilon^0(t) - \bar{\varepsilon}\right| < 0.6745 s_1\right),$$

根据后验差比 c 和小误差概率 p 对模型进行精度检验。其精度检验等级标准如下表 7.4。

表 7.4　灰色预测精度检验等级标准

检验指标（精度等级）	p	c
好	>0.95	<0.35
合格	>0.80	<0.5
勉强	>0.70	<0.65
不合格	≤0.70	≥0.65

三、粮食产量的灰色系统模型

通过查阅《中国统计年鉴》（历年）可以得到自改革开放以来粮食的历年产量，为了提高模型的预测精度，对原始数据进行三次平滑处理，利用 DPS 数据分析处理系统建立模型：

$$\hat{x}^{(1)}(t+1) = 2780463.7 e^{0.012866t} - 2749302.953$$

那么利用该方程计算得出预测值、原值与预测值之间的误差，见下表 7.5。

表 7.5　粮食产量的观测值与拟合值的比较

年份	观测值（万吨）	拟合值（万吨）	相对误差
1978	31160.75	31160.75	0

年份	观测值（万吨）	拟合值（万吨）	相对误差
1979	32239.25	36005.78	−0.11683
1980	32456.5	36472.04	−0.12372
1981	33127.5	36944.33	−0.11522
1982	35532.5	37422.75	−0.0532
1983	38409.25	37907.35	0.013067
1984	39525.25	38398.24	0.028514
1985	38926	38895.48	0.000784
1986	39127.75	39399.16	−0.00694
1987	39788.75	39909.36	−0.00303
1988	39967.25	40426.17	−0.01148
1989	41385.5	40949.67	0.010531
1990	43383	41479.95	0.043866
1991	43987	42017.1	0.044784
1992	44427.5	42561.2	0.042008
1993	45018.5	43112.35	0.042342
1994	45332.75	43670.63	0.036665
1995	47072	44236.15	0.060245
1996	49246.75	44808.99	0.090113
1997	50129.5	45389.24	0.09456
1998	50679	45977.01	0.09278
1999	49781.5	46572.4	0.064464
2000	47134.75	47175.49	−0.00086
2001	45613	47786.39	−0.04765
2002	44936.5	48405.2	−0.07719
2003	44698.25	49032.03	−0.09696
2004	46341.5	49666.97	−0.07176
2005	48374.75	50310.14	−0.04001
2006	49411.5	50961.63	−0.03137

年份	观测值（万吨）	拟合值（万吨）	相对误差
2007	50160.3	51621.56	− 0.02913
2008	52870.9	52290.04	0.010986

对该灰色系统模型进行分析，可得到 p=0.8333，c=0.4498，相对误差
保持在 − 0.12372—0.09456 之间，根据表 7.4 的检验标准，可以看出模型
精度达到合格水平，发展系数为 − 0.01302，适合用于中长期预测，因此
可以利用该模型对未来粮食产量进行预测。

四、粮食产量预测

利用建立的粮食产量灰色系统模型对我国未来粮食的产量情况进行
预测，预测结果见下表 7.6。

表 7.6　2009—2020 年粮食产量的预测值

年份	粮食产量预测值（万吨）	年份	粮食产量预测值（万吨）
2009	52967.17	2015	57218.13
2010	53653.07	2016	57959.08
2011	54347.86	2017	58709.63
2012	55051.64	2018	59469.89
2013	55764.53	2019	60240
2014	56486.66	2020	61020.08

关于未来粮食产量的预测，梅方权（1995）、黄佩民，俞家宝（1997）、
吴建华（2000）、肖国安（2002）、何忠伟（2005）、丁晨芳（2007）等学
者建立了不同的模型进行了预测，梅方权预测在 2010 年粮食产量可达 5.8
亿吨、2020 年为 6.6 亿吨；黄佩民、俞家宝按照粮食以 1% 的增长速度
在 2010 年为 52670 万吨，2020 年为 57940 万吨。粮食产量 1.2% 的增长
速度则在 2010 年为 54130 万吨、2020 年为 60620 万吨；按照吴建华预测

粮食产量在 2010 年是 57634 万吨、2020 年为 65514 万吨；肖国安的预测 2010 年 62773.60 万吨；何忠伟预测 2010 年是 49992.65 万吨；丁晨芳预测 2010 年为 51369.6 万吨、2020 年为 57163.7 万吨。本文按照灰色系统模型预测的未来粮食产量 2010 年为 53829.06 万吨，2020 年为 61314.44 万吨，到 2018 年可以达到 59738.401 万吨，由于在计算过程中存在不可避免的误差，所以本预测结论与前人的研究结果比较，有一定的科学性和合理性。

从粮食产量图中可以看出，我国的粮食产量在 2000 年开始出现大幅度下滑，到 2003 年降到最低点，这主要是由以下原因造成：①粮价自 1996 年以来开始连续下降，市场价格低于生产成本，农民种粮纯收入大幅度减少，严重挫伤了农民的种粮积极性，因此自 2000 年以来粮食产量下降是在所难免的；②农用物资的投入方向发生了变化。化肥用量、灌溉、机械等都是可以促使粮食增产的农用物资，决定其投入方向的是农民，农民是根据各种农作物的报酬效率来决定农用物资投入方向的。由于粮食作物的报酬率较低，农民自然就会把较多的农业物资投入到报酬率高的蔬菜和经济作物上去，因而影响了粮食的产量。所以这一段时间粮食产量一直处于下降的趋势。

另一方面我们也看到，粮食产量降下来是非常容易的，但要恢复产量进而增产，难度往往大得多，往往需要国家采取多种措施和政策来促进。从 2004 年开始粮食产量开始逐年增加，主要有以下原因造成的：①粮价的推动。从 2005 年开始，我国对稻谷和小麦实行最低收购价，由于托市收购，增加了农民的收入，大大提高了农民种粮的积极性；另一方面在国际市场上，我国农产品价格在一定范围是上扬的。②国家相继推出了一系列惠农政策。如减免农业税、取消除烟叶以外的农业特产税、对种粮农民实行直接补贴等、给予资金支持等，严格保护耕地，提高耕地质量，加强农田水利和生态建设，提高农业抵御自然灾害的能力等一系列相关政策。③科技的带动作用。近几年国家逐渐加强农业科技创新能力建设，增加对农业科研投入，建立一批农业领域的国家实验室、改良中心、工程中心和重点实验室，开展重大应用技术攻关和实验研究。还加大对良种良法的推广力度，继续实施"种子工程""畜牧水产良种工程"等。由于国家对农业政策的转变、相关惠农利农政策的推行等因素，极大地推动了粮食连续实现四年增产。

第三节　粮食供需平衡分析及粮食安全目标的确定

一、粮食供需平衡分析

根据对未来 10 年粮食需求量和粮食供给量的预测，可以得到我国 1978—2020 年粮食供需平衡情况（图 7.3），从该图中可以得到，我国依靠自己的资源基本上是可以实现供需平衡的，粮食每年的年产量基本上可以保证每年的粮食需求量，在 1980 年、1981 年、1988 年、2002 年、2003 年出现了供需缺口，分别为 626 万吨、1007 万吨、174 万吨、258.78 万吨、1246.47 万吨。根据预测，在 2010 年以后粮食消费将会有大幅度增长，出现供不应求，粮食供需之间会出现缺口，2010 年粮食供需缺口约为 559 万吨，2020 年达到 16695.7 万吨。由此可见，在 2010 年之前的年份里，中国基本上处于粮食供求平衡状态，但自 2010 年开始，中国的粮食供需缺口逐年增加，中国的粮食安全将会受到极大的威胁。

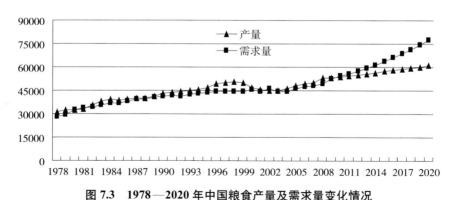

图 7.3　1978—2020 年中国粮食产量及需求量变化情况

由于资源约束对粮食的生产有着深远的影响，因此，有必要从资源约束角度来分析粮食供需问题。为此，我们通过历年《中国农村统计年鉴》获取粮食生产总投入数据，分析粮食生产投入对粮食供求平衡的影响，结果如下：

$$Gap = -3585.06 + 0.6795C$$

$$(3.59)\quad(-4.42)$$

其中 Gap 表示粮食供需缺口，即粮食供给量与粮食需求量（无外贸）的差值，单位为万吨；C 表示粮食生产总投入，单位为亿元。其估计值都通过 1% 的显著性水平检验，R-squared 是 0.4264，F 统计值为 15.61，Prob>F=0.0007。

通过上面的估算我们发现，粮食生产投入的增加有助于增加粮食的供给，使粮食供给量的增加超过粮食需求量，即粮食生产投入每增加 1 亿元，粮食供给超过粮食需求的数量为 6795 吨。

二、中国粮食安全目标的确定

粮食安全的概念是由 FAO 于 1974 年 11 月在罗马世界粮食大会上提出的，即保证任何人在任何时候都能得到为了生存和健康所必需的足够的食物。并把世界谷物库存量至少占当年需求量的 17%—18% 视为全球粮食安全的最低限量，其中周转库存占 12%，后备储存量占 5%—6%。1983 年 FAO 又将粮食安全的概念进行修正，即认为粮食安全的最终目标应该是确保所有人在任何时候即能买得到又能买得起他们所需的基本食物。1996 年 FAO 在《粮食安全罗马宣言》中，对粮食安全的描述为确保所有人在任何时候都能在物质上和经济上获得足够有营养和安全的食物来满足其积极和健康生活的膳食需要及食物喜好。2001 年在德国波恩召开的世界粮食大会又提出了持续粮食安全的概念，要求无污染、无公害，向消费者提供增强健康、保证延年益寿的粮食和其他食物。

中国是世界人口最多的国家，其粮食政策既会影响世界粮食状况与发展趋势，又会受到世界粮食状况与发展趋势的影响，因此，要研究中国的粮食安全问题，就必须了解世界粮食安全状况。

表 7.7　谷物收获面积、总产量与单产

	收获面积（千公顷）			总产量（万吨）			单产（千克/公顷）		
	2000	2006	2007	2000	2006	2007	2000	2006	2007
世界	675445	683282	699813	206037	222804	234243	3050	3261	3347
印度	102402	99006	99702	23487	24289	25212	2294	2453	2529
日本	2045	2006	1994	1280	1174	1203	6257	5853	6033
韩国	1165	1040	1027	750	665	627	6436	6391	6106
泰国	11225	11189	11521	3052	3320	3170	2719	2967	2752
越南	8398	8358	8457	3454	3965	3988	4112	4744	4716
美国	58562	52875	61954	34281	33851	41407	5854	6402	6683
法国	9075	9106	9142	6570	6181	5871	7240	6788	6422
德国	7016	6702	6589	4527	4347	4229	6453	6487	6419
俄罗斯	41145	40574	43760	6433	7687	8050	1563	1894	1839
英国	3348	2863	2860	2399	2083	1937	7165	7277	6771

数据来源：粮农组织数据库（http://faostat.fao.org/）。

从表 7.7 可以看出世界粮食产量在增加，从 2000 年的 206037 万吨增加到 2007 年的 234243 万吨，单产由 2000 年的 3050 千克/公顷增加到 2007 年的 3347 千克/公顷。从表 7.8 可以看出世界人均谷物消费量也实现了增长。但同时也可以看到地区间发展的不均衡，虽然由于技术革新等，世界粮食总产量不断增加，但有些国家和地区的粮食的产量出现了一定的下滑，如韩国、泰国以及撒哈拉以南非洲地区等。

表 7.8　1961—2002 年世界人均谷物消费量（千克）

年份	人均谷物消费量	年份	人均谷物消费量
1961	262	1986	335
1966	289	1991	327
1971	308	1996	310
1976	294	2001	300

续表

年份	人均谷物消费量	年份	人均谷物消费量
1981	332	2002	304

数据来源：FAO（http：//faostat.fao.org/）和龙方（2007）。

　　粮食安全始终是关系我国国民经济发展、社会稳定和国家自立的全局性重大战略问题。保障我国粮食安全，对实现全面建设小康社会的目标、构建社会主义和谐社会和推进社会主义新农村建设具有十分重要的意义。中国传统的粮食安全观念是在短缺经济条件下形成的。中国是世界人口大国，也是粮食消费大国。中国粮食安全问题是世界关注的焦点。2007年我国粮食总产量5016亿公斤，人均占有量380公斤，人均消费量388公斤。居民膳食结构不断改善，食物消费日趋多样，口粮消费逐步减少，肉、禽、蛋、奶、水产品及食用植物油等消费逐步增加，营养水平不断提高。

　　考察一个国家的粮食安全，其中一个比较重要的问题是粮食的自给率，即一个国家在多大程度上依赖国际市场的问题。粮食自给率是指一个国家或地区的粮食供给满足需求的程度，通常用一国当年的粮食产量占当年粮食消费需求总量的比重表示。粮食自给率是衡量粮食安全水平的重要指标之一。一般粮食安全水平与粮食自给率成正比，当粮食自给率大于95%时，表明一国已经基本实现粮食自给；当粮食自给率大于90%小于95%时，则表示该国处于可以接受的粮食安全水平；若粮食自给率小于90%，则为不安全。由于我们缺少粮食库存数据，在计算粮食自给率时我们省略掉了库存，因此只能看作是一个近似的指标，其结果如图7.4所示。从中可以看出，1978—2008年，我国的粮食自给率都维持在95%以上，实现了粮食自给。

　　近年来粮食的连续增产，使得就中国整体而言，粮食的供给好像已经不存在太大的问题。但粮食的供给能力不仅取决于粮食的生产，还取决于粮食的储备与分配能力。而且人们是否能够获取足够的粮食，特别是对

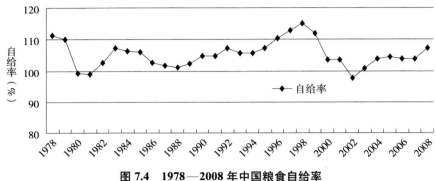

图7.4　1978—2008年中国粮食自给率

于贫困人口而言，也是一个需要认真研究的问题。所以说，对我国粮食安全问题，进行基于粮食获取能力的分析具有更重要的意义。而且，中国作为世界上最大的发展中国家，也有着庞大的贫困人口群体，贫困人口的规模仅次于印度，居世界第二。据国家统计局农调队对全国31个省（区、市）6.8万农村住户的抽样调查显示，2007年末中国农村绝对贫困人口（人均年纯收入低于785元）大约1479万，初步解决温饱但还不稳定的农村低收入人口（人均年纯收入在786—1067元间）约2841万，两者加总，中国农村贫困人口大约还有4320万。但我国的贫困线标准较低，而针对发展中国家，国际通行的贫困线标准是世界银行制定的每人每日消费支出1美元。如果按照这样的标准计算，中国的贫困人口将超过1亿。因此，中国的粮食安全目标应该定位于在总体粮食供给充足的条件下，实现家庭和个人的粮食安全，特别是贫困人口的粮食安全。

第八章　农业国际化与中国农业资源的拓展

改革开放前，受国内条件和国际环境的制约，我国经济发展基本处于封闭或半封闭的状态。对外经济交往的规模和范围小，在发展战略上仅处于一种调节国内余缺的从属地位。20世纪70年代末以后，随着对外开放被确立为我国实现国家现代化的基本国策，国内经济发展逐渐同国际经济发展密切相关。"国内经济国际化，国际经济国内化"成为不可逆转的必然趋势，在资源约束条件下，研究我国农业资源国际拓展战略具有重大理论价值和现实意义。

第一节　中国的农业国际化进程分析

农业国际化是农业产业化发展的必然结果，是经济全球化的重要组成部分。中国经济迅猛发展和全面融入世界经济，决定了我国农业的发展必将加速同国际经济接轨。正确分析和把握影响我国农业发展的国际环境，对于充分发挥我国农业资源在经济社会发展中的基础地位，适当利用农业国际化趋势中的国际市场的交互作用，实行资源互补和替代，克服我国社会快速发展中农业资源不足，增强我国农业资源供应安全和农业的国际竞争力。因此，中国农业发展面临一个全新的国际环境，农业国际化是中国农业产业化发展的新阶段，是新时期农业和农村工作的新思路，实现农业现代化的必由之路。

一、农业国际化的内涵

国际化是当今世界经济发展的一大趋势，这一趋势的影响和作用在人类社会经济生活中已经越来越明显。国际化不仅使发达国家越来越依赖国际市场，也将对广大发展中国家产生重大影响和作用。在国际化背景下，不顾国际市场搞发展不仅不明智，而且也发展不了。农业国际化是经济国际化的重要组成部分，是国际经济分工的需要。

农业国际化是经济全球化在农业中的重要体现，是当今世界农业经济发展的鲜明特征。农业国际化虽然至今还没有一个得到普遍承认的定义，农业国际化存在着广义与狭义的区别。广义的农业国际化是指在农业经济领域，国与国之间的相互接触和相互影响。只要不同国家农业之间存在着一定形式的相互联系，比如当一个国家或地区把它们生产的农产品销向国外，就被看作是农业国际化。因而，农业国际化被认为是很早就存在的现象，因为国家间的农业交流很早就出现并从未间断过。狭义的农业国际化是指世界是作为一个共同体而连接起来的，不仅指农产品的交换关系，而且农业生产、分配和消费等环节经常性和必然联系。

农业国际化也可分为内向型农业国际化和外向型农业国际化。外向型农业国际化，是指一个国家的农业面对国际市场、参加国际分工体系，并以此为基础建立相应的经济结构和发展模式，农业的生产、流通、分配诸环节，突破本国范围延伸至世界各地进行。具体来说，第一，本国农产品经常性和更方便地进入世界农产品市场，本国农业生产者成为世界农产品市场的重要供给者，其他国家的居民从而成为本国农产品经常性的消费者；第二，本国农业生产要素投向其他国家，农业跨国公司成为本国重要的农业生产组织形式，农业生产活动扩展到海外；第三，本国农民的农业收益中一个较大的比重来自于国外，即本国农业生产者和经营者参与了其他国家农业国内产值的分配与再分配。外向型农业国际化，是各个国家参与农业国际化所追求的主要目标。内向型国际化，即本国农业向外的开放，是指国外农业的生产、流通、分配等环节在本国的延伸。它也具体表现在三个不同的层面：第一，本国成为国外农产品的销售市场，本国居民同时成为国外农产品的消费者；第二，国外农业生产要素流向本国，国际农业跨国公司在本国从事农业生产和经营活动；第三，国外农业生产者和经营者，成为本国农业国内产值的分享者。内向型国际化，是本国参与农业国际化所必须付出的代价。正因为这样，国外一些学者把外向型国际化称为"主动国际化"，把内向型国际化称之为"被动国际化"。

农业国际化是市场经济的必然要求，市场经济的本质是交换经济，随着市场经济的发展，其交换的范围不断扩大，交换的领域不断延伸，必然会从本地市场延伸到国内市场，再拓展到国外市场。我们认为，农业国际化是世界经济一体化在农业领域的直接体现，它要求通过公平竞争来充分发挥本国经济比较优势，反对农业领域特别是农产品贸易领域的一切非市场干预造成的竞争和贸易的扭曲，在最大限度地提高国内资源配置整体效益的基础上，实现国内农业生产、流通、消费与国际的对接，从而使全世界农业资源得到最有效的利用。

农业国际化是指一个国家或地区在全世界范围内进行农业资源的优化配置，促进农产品和生产要素的国际交换，不断扩大农业贸易、投资、技术、劳务对外依存度的过程。农业国际化包括农产品的生产、交换、分配和消费等各个环节在内的整个农业再生产过程，日益超出一国国境而在国际范围内展开，是不同国家农业经济运行超越国界、逐步融合并构成全球体系的过程。

农业国际化是农业产业化优化升级的新阶段，也是实现农业现代化的必由之路。即以全球经济的视野，把农业产业化链条置身于世界经济之中，进行"双向延伸"，对农业资源在世界范围内进行配置，一头向国际市场延伸，加快区域经济与世界经济的融合；另一头向生产领域延伸，按照国际市场需求和产品标准组织生产，主动参与国际分工与合作，实现资源和产品在世界范围的流动和优势互补，形成"基地＋企业＋国际市场"的国际化产业链，造就一种全新的农业发展新格局。

　　根据以上观点，我们认为，农业国际化是不同国家农业经济运行超国界逐步融合并构成全球体系的过程，不同国家和地区依据农业比较竞争优势的原则参与国际分工，在此基础上调整和重组国内农业资源，使农业资源在世界范围内进行优化配置，实现资源和产品的国内和国际市场的双向流动；通过商品与劳务的交换、资本流动、技术转让等国际合作方式，形成相互依存、相互联系的全球经济整体。

二、农业国际化的基本内容

　　农业国际化是相对于农业贸易保护主义，其主要内涵是主张农产品的贸易自由化，取消农业领域，特别是农产品贸易领域的一切干预造成的竞争和贸易扭曲，从而按照国际经济发展的比较利益原则，充分发挥本国经济比较优势、最大限度地提高国内资源配置和综合利用效益，使国内农业生产、交换、消费与国际对接，达到农业资源在国际范围内的合理协调，提高农业资源的利益效率，实现资源和产品在国际市场上的双向流动。就实质而言，农业国际化是世界农业经济运行体制的一体化。总之，农业国际化要求不同国家和地区依据农业比较优势的原则参与国际分工，在此基础上调整和重组国内农业资源，使农业资源在世界范围内进行优化配置，实现资源和产品的国内和国际市场的双向流动；通过商品和劳务的交换、资本流动和技术转让等国际合作方式，形成相互依存、相互联系的全球经济体。农业国际化的基本内容，可以概括为：

　　（一）农业管理规则与技术标准国际化

　　在关贸总协定（GATT）体制下，农业问题长期游离于国际规则和纪律的管理之外，各个国家根据本国的需要建立起自己的关于农业生产、贸易方面的政策措施，农业保护主义盛行，国际农产品市场严重扭曲，由此产生国际农业贸易纠纷不断。GATT 乌拉圭回合农业协议的达成第一次把农业问题纳入多边管理体制框架，世界农业有了多边规则和纪律。1995年世界贸易组织（WTO）诞生，继承和发扬了 GATT 的国际规则和纪律，奠定了农业国际化的法律和组织基础，为农业国际化的发展提供了国际规则保障。经过 WTO 的多轮减税谈判，国际贸易中的关税堡垒逐渐降低。面对国际市场上日益激烈的竞争，主要进口国频繁提高进口农产品的技术标准，对进口农产品实行严格的审批检验制，国际贸易中的技术壁垒日趋严峻。农业国际化要求世界各国不仅要参照国内行业标准和国家标准制定相应的技术规范，而且要根据国际标准建立全面的农业标准体系，保证农产品生产符合国际标准。

（二）农产品市场国际化

农产品市场是世界农业发展的基础，是推动经济增长的重要动力之一。由于生产和销售过程的国际化不断加深，任何农产品都与国际市场紧密联系在一起，各个国家和地区的市场不断趋于融合。国际农产品市场的形成既有利于各国按照比较优势参与国际分工，又有利于提高世界人民的福利水平。农产品国际贸易的迅速扩大使农产品市场国际化成为农业国际化最重要的特征。

农产品市场国际化表现为农产品贸易的自由化和农产品消费市场的国际化。从国际经济的现实来考察，农业国际化首先表现为农产品国际贸易规模的不断扩大，尤其是各国农产品流通总量中比重的不断提高。如目前美国全部农产品中有 2/3 是用于出口；法国谷物产量的 60% 左右用于出口，葡萄酒和乳制品更是畅销世界各地。农业贸易规模扩大的核心，是农产品国际贸易的自由化。它一方面要求出口国政府减少或取消国家对农产品出口的财政补贴及其他政府支持；另一方面要求进口国减少或取消对农产品进口的关税和非关税壁垒，对外开放国内农产品市场。农产品贸易自由化的结果，是统一的全球农产品市场的形成。农产品贸易自由化或农产品市场的国际化，必然带来各国农产品消费的国际化，即消费者越来越从国际农产品市场来选择和获得自己所需要的农产品。比如超级市场的建立，使我国居民也能很方便地在中国购买来自美国、日本、英国、法国、德国、越南等国各式各样的丰富的农产品，满足多样化的消费需求。

（三）农业生产国际化

农业生产国际化是农产品贸易自由化的深入发展阶段。不同国家和地区为了在国际市场上获得比较利益，按照比较优势原则进行生产，越来越多的农业领域的跨国企业选择在海外市场开展业务，与东道国的自然资源、劳动力和市场优势相结合，以实现生产要素的最优配置和企业利润最大化。具体来说，农业生产国际化表现为三种情况：

首先，在国家间农业生产要素流动受限的条件下，农业生产的国际化表现为农业生产国际专业化分工的发展，即各个国家根据其农业资源结构的特点，生产具有比较优势的产品，从而使世界各国的农业生产呈现出明显的专业化生产格局。如土地资源丰裕国家或地区，主要生产土地密集型农产品；劳动力资源丰富国家或地区，主要提供劳动密集型农产品。

其次，在农产品市场自由化充分发展的基础上，农业要素市场也会逐渐走向自由化，出现农业要素的国家间流动，如农机、农具、农药、化肥等农用资料的国际流动，国际农业投资的取得，以及农业技术和农业劳动力的国际转移等。随着产品专业化和国家间分工日益深入发展，世界范围内新的农业生产专业化在国家间日益深入发展，世界范围内新的农业生产体系正在形成，不同的国家和地区按照比较优势的原则进行生产的趋势日益明显。在国际竞争日益激烈的条件下，一些大型农业企业和有关涉农产业为扩大市场占有份额，越来越多选择在国外办厂，充分利用大企业特有的生产、管理、营销网络、商品和技术开发能力，与东道国的劳动力和市场等优势资源相结合，以期实现生产要素的最佳配置和利润最大化。

再者，农业生产国际化的高级发展形态是，农业跨国生产组织的形成及其在世界农业生产中比重和地位的不断提高。相对于巨大且竞争激烈的世界农产品市场而言，所有的农户、农场和农业公司都显得力量不足。解决这一矛盾的有效途径，是在农业生产和经营中实施纵向和横向一体化联合，建立农业跨国公司。近年来，美国、欧洲和日本的农业跨国公司不断发展，并出现相互收购、兼并和渗透的浪潮。

（四）农业资本与技术国际化

农业资本与技术国际化是以跨国公司和国际金融机构对农业的投资为主要特征的农业利用外资的现象。生产要素在全球范围内的流动与配置，引致了资本在国家间的大规模流动。国际资本流动地域的拓宽，使得向发展中国家的农业国际性直接投资增加。

农业对外直接投资兴起于第二次世界大战后的19世纪后期，主要是由欧、美在殖民地直接投资建立起来的，着重于土地的经营和开发。这些资金一方面是在发达国家之间进行的，反映了农业投资和农业生产贸易之间的国际化；另一方面是发达国家在发展中国家投资于跨国公司，着重经营农产品加工和贸易，通过合同收购控制货源，形成产供销一体化的产业化经营。近年来，高科技在农业中的应用日益得到重视，加之各国农业技术交流与合作的领域不断拓宽，合作研究的范围不断延伸和扩展，特别是大型的生物技术和环境保护等方面的合作项目日趋增多，农业新品种、新技术日益在全世界范围内得到推广，农业技术的国际化不断得到发展。

（五）农业收益分配的国际化

农业国际化的最终结果，是农业生产和经营收益在国际范围内的重新分配。在封闭农业条件下，农业收益在国内农业生产经营者之间进行分配与再分配。国家进行农业保护的目的之一，就是要将农业收益的分配与再分配限制在国内，保证本国农业生产经营者的收入水平。在农业国际化条件下，各国政府必须减少或取消对本国农业的保护，农业收益的分配与再分配扩展到世界范围内进行。对于农业生产处于国际化比较优势的国家来说，国际化意味着农业收益的增长；而对于不具有农业生产比较优势的国家来说，农业国际化将会使其农业生产收益减少，甚至出现亏损和破产，从而被迫放弃农业生产和经营。

三、农业国际化指标体系构建

农业国际化是经济全球化和世界经济一体化在农业中的重要体现，是当今世界农业经济发展的鲜明特征。它要求通过公平竞争来充分发挥本国经济的比较优势，反对农业领域特别是农产品贸易领域的一切由非市场干预造成的竞争和贸易的扭曲，在最大限度地提高国内资源配置整体效益的基础上，实现国内农业生产、流通、消费与国际的对接，从而使全世界农业资源得到最有效的利用。农业国际化是指包括农产品的生产、交换、分配和消费等各个环节在内的整个农业再生产过程日益超出一国国境而在国际范围内逐渐展开，是不同国家农业经济运行超越国界、逐步融合并构成全球体系的过程。然而，我们通过对文献的分析发现，大多数关于国际化的研究集中在工业（企业）国际化方面，对农业国际化的讨论较少。而且，在现有关于农业国际化问题研究的成果中，以理论方面的定性分析居多，如郑风田（2002）对粮食安全政策代价与中国农业的国际化的研究，郭小景对农产品卫生标准国际化的研究等，定量分析和实证分析较少。

（一）构建农业国际化测度指标的考虑

鉴于多数关于国际化的研究集中在工业（企业）领域，因此，有关国际化的指标也是针对工业（企业）国际化提出的，而农业国际化目前尚无公认的或成熟的测度方法。

由于农业国际化是一个综合的动态概念，其本质上是一国农业产业国际化发展的动态过程，涉及农业产业发展的方方面面，只有从多方面系统把握才能真正反映一个国家或地区农业国际化的内涵。而对于农业国际化进程的测度，包括涉及的主要方面、指标的选择、权数的确定、目标值的设定、方法的选择等有待于进一步的研究。事实上，衡量任何一个社会经济形态（过程）不外乎两种标准：一是理性标准，即模糊定性标准；二是具体定量标准。衡量一个国家或地区的农业国际化进程和程度也是如此。

模糊定性标准。从静态结果而言，如果一国或地区的农业产业参与国际市场的交换（包括原材料、中间产品、最终产品、资本以及技术），则可以认为该国家或地区的农业产业具有国际化发展的性质。但是仅仅依靠模糊定性标准难以对某国家或地区的农业国际化进程和程度进行衡量，因而不利于对农业国际化的研究，因此需要设计一系列具体的定量指标进行量化分析，以便对农业国际化的进程和程度进行横向和纵向的国际或区域比较。

具体定量标准。农业国际化是一个由多因素组成的集合体，国际化的进程和程度不能仅仅以单一指标来衡量，必须构建一系列的指标组成指标体系，以便更具体地测度与判定一个国家或地区的农业国际化进程和程度。同时在构建农业国际化指标体系时，应综合考虑指标的选择，在具体程度过程中，应尽量采用科学的多变量综合测度与统计分析技术，杜绝主观随意性。具体来说，对农业国际化进程的分析、测度应从三个方面考虑：第一，绝对的国际化。通过设置一系列指标，根据一个国家或地区目前该指标的完成程度，进行简单的对比计算出达标率。如果能够计算或衡量出各指标对该国家或地区农业国际化进程或程度的影响，则可以根据影响的大小确定不同的权重，然后综合加权得出该国家或地区总的农业国际化进程程度；第二，相对的国际化。首先要选定参照物，比如参照农业国际化程度较高的国家建立动态的、可操作的国际化目标，并依次进行衡量和对比，得出一个国家或地区农业国际化进程的程度。这类指标除了在参照物的选择上与第一类指标不同之外，其对指标动态性的强调较前一类有很大的进步。因为国际化本身不仅是一个静态的结果，更是一个动态发展的过程。采用相对指标进行测度更能反映出一国或地区农业国际化的动态发展进程。第三，绝对与相对相结合外加定性定量分析的国际化。从量的变化和质的特征上分析一个国家或地区的农业国际化进程的程度，这是一类衡量较为全面的指标。本研究针对以往研究注重理论定性分析的实际情况，尽量做到规范研究和实证研究相结合，注重采用多方法对所研究的问题进行实证分析，做到定性与定量相结合。

（二）农业国际化的测度指标

根据上面的分析，本研究构建以下四个农业国际化的测度指标：

指标 1：农业经济外向度（农业进出口总额 /GDP）

经济外向度也称对外依存度，是经济领域内常用的指标，用于衡量一个国家或地区内部经济与世界经济的联系程度，通常由进出口总额与

GDP 的比值求得。因此，衡量农业国际化程度，也可以使用农业经济外向度指标，即农产品进出口总额占 GDP 的比重。[①] 具体测度时，经济外向度一般可以从广度和深度两个方面来衡量。所谓广度是指对外贸易占 GDP 的比重；所谓深度是指国内外价格水平的一致程度。对外开放程度越高，参与国际交换的程度越大，国际化的程度越深，资本和商品的充分流动会消除国内外的价格差异，价格水平的一致程度就越高；反之，价格差异就会越大，价格水平的一致程度就会越低。考虑到农产品种类繁多，同时权重设计的难度较大，农产品价格水平的一致程度又不便于统计，因此在具体测度时可仅对广度进行衡量。即：

农业经济外向度 =（农业进出口总额 /GDP）× 100%

指标 2：利用外资和引进技术程度

衡量一个国家或地区内部经济与世界经济的联系程度，除了可以使用"外向度"这一涉及流通领域产品交换的指标外，还可以使用"利用外资"和"引进技术"这两个涉及生产领域要素交换的指标。特别是在国际资本市场较为成熟、农业领域内新技术不断推陈出新的形势下，一国或地区农业产业利用外资和引进技术的范围和程度成为衡量农业国际化的重要指标。

利用外资的程度可以由外资占农业投资的比重来衡量。考虑到农业总投资是一个存量的概念，无法反映所衡量年度实际投入的大小。因此在实际测度时可选用年度新增农业固定资产投资进行替代。尽管这一方法不能全面反映农业国际化的程度，但是考虑到农业国际化是一个动态的过程，这一衡量方法也是可以使用的。

引进技术的程度可以由引进技术与全部应用技术的比重来衡量。但是这一指标却难以用于实际的量化计算：如果使用"量"的数据，即引进

[①]　理论上讲，衡量某地区经济外向度不仅包括货物贸易，还包括服务贸易，即进出口额是货物贸易进出口额和服务贸易进出口额两项之和。但是考虑到农业产业的特点，服务贸易所占比例相对较少，因此农业产业外向度主要是采用农产品贸易进出口总额占 GDP 比重来衡量。

技术的项目数，显然不是一个合理的选择；如果使用"额"的数据，即引进技术的金额，则尽管可以对引进技术的金额进行统计，但国内农业产业所使用技术的折合金额却难以计算。

鉴于这一指标在数据可获得性和客观性上的难度，同时考虑到技术引进的程度常常以金额（资本）的形式反映出来，我们认为，可以考虑将利用外资和引进技术合并为一个统计指标来衡量一国或地区的国际化进程和程度。特别是在国家提出利用外资要实现"三个转变"①，在引进技术和利用外资事实上已经难以区分的形势下，这种合并不仅在理论上是可行的，而且用于实证分析所得的结果也是相对客观的。另外这里还有一个需要说明的问题，即农业产业引进新品种（适销品种等）的问题。新品种（适销品种等）指国际市场上需求较高、市场前景较好的优质动植物品种（如姜、大蒜、良种兔等），其引进的主要目的在于，通过对引进的品种进行培育、繁殖，然后返销国际市场，而不是用于国内消费。因此这部分产品的进口不应计入用于测度农业经济外向度的农产品进出口额，而应计入引进技术中，因此在进行实证分析时应将其考虑在内，即引进技术既包括以资料等文献形式表现出来的软技术，也包括以产品形式反映出来的硬技术。即：

利用外资和引进技术程度 =（当年实际利用外资额 + 当年引进技术总额 + 引进新品种折合现金总额）/ 当年新增农业固定资产投资总额 × 100%

指标 3：农业进出口额占农业总产值的比重

农业经济外向度作为衡量农业国际化程度的一个重要指标，测度的是一个国家或地区农业产业与世界经济的联系程度，通常由农产品进出口额占 GDP 的比重得出。但是，当对这一指标进行国家间的横向比较时则会出现一个问题，即一国农业部门在该国经济中的地位往往直接影响到该国的农业经济外向度。对于典型的农业国而言，农产品作为其主要的出口

---

① "三个转变"即利用外资要由单纯引进资金向引进先进的技术、人才和现代化管理转变；利用外资要由单纯引进农副产品初加工向引进农业高新技术转变；利用外资要由农业生产领域向农业服务项目领域转变。

商品，在 GDP 中占明显的支配地位，因而计算得到的农业经济外向度较大。相反地，对于典型的工业化国家，其主要出口商品是工业制成品，农产品出口占 GDP 比重明显较低。因此，研究一国或地区农业国际化只通过农业经济外向度指标是不够的。

通过计算发现，前者出口的农产品占其农产品总量的比重大于后者，使用"农业经济外向度"这一指标显然不能说明前者的农业国际化程度一定高于后者。因此，我们有这样的结论：一是农业经济外向度指标适用于同一国家或地区的纵向比较；如果要应用于国家之间的横向比较，则至少应在经济结构类似的国家之间展开，否则比较计算结果的意义不大；二是如果仅仅希望测度各国农业部门本身参与国际市场交换的程度，并在其之间作比较，那么使用农业进出口总额占农业总产值的比重作为衡量和测度的指标是一个更合理的选择。特别是对国内经济结构相差较大的国家的农业国际化程度进行测度和比较时，情况更是如此。即：

农业进出口总额占农业总产值的比重 =（农业进出口总额 / 农业总产值）× 100%

指标 4：农业标准国际化[1]

农业标准国际化是在目前"订单农业""农产品商标注册"等现象不断出现的情况下产生的现象。根据 WTO《农业协议》的规定，成员各方只能通过关税措施对农产品进口进行限制，而不能继续使用诸如进口许可协议、配额等非关税措施。同时经过 WTO 的多轮减税谈判，国际贸易中的关税壁垒也越来越低。面对国际市场上日益激烈的竞争，主要进口国屡屡提高农产品的技术标准，对进口农产品实行严格的审批检验制，国际贸易中的技术壁垒越筑越高。这要求各国农产品出口企业不仅要参照国内行业标准和国家标准制定相应的技术规范，而且要根据国际标准，特别是进口国标准建立全面的农业标准体系和农产品质量检测网络，推行农产品标

---

[1] 农业标准国际化主要是指农产品在规格、型号、色泽、营养成分含量等方面比照工业产品制定规范化的标准，从而促进农产品质量的提高，以适应国际市场竞争的需要。

准化生产，提高农产品的国际市场地位，保证出口农产品符合国际特别是进口国标准。

农产品国际标准是指国际化标准化组织（ISO）和国际食品法典委员会（CAC）等所制定和颁布的标准，ISO认可的其他国际组织制定的一些标准，以及其他一些国际组织制定的、得到国际公认的某些标准。除国际标准化组织（ISO）外，1962年FAO和WHO还成立了FAO/WHO联合食品规格委员会，加强国际食品规格的制定、协调和推进工作。

除此之外，随着世界农产品贸易的扩大，各国都在强化自己的贸易地位，制定完善的标准和质量评价体系。因此，一些国际上有权威的区域性标准、世界主要发达国家的国家标准、通行的团体标准以及其他国际上先进的标准，也被认定为国际农产品贸易所需要遵守的标准。如在欧盟国家，农产品质量标准有国际统一的ISO9000，有欧盟统一的HACCP，有国家统一标准如英国BRC，还有欧洲零售商联合制定的行业标准EUREP/GAP。

实行农业标准国际化，就是按国际标准研究制定和完善农产品、畜产品、水产品、加工食品的质量标准，大力推行农产品加工企业的质量体系认证、AA级绿色食品认证和国际有机食品认证；积极实行HACCP、ISO9000和ISO14000等质量环境保证体系；在种植、养殖基地推广良好的农业规范（GAP），按照WTO协议中关于食品安全和动植物卫生健康标准的协议研究和采用国际标准；在出口加工企业推广良好的操作规范（GMP）、危害分析和关键控制点（HACCP）现代卫生质量保证体系；加强质量标准检验、防疫、检疫体制体系建设，加强出口产品的市场检查，建立市场准入制度，使更多的农产品获取走向国际市场的通行证。

但是这一指标在具体测度时却难以进行直接衡量，只能使用间接的衡量方法，如可以考虑使用出口额作为替代的测度指标。这是因为，如果农产品的生产和加工的过程是参照国际标准进行的，则此农产品用于出口必然符合国际标准，否则难以达到出口的目的。事实上，许多学者在讨论农业标准国际化问题时，采用的就是出口这一指标。如范梅华在其研究中指出：2001 年山东潍坊市冻鸡出口仅有 2300 吨，同比减少 5000 吨，创汇额也比上年同期下降 760 万美元，而制约畜产品出口的一个首要问题和主要"瓶颈"就是畜产品标准与国际标准不一致。再者，由于我国畜产品质量检测体系不完善，2002 年 6 月韩国以"中国产鸭肉中检出禽流感病毒"为由，全面禁止进口我国禽肉产品。

这说明使用出口指标作为农业标准国际化的替代指标，不仅在理论上是合理的，在实践中也是经常被采用的。如果农产品出口额（量）的时间序列数据中并未出现异常减少，则可以间接反映出该种农产品基本达到国际标准。同样地，使用农产品进出口额占农业总产值的比重，或农产品进出口额占 GDP 的比重这两个指标，也可以间接地对农业标准国际化进行测度。

四、中国的农业国际化进程

中华人民共和国成立以来，中国的农业国际化进程表现为改革开放前的曲折前进和改革开放后的迅猛发展。国家在改革开放前实施计划经济体制，虽然在较短的时间内建立了较为完整的国民经济体系，但是农业资源浪费严重、农业生产效率不高，加之连续不断的政治运动，使得农业国际化发展步伐不断受到冲击。全国农产品出口贸易额从 1958 年的 7.03 亿美元下降到 1961 年的 3.09 亿美元、1962 年进一步下降为 2.89 亿美元。

（一）1949—1978 年：萌芽阶段

中华人民共和国成立后国家的基本任务之一是"大力发展农业生产，解决人民衣食住行问题"，在国际局势风云变幻和我国国情国力薄弱情势下，农业生产上基本遵循自力更生原则，按照"自己动手、丰衣足食"思想发展本土农业。据资料显示，尽管这一时期我国农产品产量起伏变化较大，但主要农产品产量年均增长 3.1%。其中除自然灾害外，粮食产量由 1950 年的 13213 万吨稳步增长到 1978 年的 30477 万吨，增加了 2.30 倍；水产品由新中国成立初期的 45.0 万吨增长为 1978 年的 466.0 万吨，增长 10.36 倍（如表 8.1 所示）。但是，在"大跃进"和国民经济调整时期以及

"十年动乱"等严重干扰下，人民公社凭借其巨大的行政动员和组织威力，在我国农村掀起了一场类似"绿色革命"的发展农业运动，其具体表现为：（1）重视农业基础建设。继续对大片农田进行平整规划，兴修水利和工程配套建设，为农业生产稳定发展提供基础。（2）"四级农科网"蓬勃兴起。科学种田、科学育种、科学种植等新技术推广与使用，为提高农作物产量提供有力支撑。（3）改革耕作制度。农业生产发展间套复种多熟制，大造农家肥，广种绿肥，开采河塘肥等措施，提高单位耕地面积产量。在此作用下，我国农业没有倒退，农产品产值稳步增长不仅部分解决了温饱问题，为工业发展提供了原料，而且为下一阶段农业国际化发展积蓄了力量。

表 8.1　1950—1978 年重要年份中的主要农产品产量（万吨、万头）

年份	粮食	棉花	油料	茶叶	水果	大牲畜	肉类	水产品
1950	13213	69.2	297.2	6.5	132.5	6538	—	91
1952	16392	130.4	419.3	8.2	244.3	7646	338.5	167
1956	19275	144.5	508.6	12.1	310.5	8773	—	265
1957	19505	164	419.6	11.2	324.7	8382	398.5	321
1966	21400	233.7	—	10.6	—	8740		310
1976	28631	205.5	400.8	23.3	540.4	9498	780.5	448
1977	28273	204.9	401.7	25.2	568.5	9375	780	470
1978	30477	216.7	521.8	26.8	657	9389	856.3	466

数据来源：《新中国五十年（1949—1999）》，中国统计出版社 1999 年版有关数据整理所得。

农产品出口是这一时期国家出口创汇的重要来源，政府为了尽快恢复和发展工农业生产以及交通运输所必需的重要物资和原材料，组织了农副产品和一些原料产品的出口。但是，国家在指导思想上片面强调自力更生，农产品对外贸易只被看作是社会主义扩大再生产的补充手段，国际市场对农业发展的作用局限于互通有无、调剂余缺，没有按照比较优势原则在国际市场进行资源优化配置，更没有按照国际市场需求来组织生产等农业国际化。

（二）1979—1992 年：起步阶段

中国农业在经历了严重波折并付出了极大的代价后，1978 年的十一届三中全会树立了"解放思想、实事求是"的指导思想，明确了发展商品经济工作方向，通过了《中共中央关于加快农业发展若干问题的决议（草案）》和《农村人民公社体制工作条例（试行草案）》。1979 年 4 月，中共中央的工作会议纠正了以前经济工作上的失误，决定实行"调整、改革、整顿、提高"的新八字方针，提出了包括集中主要精力把农业搞上去、调整农业与工业的关系的 12 项措施，为农业的发展创造了良好的条件，农业生产结构发生了显著变化，农业国际化经营与发展意识逐渐增强。其主要特征有：

1. 对外交往不断扩大。1978 年，中国农业对外交往的国家和地区由 50 多个扩大到 100 多个；由发达国家和苏联、东欧，到遍及世界各大洲；有政府渠道，也有民间渠道；这一时期我国已与联合国系统的粮农组织、世界粮食理事会、世界粮食计划署、国际农业发展基金、联合国开发计划署、世界银行等机构和 13 个国际农业科研中心中的 10 个单位建立了联系和合作；有近 20 个国家的农业部门与中国签订了对口双边农业合作协议，建立了长期稳定的合作关系。此外，国内一些地方和农业科研教育单位以及学术团队还与国外的相应部门建立了固定的交流协作，其内容越来越丰富和实际，合作的方式也更加灵活多样和有效。

2. 农产品进出口贸易发展较快。随着商品经济意识确立，商品交换不但在国内市场得以显现，大米、棉花、蔬菜、水果等富有较强竞争优势的土地密集型或劳动密集型产品走出国门，不但为国家出口创汇，而且也为"世界了解中国，中国了解世界"提供契机。其中，棉花出口由 1980 年 1.0 万吨增长到 1992 年 14.0 万吨，增加了 13 倍；蔬菜出口由 1980 年的 34 万吨增加到 1992 年的 138 万吨，年均增长率约为 10%（如表 8.2 所示）。

表8.2　1980—1992年重要年份主要农产品进出口情况（万吨、万头）

年份	出口						进口				
	活猪	大米	棉花	蔬菜	水果	水产品	小麦	玉米	大豆	棉花	食用植物油
1980	316	109	1	34	24.2	11.2	1057	163.8	56.5	88.5	9.2
1985	296	101	35	51	21.4	12	541	9.1	0.5	—	3.5
1990	300	33	17	98	22.6	35.8	1253	36	0.9	41.7	112.3
1991	285	69	20	104	16	37.8	1237	0.1	0.8	37.1	61.2
1992	290	95	14	138	14.6	44	1058		12.1	28	42

数据来源：《中国农村统计年鉴2007》有关资料整理所得。

表8.3　1980—1992年重要年份主要农产品对外依存情况（万吨、%）

年份	粮食			食用植物油			棉花			糖料		
	进出口	产量	外向度	进出口	产量	外向度	进出口	产量	外向度	进出口	产量	外向度
1980	1505	32056	0.05	3.1	222	0.01	89.4	270.7	0.33	121.3	2911.2	0.04
1985	1532	37911	0.04	19.7	401	0.05	34.7	414.7	0.08	209.4	6046.8	0.03
1990	1955	44624	0.04	126	544	0.23	58.7	450.8	0.13	170	7214.5	0.02
1991	2431	43529	0.06	70.9	644	0.11	57	567.5	0.1	135.3	8418.7	0.02
1992	2539	44266	0.07	48.8	661	0.07	42.5	450.8	0.09	277	8808	0.03

数据来源：《中国农村统计年鉴2007》有关资料整理所得。

　　3. 引进国外资金和接受外援。在利用多边和双边政府贷款和无偿援助方面取得较大的进展。1979—1989年底，通过农业部利用世界银行、国际农业发展基金会以及意大利、丹麦、荷兰、日本、联邦德国、芬兰等贷款项目30多个，近10亿美元。其中有新疆、海南岛、黄淮海、黑龙江三江平原开发、八大城市郊区养鱼、种子、科技教育、北方草原发展畜牧业、河北盐碱地改良、乳品加工等项目。接受世界粮食计划署（粮食援助，用以工代赈方式用于水利、水土保持、造林、发展渔业、农村饮水和城市奶业等项目）、联合国开发计划署、粮农组织以及加拿大、日本、欧洲共同体、联邦德国、澳大利亚、挪威、瑞典、意大利、比利时、希腊等国技术援助，总额近 9 亿美元。这些项目的完成，对改善我国农业生产条件、加速培养农业人才，促进农业技术进步等都发挥了较好的社会经济效益。

4. 农业国际化日趋明显。外贸依存度反映一个国家或地区开放程度，农产品外向度能体现一个国家或地区国际化程度。改革开放后，思想上解放和农业家庭承包制度推行，农产品商品生产率显著提高。尽管自 1979—1992 年，我国农业生产发展迂回曲折，但是农产品外向度整体上呈现上涨之势。譬如，粮食外向度稳步由 1985 年、1990 年的 0.04 上升为 1992 年的 0.07；食用植物油 1990 年甚至上升为 0.23，棉花在 1980 年居然达到 0.33（见表 8.3）。同时，我们知道这一时期农业国际化发展主要表现为农产品国内外贸易活动，但是农业领域外商直接投资、跨国经营、农业技术交流和部分产品国际化生产等内容也有出现。

（三）1993—2000 年：成长阶段

市场经济是这一时期显著特色，告别了计划经济时代，发挥"市场"这只"看不见的手"在资源配置和社会生产中重要作用，在农业国际化发展上主要表现有：

1. 农产品国际交换发展迅速。农产品贸易不仅进口数量有很大的提高，而且结构呈现多样化。不过，粮食在我国农产品进出口中占有重要地位，粮食进口量约占同期国内粮食产量的 2%，占世界粮食进口量的 5%。从品种上看，进口的主要是小麦、大豆和食用植物油（见表 8.4 所示）。棉花进口长期处于重要地位，1995、1996、1997 年分别达到 74 万吨、65 万吨、75 万吨，约占国内同期产量的 13%，占世界棉花进口量的 10%。同时，畜产品的进出口比较稳定，出口的主要品种是生猪、猪肉和鸡肉等，进口的主要品种有皮革、羊毛、冻鸡块及杂碎等。水产品进出口近年来相对稳定，持续保持顺差。进口的是低附加值产品，出口的则是高附加值产品，水产品出口创汇能力较强。

表 8.4 1993—1999 年中国农产品进出口情况（万吨、万头）

年份	出口						进口				
	活猪	大米	棉花	蔬菜	水果	水产品	小麦	玉米	大豆	棉花	食用植物油
1993	272	143	15	137	32	48	642	—	9.9	1	24
1994	270	152	11	154	39.2	57	730	0.1	5.2	5	163
1995	253	5	2	158	39.8	61	1159	518.1	29.4	74	213
1996	240	26	0.4	167	56	64	852	44.1	111.5	65	263
1997	227	94	0.1	167	68	72	186	—	280.1	75	274.6
1998	219	375	4.5	201	66	79	149	25.1	319.7	20	205.5
1999	196	271	23.6	225	73	109	45	7	431.7	5	208

数据来源：《中国农村统计年鉴 2007》有关资料整理所得。

2. 农业国际化发展稳步推进。经济全球化进程加快，是当今世界经济发展的一个显著特点，世界绝大多数国家，虽然社会制度、意识形态、发展水平有很大差异，但都相继选择并走上了不同社会制度下的市场经济之路。市场经济发展必然要求冲破地域界限，从而形成统一的国内市场走向全球大市场。而随着国际贸易壁垒不断削减，农产品对外贸易中的国内保护与国际竞争呈现出此消彼长；国际投资日趋活跃，跨国公司在全球范围内展开生产经营活动，成为经济全球化的主体；金融国际化加速发展，国际金融市场交易量突飞猛进，农业国际融资不断创新；生产要素跨国流动更加便捷，资源流动意义上的"地球村"正在逐步形成。

总之，自 1992 年以后，市场经济获得很大进展，农业方面开始建立农地使用权的流转机制，并开放了粮食价格和购销体制，农业呈现全面发展的趋势，农产品国际交换增长迅速；农产品国内外市场逐渐形成；农业生产要素国际配置等农业国际化思想逐渐孕育并发展。到 1998 年，我国农产品进出口总值达到 262 亿美元，比 1980 年的 105.9 亿美元增长 156.1 亿美元，增长了 147.4%。其中进口由 1980 年的 62.2 亿美元增加到 1998 年的 118.8 亿美元，出口从 43.7 亿美元增加到 143.2 亿美元。值得一提的是，这一时期我国农产品进出口呈现出非常大的不稳定性。蔬菜、水果、水产品的出口自 20 世纪 80 年代以来稳步增长，活猪的出口持续下降，大米、棉花的波动较大。在进口方面，大豆在 90 年代以后稳步增长，食用植物油在 90 年代以后呈现先升后降的态势，小麦、玉米、棉花的进口呈现剧烈波动态势。

（四）2001 年至现在：发展阶段

2001 年 11 月，中国正式加入世界贸易组织，标志着中国农业进入国际化发展的快车道。这一阶段中国农业国际化快速发展的突出表现有：

1. 中国农产品国际市场化步伐发展加快。自 2000 年开始，我国农产品进出口贸易量连续 7 年实现快速增长。从贸易额来看，由 2001 年的 279.1 亿美元增加至 2007 年的 781 亿美元。2004 年我国农产品贸易额突破 500 亿美元大关，标志着中国不仅是世界第四大农产品进口国，也是世界第五大农产品出口国。如表 8.5 所示，农业经济外向度 1999 年仅为 0.06，2007 年高达 0.17，说明我国农产品对国际市场依赖程度日趋严重，同时也是农业国际化发展的直接结果。

表 8.5　1999—2007 年重要年份农产品对外依存情况（万美元）

年份	农产品进口额	农产品出口额	农产品进出口额	农产品产值	农业经济外向度
1999	748223	656025	1404248	2451910000	0.06
2000	842670	886057	1728727	2491580000	0.07
2005	1174600	2229308	3403908	3945090000	0.09
2006	3207000	3140000	6348000	4081080000	0.16
2007	4109000	3701000	7810000	4889300000	0.17

数据来源：《中国统计年鉴》（2000—2008）整理所得。

2. 农产品国际经营意识进一步增强。2001 年以前发达国家往往通过最惠国待遇、数量配额等多种措施对中国农产品进口进行限制，但加入 WTO 后，中国可以无条件享受最惠国待遇、减少歧视性待遇和 WTO 贸易争端解决机制来协商解决贸易纠纷。同时，中国借助国际化发展机会，根据我国土地、水资源等农业发展资源不足现状，充分发挥农业物种资源和劳动力资源丰富的优势，调整农业结构。大力发展包括水果、蔬菜、畜产品、水产品等具有较强竞争优势的劳动密集型农产品，进口土地密集型农产品，从而实现农业资源国内市场与国际市场的互补。

3. 农产品国际经营主体发展迅速。我国农业发展水平相对落后，中国农业大市场潜在优势，势必对国外农业经营主体产生强大的吸引力。国外农业发展资金、技术以及优秀的农业人才寻求同中国市场的结合。入世以来，除了外资流入更加容易外，农产品市场经营主体将大量增加，尤其是外国直接投资中国农业发展企业数由 2000 年的 5066 家增加到 2007 年的 6005 家；实际投资金额也由 2000 年的 6.7 亿美元增加到 2007 年的 9.2 亿美元。外商经营主体的增多促进国内市场竞争的发展，有利于加快中国农业国际化发展。

4. 农业生产要素国际配置增多。在国际间进行配置生产要素是农业国际化深入发展的重大表现。这一时期除了中国农民到俄罗斯承包土地种植蔬菜外，中国逐步成长起来农业龙头企业也开始走出国门，在海外直接从事农业生产、农产品加工以及农业服务。尤其在 2008 年金融危机以后，中国各级政府加大对外拓展农业资源的步伐，如重庆市政府制定了一个 60 亿—80 亿美元的海外收购计划，其中就有准备去海外收购 500 万亩土地计划。

总之，根据我国加入 WTO 的时间将全部时间划分为两段，发现在加入 WTO 之前我国农产品的进口、出口和进出口总额的增长幅度都很小，年均增长率仅为 0.46%、0.11% 和 0.28%；而在 2001 年之后，我国农产品进口、出口和进出口总额都出现大幅度增长，其年均增长率分别为 11.67%、30.94% 和 22.10%，从中可以看出在加入 WTO 前后我国农业国际化发展呈现不同特征。我们认为，农业国际化是经济全球化在农业中的具体表现，中国农业要按照比较优势的原则参与其中，要不断调整和重组国内农业资源，使农业资源在世界范围内进行优化配置，实现资源和产品的国内国际市场双向流动，通过商品与劳务交换、资本流动、技术转让与国际合作等方式，以利于中国农业可持续发展。

第二节　农业国际化对中国农业资源的影响

　　农业国际化是经济全球化在农业发展领域的表现，但农业国际化发展是一把双刃剑，对不同国家产生的影响存在很大差别。发达国家因其强大的技术、雄厚的资本优势，通过跨国公司的同业并购、跨国兼并，强化着发展中国家对其的技术依附，从而支配和制约着发展中国家为其服务，在国际化进程中获得更多的比较利益。譬如，美国由于拥有世界发达农业生产技术、广袤的土地等农业资源优势，农田 2/3 的产品用于出口，竭力主张削减各国粮食与农产品补贴、减少关税，削减贸易壁垒，农产品年创汇 500 多亿美元。同时，多数发展中国家尽管农业国际化会带来新的发展机遇，但从总体上看，发展中国家农业发展所需技术、资本、水资源以及人均土地资源等要素的缺乏或不足，使其农业发展始终处于一种动态性不利地位。据 FAO1998 年报告，发展中国家约有 8.28 亿人长期处于饥饿和半饥饿状态，处于粮食危机的国家已从 1997 年中期的 29 个增加到目前的40 个。世界粮食问题的现状表明，经济国际化和农业国际化并没有解决世界的贫困和饥饿问题，世界上尽管有大量剩余粮食，但仍有成亿的人处于饥饿之中。因此，不同国家和地区在农业国际化进程中，将有不同的发展趋向。中国作为一个发展中国家，积极参与农业国际化是大势所趋，但是研究农业国际化对我国农业发展影响，才能做到趋利避害，才可能在农业国际化大潮中获得更大的比较利益，进而通过国际化发展战略促进我国农业和农村的可持续发展。

一、农业国际化对中国农业自然资源影响

　　农业国际化是中国现代化进程中解决中国农业发展面临诸多问题的必然选择。农业国际化不但能使中国农业更好地利用世界农业资源，促进农业产业化的发展；而且能有效利用国际市场调配资源，充实我国农业发

展所需资源。

(一) 中国农业自然资源现状

资源短缺是中国农业发展面临的主要问题之一。尽管中国地域广阔，国土面积 960 万平方公里，占世界第三位，但是根据中国科学院国情小组曾估计，中国耕地为 20.89 亿亩（《生存与发展》，1989），我国不仅现存耕地资源紧缺，相对于庞大的人口规模，后备耕地资源也明显不足。据中国科学院国情小组报告，我国后备宜农荒地毛面积 5 亿多亩。其中，分布在草原地区的 2.1 亿亩，适宜种植人工饲草，分布于南方山区的约 7000 万亩，主要作为果树与经济林木用地；可作为种植粮、棉、油的农作物用地约 2 亿多亩，按开垦系数 0.5 计，即使全部开垦，仅得净面积 1 亿多亩（《开源与节约》，1996），人均仅 0.08 亩。我们认为，耕地资源稀缺，严重限制了农户的经营规模，我国目前有 2.2 亿农户，户均不足 10 亩耕地，制约了劳动生产率的提高，增加了产品成本，也加剧了城市用地的矛盾。

表 8.6 中国人均农业资源与世界及主要国家人均量比较

国家	耕地（hm²）	水资源（10^3m³）	林地（hm²）	草地（hm²）
中国	0.1	2.36	0.10	0.35
美国	0.75	9.71	1.15	0.96
加拿大	1.72	106.00	13.48	1.05
巴西	0.40	33.68	3.31	1.24
澳大利亚	2.82	19.49	6.20	24.43
世界平均	0.27	7.42	0.74	0.63
中国 / 世界（%）	40.7	31.8	14.9	55.6

数据来源：《国际统计年鉴》（2000—2005）有关数据整理所得。

水资源短缺，也是制约中国农业发展另一重要因素。中国水资源总量约 2.8 万亿立方米，居世界第六位。但目前我国人均水资源量仅为 2300 立方米，不足世界平均水平的 1/4。由于缺水，我国农田有效灌溉面积约为名义灌溉面积的 80%，农田受旱面积由 20 世纪 70 年代的 1.7 亿亩增加到 90 年代末的 4 亿亩。灌区年缺水约 300 亿立方米，少收粮食 350—400 亿公斤。

除农业发展所需土地资源、水资源外，与发展发展相关的林地资源、草地资源也不富裕。草地资源约 60 亿亩，林地 20 亿亩，但由于人口过多，主要人均资源量都远低于世界平均水平（见表 8.6）。同时，由于人口增长和工业化进程的加快造成农业资源过度开发，导致农业生态环境日趋恶化。

（二）对农业自然资源影响

农业国际化充实我国农业发展所需自然资源，是因为中国是一个典型的人多地少、资源贫乏的国家，依据比较优势原理，中国大多数土地资源密集型农产品已经不具有国际竞争力，而多数劳动密集型农产品还具有一定的国际竞争力。中国农业经济发展调整的方向应该是逐渐减少土地资源型产品出口比重，并使其比较优势从初级产品转向劳动密集型或者技术密集型农产品。以下通过计算中国农产品显性比较优势，说明在农业国际化的背景下，我们通过出口有比较优势产品、进口没有比较优势的产品，从而通过国际化发展战略来弥补农业发展所需资源不足。

根据贸易理论，世界贸易格局由各贸易国所销售商品的相对成本决定，而要素的相对稀缺程度是影响该成本最基本的决定因素。如果一国某种生产要素相对充裕，则该国倾向于出口密集使用这种生产要素的产品，而进口密集使用其相对缺乏的生产要素的商品。因此，国家间可以通过国际贸易来获得资源上互补。一般来说，产业（产品）竞争优势是国家间进行国际贸易的基础。我们知道，衡量一国某种产品的竞争优势的指标有很多。其中，巴伦斯在 1965 年提出的显性比较优势指数方法是现今产业国际竞争优势研究中一种常用的方法，往往用此来衡量一国某类出口商品国际竞争优势及其比较利益的强弱，旨在定量地描述一个国家各个产业（产品组）的相对出口表现，也就是这些产业（产品组）出口竞争优势横向的相对位置。显性比较优势指数计算公式如下：

$$RCA_{ij} = (X_{ij} / X_{it})/(X_{wj} / X_{wt})$$

其中，RCA_{ij} 表示 i 国 j 类产品的显性比较优势指数，X_{ij} 表示 i 国 j 类商品的出口值，X_{it} 表示 i 国所有商品的出口总额，X_{wj} 表示世界第 j 种商品的出口值，X_{wt} 表示世界所有商品的出口总额。一般说来，一国某类出口商品的显性比较优势指数越高，表明该国在国际分工中该类商品的专业化程度也越高，以此推断该商品的出口竞争力就越强。当 $RCA_{ij}>1$ 时，表示 i 国在 j 类产品的生产和出口方面都显示出较强的专业化程度和竞争力，反之则反之。因此，可利用显性比较优势指数来确定各国农产品竞争力及相互关系。

通过以上计算，由表 8.7 我们可以得出如下结论：

1. 我国农产品竞争优势整体上呈现下降趋势。由表 8.7 中的显示性比较优势（RCA）指数可以看出，我国小麦、棉花、油菜籽、牛肉等竞争力逐年降低，目前已不再具有比较优势和竞争优势；而大米、茶叶、水果蔬菜和猪肉则具有较强的国际竞争力。

表 8.7　1980—2006 年重要年份中国部分农产品显示性比较优势指数情况

年份	水果蔬菜	大米	茶叶	猪肉	棉花	油菜籽	牛肉	小麦
1980	2.475	5.417	6.424	3.098	0.019	0.015	0.133	0
1985	1.476	2.376	4.541	3.669	2.041	0.226	0.251	0
1990	1.217	0.639	4.199	3.091	0.965	0.026	0.45	0.0009
1995	1.04	0.148	2.528	3.326	0.094	0.006	0.173	0.002
2000	0.804	1.369	1.925	0.109	0.662	0.003	0.066	0.0003
2005	0.726	0.353	1.507	0.56	0.028	0.0003	0.00017	0.0225
2006	0.738	0.419	1.501	0.495	0.012	0.0002	0.00008	0.079

数据来源：根据粮农组织数据库（http://faostat.fao.org）数据计算整理所得。

2. 要素密集度不同农产品的竞争优势不同。如果用农产品贸易竞争力指数来衡量我国农产品比较优势，在入世前，我国农产品的竞争力指数平均为 0.5418，属于较高比较优势产品。其中拥有高比较优势的产品有：生丝、茶叶、萝卜及胡萝卜、大蒜、洋葱及青葱、鲜苹果、核桃仁、栗子等劳动密集型产品；而诸如原棉、油籽、食用植物油、原木、活羊和锯材等土地密集型产品则属于比较劣势的产品。入世后，我国农产品出口竞争力平均值为 0.4472，农产品出口竞争力整体上有所下降。其中，玉米、花生及花生仁、蔬菜等劳动密集型产品从较高比较劣势演化为低比较劣势，食用油籽、食用植物油、鲜苹果、栗子等土地密集型产品从低比较劣势发展成高比较劣势产品。

3. 土地资源密集型农产品竞争劣势明显。从入世前后具体农产品竞争力变化来看，入世后竞争力下降的农产品主要是土地密集型农产品。譬如大豆属于典型的土地密集型产品，相对于我国人口众多，土地资源相对稀少的状况，其比较劣势是显而易见的。食糖的原料主要来源于种植的甘蔗与甜菜，后者也是土地密集型产品，因此由于土地资源的稀缺，使得食糖的生产也具有较高的生产成本、较高的国内价格，从而减弱了其在国际市场的竞争力。入世后，我国经济全方位与国际接轨，整体经济都获得了较快的发展，进一步加大了对农用土地资源的工业化占用，导致了我国土地资源密集型农产品的竞争力明显下降。

4. 劳动密集型农产品竞争优势下降缓慢。在农业生产中，肉类、菜叶和蔬菜水果类的生产需要有较多的劳动投入，因此如表 8.7 所示，茶叶的 RCA_{ij} 一直都大于 1，具有较强的竞争优势；其他如猪肉、蔬菜水果等劳动密集型农产品尽管入世后国际竞争优势有所降低，但他们数值也基本接近 1，仍然具有一定的竞争优势。实际上，我国农产品国际竞争优势基本与我国的资源禀赋状况是一致的。在农业生产资源禀赋中，对我国农产品国际竞争优势具有明显影响的因素，主要有土地、劳动力以及生产技术水平。在现有的生产技术水平条件下，劳动力资源丰富、土地资源稀缺的农业资源禀赋特征是影响我国农业比较优势和国际竞争力的主要因素。我国农业生产的劳动力资源丰富、劳动力价格低廉，而土地资源相对贫乏，决定了我国在发展劳动密集型农产品方面具有较强的比较优势；而在土地资源密集型农产品方面则不具有国际竞争力。

总之，农业国际化可以解决中国农业发展所需资源不足的问题。因为，在农业国际化进程中，根据本国资源禀赋条件，通过比较分析农产品竞争优势和国际竞争力，充分利用国际市场来进口土地资源密集型农产品，以弥补我国农业发展所需的土地资源不足。同时，发挥我国农村劳动力资源优势，通过输出劳动密集型农产品换回我国农业发展需要的其他资源。再者还应该加大研发投入，积极发展技术、资本密集型农产品。

二、农业国际化对中国农业社会资源的影响

随着市场经济体制逐步完善和中国全面融入世界经济体系，中国能够通过农业国际化充实农业发展所需自然资源，从而缓解土地、水资源与我国农业发展之间的矛盾。

（一）对农产品市场影响

农业国际化发展本身就包含着国内和国外两个市场，所以我们一般认为，只要中国农业实施国际化发展战略，中国农产品就可以销售到国际市场，就应该占有一定的市场份额。同时，在 WTO 框架内，无论是发达国家还是发展中国家，都取消非关税措施，只能通过关税或配额的形式来管理农产品贸易，改善农产品贸易国际环境。但是我们不能由于发达国家或部分发展中国家消减农产品保护范围和增加市场准入量，就轻易地得出我国农业国际化有利于开拓农产品国际市场。因为农业国际化发展一方面需要开放本国市场，使得本国农产品直接在国内市场上面临国际竞争；另一方面是本国农产品能否在国际市场中获取一席之地，关键是其是否具有竞争优势。

中国农产品市场面临着巨大的压力。2001 年 11 月，世界贸易组织启动了多哈发展议程，在 2004 年 8 月就农业、非农产品市场准入、服务贸易、贸易便利化和发展问题达成框架协议。2005 年 12 月世界贸易组织第六次部长级会议在香港举行并最后通过《部长宣言》，在出口竞争方面，各成员最终同意将 2013 年作为取消所有农业出口补贴的最后期限，并决定在 2006 年 4 月 30 日之前提交基于谈判模式的全面文本的日程；发达成员国和部分发展中成员国同意 2008 年前向最不发达国家提供免税和免配额市场准入等有利于农产品贸易的国际环境。在市场准入方面，香港会议明确了发展中成员国可以自主指定适当数量关系到粮食安全、农民生计与农村发展的产品为特殊产品，可以有比其他产品更大的灵活性，这为我国关系国计民生的粮、棉、油、糖等大宗产品提供了一定的保护空间。

但是，中国农产品国际竞争力不强，农产品价格长期低于国际市场价格，因此，农产品的关税保护未发挥有效作用，对农产品的进口限制主要采取进口许可证、配额等非关税措施，并通过国营进出口公司进行垄断式经营。农业国际化意味着中国必须根据国际规则来对市场进行有效监管。WTO 农业协议规定，今后各成员国只能通过关税措施对其农产品进行保护，不能使用非关税措施。贸易保护方式的改变，意味着中国将必须按照国际规则逐步放开国内农产品市场，国内农产品将面临世界市场的冲击与挑战。我们认为，2006 年是我国农产品贸易的一个重要转折点。因为从 2005 年开始，我国农业在加入 WTO 谈判中所争取的过渡期基本结束，进入了 WTO 的"后过渡期"，我国成为世界上农产品市场最开放的国家之一，农产品关税已降至承诺的终点。根据加入世贸组织的承诺，我国农产品关税已由加入 WTO 前 2001 年的 23.2% 降至 2005 年的 15.35%，远远低于 62% 的世界农产品平均关税水平，成为世界上农产品关税总水平最低的国家之一。所以，农业国际化发展在短期内将给我国农产品国际市场开拓带来很大的困难。

（二）对农业投入的影响

农业国际化发展带来国际化的竞争，国际化竞争促动国家重视农业投入。国际化的竞争既是中国农业发展的压力，也是中国农业发展的动力。长期以来，农业投入不足，技术装备落后，综合生产能力差，很难与国外现代化农业竞争。中华人民共和国成立后国家为了尽快恢复农业生产，加大了农业投入，但是受"优先发展工业"及其他多种因素影响，1952 年国家财政用于农业支出仅占财政总支出的 5.1%。改革开放后，尤其是在农业国际化发展推动下，我国为了确保农产品市场占有率、国际竞争优势和农业长久发展，国家不断加大用于农业发展的财政支出。

1978—2006 年，国家用于农业发展各项财政投入都呈现增长态势。譬如，国家用于农业支出总额由 1978 年的 150.7 亿元增加到 2006 年的 3173.0 亿元，增长了 20 倍。其中，农业基本建设投入由 1978 年的 51.1 亿元增加到 2006 年的 504.3 亿元，增长近 8.9 倍，农业基础建设投入持续增加，为我国农业生产和农产品产量稳定打下坚实基础。同时，农业生产技术水平是提高我国农产品国际竞争优势的不可或缺的因素。为此，国家重视农业科研投入，农业科研投入由 1978 年 1.1 亿元增加到 2006 年的 21.4 亿元，增长 18.5 倍（见表 8.8）。

表 8.8　1978—2006 年重要年份国家财政用于农业的支出情况（亿元）

年份	农业事业费	基本建设费	农业科研投入	其他	总计	占财政支出比重（%）
1978	77	51.1	1.1	13.9	150.7	13.4
1980	82.1	48.6	1.3	13.9	150	12.2
1992	269	85	3	19	376	10
1993	323.4	95	3	19	440.5	9.5
2000	766.9	414.5	9.7	40.4	1231.5	7.8
2001	918	480.8	10.3	47.7	1456.7	7.7
2005	1792.4	512.6	19.9	125.4	2450.3	7.2
2006	2161.4	504.3	21.4	485.9	3173	7.9

数据来源：根据《中国农村统计年鉴 2007》整理所得。

中国农业国际化发展，除了刺激国家加大农业投入外，还可以吸引外商投资于农业，弥补农业投入不足。尽管通过以上分析，国家不断加大农业投入，但是长期以来，我国农业投资总量偏低，国家农业支出占财政支出比重除 1978 年、1980 年等少数年份超过两位数外，其他年份都是个位数。尤其是进入新世纪以来，国家用于农业的财政支出都在 7% 左右徘徊。因此，我们可以通过农业国际化，多渠道吸引外资投资于农业。改革开放后，中国农业利用外资发展很快，从 1995 年至 2007 年底，全国农业利用外资项目 8932 个，外商投资农业企业数由 1996 年 5748 户增加到 2007 年的 6005 户，合同金额与实际使用外资金额都呈现连年增长态势，协议外资金额 180 亿美元（见表 8.9），外资目前已占中国农业投资的 1.5—3.1% 左右，成为中国农业投资的重要来源。另外在外资引进的同时，还引进了先进的农业生产技术和管理方式，有利于引导中国农业生产向科学化、现代化的方向发展。

表 8.9　1995—2007 年重要年份外商投资中国农业发展情况

年份	企业数（户）	合同项目（个）	合同金额（万美元）	实际使用金额（万美元）
1995	—	903	173578	—
1996	5748	812	113931	—
1997	7289	814	106531	62763
1998	5538	876	120420	62375
1999	5259	762	147170	71015
2000	5066	821	148314	67594
2001	4752	887	176174	89873
2005	5752	1058	383729	71826
2006	5821	951	319863	59945
2007	6005	1048	—	92407

数据来源：根据《中国统计年鉴》（2000—2008）整理所得。

（三）对农村就业影响

　　生产要素国际流动是国际化发展重要特点之一，农业劳动力资源是农业生产中最活跃的生产要素。中国农业国际化发展有利于促进中国农村劳动力资源开发，从而缓解农村劳动力就业的压力。中国是一个拥有 14 亿人口的国家，劳动力就业成为经济社会发展的重大问题。根据国际经验，农产品出口规模扩大，可以为劳动力就业提供更多的机会，据计算我国每出口 1 亿元的农产品，可提供 1.2 万人就业。因此，实施农业国际化发展战略是有效解决我国农村富余劳动力的手段之一。

　　关于中国农村富余劳动力数量究竟是多少的问题，由于统计方法和手段上的困难，到目前为止还没有准确的数据。如果按照世界发达国家农村劳动力占全社会劳动力 2%—4% 进行估算的话，中国农村富余劳动力将是非常惊人的。即使按照世界一般 15%—25% 水平估计，我国农村富余劳动力也将在 2 亿—3 亿人。不过，由于各国农业发展水平和农业发展条件不同，农村经济发展所需的劳动力资源存在差异。根据有关统计资料，我国在 1952—1978 年的 26 年中，农业劳动力在全社会劳动力就业比重中下降了 9.7 个百分点，平均每年 0.37 个百分点。改革开放以来，由于政策的变化，农业劳动力在社会劳动就业份额中的比重呈长期下降并加速之势，由 1978 年的 70.5% 迅速下降至 2007 年的 40.8%（《中国统计年鉴（2008）》）。尽管如此，由于人口基数庞大，我国现阶段农村劳动力总供给量约 3.14 亿人（2007 年），农业、牧业、林业、渔业合理劳动力数量为 1.96 亿人，农村富余劳动力资源约为 1.18 亿人。由于投入增加和技术进步，农业所需劳力进一步降低，农村富余劳动力约为 1.5—1.7 亿人，这一数据并不包括每年新增就业人口。

表 8.10　农村劳动力占全社会劳动力比重国际比较（%）

国家	2000 年	2001 年	2002 年	2003 年	2004 年	2005 年
中国	50	50	49.6	49.1	46.9	44.8
日本	5.1	4.9	4.7	4.6	4.5	4.4
韩国	10.6	10.3	9.2	8.8	8.1	7.9
泰国	48.8	46.6	45.1	44.9	42.3	42.6
越南	65.3	—	60.1	59.7	57.9	57.9[1]
埃及	29.6	—	28.9	27.5[3]	29.9[2]	29.9[2]
南非	14.5	—	—	10.3	10.3[2]	10.3[2]
加拿大	3.3	2.9	—	2.8	2.6	2.7
墨西哥	17.6	17.6	16.9	16.3	16.1	15.1
美国	2.6	2.4	2.5	2.5[3]	1.6	1.6
新西兰	8.7	9.1	8.6	8.2	7.5	7.1

注：① 2004 年数据，② 2003 年数据，③ 2002 年数据。
数据来源：根据《中国统计年鉴》（2000—2008）整理所得。

　　中国农业国际化可以缓解我国农村富余劳动力就业问题。表8.10简要说明了中国及世界部分国家农村劳动力在全社会劳动力中所占比重,尽管中国这一数值一直趋于下降,但中国农村劳动力资源未能充分利用,这是中国社会发展必须面对的重大问题。表现在:(1)农业国际化生产经营可以利用农村劳动力资源。我国农村劳动力成本低,可以吸引外商直接投资建立农业生产、加工及营销企业,以加工农产品出口,吸纳剩余劳动力,增加农民就业机会,增加农民收入,提高农民的素质,有利于我国农业、农村的长远发展。(2)农业对外承包工程可以吸纳部分农村劳动力就业。在农业国际化推动下,发挥农村富余劳动力资源优势,对外承包工程可以解决部分农村劳动力就业问题。譬如,自20世纪90年代以来,四川农业厅每年组织1000名左右的农业技术人员和"菜农"到俄罗斯车里雅宾斯克州、库尔干州、新西伯利亚州和巴什科尔托斯坦共和国等地,利用他们掌握的大棚种植技术和养殖技术,先后在30多个农场共承包种植土地约3万公顷,生产各类蔬菜达50多万吨。同时,四川8家农业产业化龙头企业投资2亿元人民币,在斯摩棱斯克兴建一座面积达5000多公顷的"俄罗斯·中国四川农业经济开发园区"。(3)劳动力直接走出去,在国外建立农产品生产基地。拉美、非洲一些国家,地广人稀,农业资源丰富,具有巨大的农业开发潜力,如巴西,仅中西部著名的"稀树草原"可用于开发的土地就达1.7亿公顷,气候条件适合发展农牧业,增产潜力很大。这些国家过去大都是西方国家的殖民地,与原宗主国的联系密切,产品容易被原宗主国接受,便于出口。发挥我国的劳动力资源优势,直接到这些国家购买或租用土地,建立农产品生产和加工基地,产品供当地消费或出口别国,是我国农业走向世界的一条捷径。要鼓励和引导国内企业积极走出去,利用国外的土地资源发展境外农业,占领国际市场。

　　当然,农业国际化还可能对国内农产品生产产生冲击,也可能加强中国农业的国际合作与交流,还会促进农业结构的战略性调整等多方面的影响。但我们认为,中国农业国际化对中国农业产生影响,最为重要的是在今后农业生产中要有国际化生产经营理念;在农产品销售中要有国际竞争意识；在农业技术革新中要跟进国际领先水平。总之，中国农业发展要按照国际市场规则来办事。

第三节　中国农业资源拓展战略研究

我国农业资源的结构特征是总量多，人均量少；农村资金严重短缺；劳动力过剩，素质低下。农业国际化的发展，特别是全球绿色浪潮的兴起和绿色壁垒的出现，将对我国农业资源产生重大影响。同时，加快农业国际化进程，也可以合理配置农业资源。中国应当充分利用"两种资源"和"两个市场"高效地优化配置农业资源，特别是中国农业资源相对短缺和农业科技相对落后是制约农业持续发展的重要因素，应当通过适当扩大进口土地、资本密集型农产品，相对节约土地、资本等农业生产要素；通过积极引进国外资金、先进农业技术、动植物新品种、生物肥料和农药、高效饲料等农业资源，推动我国农业发展和农业现代化水平的提高；通过扩大出口农村劳务，既增加了农业劳动力就业机会，又扩大了国际收入。因此，面向 21 世纪，面对我国农业资源现状，我们必须利用农业国际化发展有利时机，制订和实施科学的农业资源拓展发展战略。

一、实施"以劳力换土地"战略

"以劳力换土地"战略① 可以充分利用我国农业资源的结构优势，提高农业资源的整体生产能力。我国农业资源的结构特征是人多地少，总体上看，我国人均土地面积不及世界平均水平的 1/3；人均耕地面积只有世界平均水平的 42%，在世界上排在第 120 位以后；农业劳动力平均负担耕地不到美国的 1%，而单位耕地面积上分摊的农业劳动力数量则是世界平

---

① 所谓"以劳力换土地"战略，是指根据比较优势原则，充分利用我国劳动力资源丰富的优势，大力发展劳动密集型农产品生产，集中出口劳动密集型产品，换回一部分我们不具有优势的土地密集型产品，通过这种借助于国际市场的资源转换，优化我国农业的产业结构，提高我国农业的整体素质和竞争能力。

均水平的20多倍，是美国的100多倍。目前农村富余劳动力超过1.5亿人，耕地数量又在不断减少。在这样的资源结构下，发展和出口劳动密集型产品就等于出口劳动，而进口土地密集型产品则等于进口土地。多发展劳动密集型产品，用劳力换土地，就是充分利用农业资源的结构优势，扬劳动力资源之长，避土地资源之短，用优势资源替代劣势资源，就能够不断突破短缺资源对农业发展的限制，提高农业资源的整体生产能力，使我国农业积极参与国际分工并从国际分工中得到利益。

（一）提高该战略的整体认识，充分把握战略的实质

实行"以劳力换土地"战略，首先要统一和提高对"以劳力换土地"战略重要性和必要性的认识，把"以劳力换土地"战略作为今后我国农业发展的根本途径和唯一选择，在农业发展的宏观指导思想上十分明确地提出和确立这个战略，使"以劳力换土地"战略成为统领我国农业发展的轴心。根据国际经验，"以劳力换土地"的农产品贸易发展战略具有三个层次的内容：（1）利用国内资源，主要生产和出口劳动密集型农产品，用劳动密集型农产品换取土地密集型农产品，既实现资源生产增量和出口利益，又保证国内对土地密集型农产品的基本需求；（2）主动进口一部分土地密集型农产品，主要是饲料类产品，利用国外饲料和国内劳动力大力发展养殖业，产品及其加工品用于出口，进行大进大出，实现转换增值；（3）在出口劳动密集型农产品的基础上，通过增加科技投入，提高产品的科技含量和品质，使劳动密集型农产品扩展和提高为技术密集型产品，扩大出口规模，占领更多的国际市场。

（二）发挥我国农产品的竞争优势，提高我国农业的国际竞争力

从20世纪90年代以来的情况看，我国农产品中土地密集型产品的价格普遍高于国际市场，如玉米、小麦等大宗粮食价格比国际市场高30%左右，已经完全失去竞争优势；而劳动密集型产品的价格明显低于国际市场，如水果价格比国际市场低40%以上，肉类价格低50%以上，蔬菜价格低60%以上，花卉价格低8%以上，竞争优势十分明显。近年来，我国农产品出口中劳动密集型产品所占比重已经达到70%，劳动密集型农

产品出口数量呈急剧上升之势；国内生产中劳动密集型产品的位势也在快速上升，蔬菜已成为种植业中仅次于粮食的第二大产业，水果成为种植业的第三大产业。山东省粮经作物种植比例已变为 57∶43，一些市县变为 50∶50 甚至 40∶60，全省经济作物中蔬菜面积占 45%，产值占 73% 劳动密集型产品的竞争优势，在国内生产和出口中都得到了显现。显而易见，我国农业要进入国际市场，必须依靠劳动密集型产品。实行"以劳力换土地"战略，多发展劳动密集型农产品，就是强化我国农产品竞争优势，就能够增加我国农产品的出口，提高我国农业的整体竞争能力。

（三）调整我国农业生产结构，形成农业国际竞争优势

要通过结构调整来推进农业发展，推进我们的农业国际化。1. 调整农产品结构，大力发展适销对路的优质农产品生产，促进大宗农产品生产优质化，特色农产品生产多样化。2. 调整农业结构，"以劳力换土地"战略的实质是发挥比较优势，按比较优势配置农业资源和组织农业生产。在发挥优势的基础上，要重点培育蔬菜、花卉、水果、肉类、奶制品、茶叶、中药材等劳动密集型产业，使其成为我国农业生产和出口的支柱产业。农业生产要按照市场需求尤其是国际市场需求调整产品结构，使产品始终适应国际市场的需求及其变化趋势。比如茶叶生产，我国是茶叶生产大国，但茶叶品种结构与国际市场需求相差较远。品种结构不适应市场需求，制约了茶叶出口量的扩大。其他农产品也存在类似问题。所以，实施"以劳力换土地"战略，不仅要按比较优势调整农业产业结构，多发展劳动密集型产业，而且要按国际市场需求调整劳动密集型产品的结构，生产国际市场上需要的产品，只有这样，才能成功地占领国际市场。3. 是调整农村经济结构，大力发展农村非农产业。充分利用我国农产品资源丰富、劳动力充足的比较优势，大力发展农副产品加工业，努力开辟农产品向工业品转化的技术途径和市场空间，通过对农产品的精深加工，拉长产品和产业链条，提高农产品加工业特别是食品工业在农村经济中的比重。

总之，"以劳力换土地"的发展战略，是最适合目前我国农业资源状况的发展战略，是 WTO 框架下我国农业发展的根本出路，是有利于促进

我国走国际化路线的可行战略。因此，我们要按照"以劳力换土地"战略的要求，调整农业生产体系、农产品质量标准体系、农产品流通体系、农产品出口体系、农业科研体系、农业支持和保护体系等，全面建立与"以劳力换土地"战略相适应的农业体系，把"以劳力换土地"战略贯穿于具体的农业政策之中。要像抓工业那样抓"以劳力换土地"战略的落实。

二、实施"科技兴农"战略

农业的根本出路在于技术进步与创新，农业科技进步不但是农业生产增长的基础，而且也是农业可持续发展的关键。发展农业高新技术，建立农业科技创新体系，确立科技兴农战略，对于中国农业国际化发展具有重要的意义。

（一）加大对农业科技的投入，提高农业科技水平

我国农业科技水平与发达国家还有相当大的差距，农业技术储备不足，重大农业科技成果少，农业科技研究多处于低水平重复，研究技术和手段落后。所以，逐渐加大对农业科技研究和推广的投入，还要拓宽农业科技资金的筹集渠道，吸引社会多方面资金用于农业科技开发、推广，逐步形成多元化的农业科技投资体系，迅速提高农业科技的整体水平，为现代农业提供技术支持。

从来源来看，农业科技投入有政府公共投入和私人投入两种。农业科技成果是一种特殊产品，是全社会都能从中受益的公共产品。经济学常识告诉我们，公共产品是"市场失灵"的领域，也就是说，如果依靠私营企业或其他市场主体等非政府部门，不可能为农业科技的许多领域提供充足的科技投资。因而，政府必须负担起农业科技发展的责任和义务。目前我国已是 WTO 中的重要成员，在 WTO《农业协议》中，政府对农业科技的投入属"绿箱"政策范畴，没有任何限制。加强政府对农业的支持，尤其是加大对农业科技领域的投入，是今后农业政策调整的重点。

从国际经验看，农业私人（或非政府部门）投资也是农业科技投入的重要来源，而且起着越来越重要的作用。在发达的工业化国家，非政府

公共投资农业科技的比例从 20 世纪 70 年代的低于 40% 上升到现在的接近 50%。发展中国家在过去的 20—30 年中也几乎从零提高到现在的 5%—20%。

　　然而，非政府部门对农业科技投资要具备如下条件：第一，农业技术的知识产权要有制度上的保障。否则，即使有很高的科研投资内部回报率，也难以吸引企业资本流向农业科技产业；第二，企业对农业科研的投资主要集中在农用化学品（化肥和农药）、食品加工、农用机械和农产品、杂交种子等领域；第三，私人对农业科技投资的另一重要前提是投资农业科技的企业有雄厚的经济实力，在发达国家，能大量投资科技的企业也只有少数几个屈指可数的超级跨国公司；第四，发达国家私人农业科技企业的发展均是以大量的国家公共投资为前提的。即在政府投资基础研究并取得成果的基础上，私人投资才开始进入农业科研领域并迅速发展。

　　（二）明确农业科技需求的主体，切实培育农业科技人才

　　农业技术需求的主体是农民，而农民是否愿意采用新的农业技术，主要取决于两个因素：一是新技术运用后的获利性；二是农民是否掌握和运用这些新技术。随着农业国际化的推进，各国将逐步减少对农产品进口的限制，开放国内农产品市场，这无疑将加大本国农业生产者的竞争压力，使得他们只有通过技术进步、创新产品，才能够为自己谋得生存空间。同时，农业国际化过程中农业技术获利性的提高，必然刺激农民对农业技术的需求，也必然激发农民学习掌握现代农业技术所需知识和技能的积极性。因此，解决农业科技人才短缺问题，除了加强高等院校培养农业专门科技和管理人才以外，还要大力发展农村职业技术教育，培育大批推广型和普及性农业科技人才，积极实施农民"绿色证书"培训教育，不断提高广大农民的文化科技水平与应用农业技术的能力，为顺利实施科技兴农战略奠定基础，另一方面，完善农业科技人才引进、使用和管理制度，尽快形成农业科技人才资源有效配置与激励机制，提高农业科技人员的待遇，改善其工作、科研和生活条件，促进农业科技人才的有序竞争与合理流动，解决农业科技人才短缺与人才闲置存在的矛盾、人才培养引进与人

才流失并存的矛盾，使农业科技人才引进来、留得住、用得好、出成果。

（三）积极推进农业科技创新，提高农业科技使用效率

现在一些发达国家已经将生物技术、信息技术、遥感技术、控制技术等广泛应用于农业生产经营，而我国在这些高新农业技术方面还处于实验阶段，以后应加紧农业高新技术的研究和引进工作，促进我国高新技术在农业的应用与发展，实现由传统农业向现代农业的跨越。建立农业科技创新体系，提高农业科技创新能力，是农业现代化的基本要求。农业科技创新包括农业基础技术创新、农业应用技术创新和农业高新技术创新等。除此之外，根据我国的具体国情，当前我国农业的技术进步应着重于提高自然资源的利用率、提高现有物质化技术的使用效益，提高农业劳动者的知识技术水平，从而促进知识形态技术与物质化技术、不同物质化技术之间及物质化技术内部各个环节之间都能协调同步发展，使我国农业向技术密集型产业转化。譬如，我国干旱半干旱地区占我国耕地面积的 52%，仅西北、华北、东北地区年降水量在 500 毫米以下的旱作耕地就有 3 亿多亩，这些旱作耕地大都是中产和低产地。提高自然资源的利用率应把重点放在提高干旱地区土地资源和水资源的利用率上面。再如，我国农业生产能源短缺问题严峻，太阳能、风能、沼气、地热能等能源利用，在相当程度上可以缓解我国农业发展所需能源紧张的局面。因此，我们不仅要提高农村地区能源的管理水平，减少农业生产中能源浪费问题，同时，更要搞好节能降耗的技术研发与推广，努力降低单位产值的耗能量。除此之外，提高我国农业技术利用效率，使我国农产品在国际市场上有竞争力，必须通过农业专业化教育，包括农业技术教育和农业经济管理教育，不断提高农业劳动者的素质和科技文化水平。

三、实施"农产品贸易"战略

加入世界贸易组织，一方面改善了我国农产品的出口环境，减少了农产品贸易中遭受的歧视待遇，并获得了农产品贸易争端解决的规范渠道，降低了农产品的国际交易成本；另一方面，使我国在农业生产方面扬

长避短，发挥某些产业的比较优势，通过积极发展国际农产品贸易以获得比较利益，从而增加农业的创汇能力，为农业现代化减少积累资金，提供了较好的环境。所以，我国应当紧紧抓住这一良好机遇，积极发展国际农产品贸易，努力提高农业的国际化水平。

（一）加大农业的支持力度，提高农产品的国际竞争力

由于农业属于弱质产业，更容易遭受自然灾害和市场的冲击，自然风险和市场风险相对较高，而农业又是国民经济的基础产业。所以，当今许多国家出于保护本国农业、农产品市场和农民利益的目的，建立了比较完备的农业支持和保护体系，一些发达国家还采取技术性贸易壁垒和"绿色壁垒"来限制国外农产品进口。长期以来，我国农业一直处于负保护状态，粮食等农产品不具有国际竞争优势，今后应当积极借鉴欧盟、美国、日本、韩国等国家的经验，尽快完善农业支持与保护政策体系。农业支持的重点应包括：以促进农业增效、农民增收、提高农产品国际竞争力和确保国家粮食安全等为目标，支持农业结构调整，用足用好"绿箱""黄箱"政策，加强对农业基础设施建设、农业科技开发与推广、农村教育、生态环境保护、良种繁育等投资；逐步减少对农业流通环节的补贴，增加对农民和农业生产环节的直接补贴；加快粮棉等农产品流通体制、农村税费和金融体制等改革步伐，尤其是加快减免和取消农业税改革，降低农业生产成本；放宽农产品贸易管制，增加农产品贸易主体，促进农产品出口贸易的发展，建立农产品出口贸易促进基金，完善农产品出口保险金制度，降低出口风险等。

（二）运用现代信息技术，提升农业生产管理水平

现代农业的重要特点之一是农业生产和流通的信息化，现代信息技术逐渐渗透到农业生产、加工、储运、销售、消费等各个环节，极大地提高了农业生产力水平和生产经营效率。一方面，要搞好市场信息的收集、过滤、整理和传播工作。现在我国农民多为一家一户的分散经营，加之农民的文化素质偏低和不少农村信息渠道不畅，他们往往对市场信息掌握不及时、不准确，广大农民对农业生产和产业结构调整经常表现出无所适从

或盲目从众的状态，其结果要么是坚守原有的生产模式，要么是随大流，最后造成农业结构趋同和产品单一，出现农产品出卖困难的局面。因此，地方政府有关部门和农村中介服务组织应当积极为农民收集和传播农产品市场信息，增强农民生产和结构调整的目的性，降低市场风险。另一方面，建立健全农业信息网络体系和疏通信息传播渠道，及时向农户传播国外农业先进技术、管理经验、农产品新品种和农业流通、消费等信息，完善国际农业生产、结构调整、农产品市场供求和价格预警机制，指导农业生产和农产品出口贸易活动，并通过加强农业信息网络建设与应用，带动农业信息服务产业的发展，促进农业信息经济的壮大，进而加快农业现代化和农业国际化步伐。

（三）扩大优势农产品出口贸易，搞好特色农业的发展

一方面，通过农业国际化来提升我国农业的国际竞争力，农业国际化对扩大我国具有竞争力的农副产品十分有利。我国许多农副产品在国内市场上出现了过剩现象，主要原因之一是农业生产还没有摆脱内向型发展模式，如果积极发展外向型农业，农业生产面向国际市场，不断提高农产品的国际竞争能力，农业生产经营的风险就会降低。我国还应当扩大出口具有比较优势的劳动密集型农产品，如水果、蔬菜、花卉、部分畜产品和水产品等具有较强的国际竞争力，增加这类农产品出口可以扩大外汇收入。例如，胶东地区的烟台苹果、莱阳梨、安丘蜜桃、青州雪桃、寿光蔬菜、章丘大葱等地方特色农产品，都在海内外享有很高的知名度，可以发挥其名牌效应，通过扩大国外销售市场，增强出口创汇能力；同时，重视国内外居民消费倾向的变化，搞好特色农业的发展。随着国内外居民生活水平的不断提高、消费结构的变化和消费观的转变，对农产品的消费逐步表现出异地消费、反季节消费、绿色消费和个性化消费等特点，这就要求现代农业生产突出产品个性和特色，树立品牌产品，提高农产品的商品率。特别是积极实施差异性市场调整战略，充分发挥各地的农业资源、土特产品、生产技术条件、品牌知名度等优势，搞好农产品的加工、包装、储存、保鲜工作，增加农产品的技术含量和附加值，突出农业产业、产品

特色，瞄准国外特定的消费群体，占领有利的国际农产品市场位置，不断拓展国外农产品市场空间。

（四）发挥农业中介作用，搞好农产品对外贸易服务

积极发展各种农业合作组织和中介组织，搞好农产品出口贸易的各项服务。大力扶持农业合作社、农业行业协会、技术信息服务公司和其他多种农民自治经济组织的建立及其活动，充分利用这些农业组织在国际农产品贸易中的谈判、协商、支持诉讼与应诉、签订合同、信息服务等作用，壮大农户和企业在国际、国内市场上的竞争力量，降低交易成本和市场风险。

四、实施"走出去"发展战略

在中国面对国际竞争压力的同时，促进中国农业融入世界贸易体系，也有利于中国农业进一步分享全球经济一体化的巨大利益。随着中国农业国际化，唯有以比较优势为基础，积极促进融入世界贸易体系的农产品贸易战略。

（一）明确工作重点，积极实施"走出去"发展战略

农村富余劳动力就业是当前和今后农村工作的基本出发点。目前中国农业富余劳动力达 1.2—2.0 亿人，且新增农村劳动力还将持续。因此，现阶段制定中国农产品出口战略的基点，必须由过去的"外汇贡献"向"就业贡献"转变。因此，政府加大出口退税、财政扶持等政策支持力度，以相同的出口创汇额创造更多的就业岗位。

（二）制订农业对外投资指导，培育农业对外投资的市场主体

国家应该在企业对外投资中作出必要指导。我们认为，从投资的国家和地区看，应重点向投资回报高、市场需求大、可缓冲我国资源紧缺矛盾的发展中国家，特别是非洲、拉丁美洲、中东及独联体的一些国家进行投资；从农业对外投资重点看，当前应限定在如下方面：1.农业产业范围内的对外投资、对外农业工程承包、劳务合作、对外援助以及其他经济技术合作；2.紧紧围绕着农业经济活动，包括海外种植、养殖、加工以及生

产资料、农业机械生产等；从投资方式看，应该以对外直接投资为主，以间接投资和其他经济技术合作、农村劳务输出、对外农业工程承包以及农业类经济技术合作等为外延；以发展中国家为重点，以发达国家为补充；以资源开发型投资和出口导向型投资（境外加工贸易）为主线，以市场开拓型和高新技术型投资等为辅助；以不同所有制类型的中国跨国公司为主体，尽快形成能够"走出去"的农业企业群体，提高我国农业的国际竞争力和市场占有率，推进我国可持续发展战略的实施。

（三）建立农业对外投资的保障机制，保障海外投资适度安全

要进一步增加政府对农业的投入，把长期以来向工业倾斜的政策转向农业倾斜，改变农业投资长期不足的状况。按照《农业法》的要求，财政支农资金的增长速度要略高于 GDP 的增长速度，切实改变农业科技落后、农业基础设施薄弱的状况。同时要加快农业投资体制改革，按照事权划分原则，明确划分国家和地方政府在农业投资中的责任，提高政府农业投资效益。另外，应制定优惠政策，吸引外商增加农业投资；要多方争取世界银行和有关国家政府贷款用于农业，努力扩大农业利用外资的规模和渠道，提高农业利用外资的比重。

总之，在农业国际化进程不断加速的背景下，中国应该立足于农业资源相对不足的现实，在借鉴国外尤其是发达国家农业先进经验的基础上，充分利用农业国际化在世界范围内进行农业资源的优化配置有效作用，积极实施"以劳力换土地"战略、"科技兴农"战略、"农产品贸易"战略和"走出去"战略，通过国际市场来配置我国农业发展所需的土地、农业技术、资本、生产资料、农业人才等农业资源，才能保证我国农业国际竞争优势，也就可以实现中国农业世纪发展目标。

第九章　资源约束下中国现代农业建设的
目标思路与政策建议

第一节　中国现代农业建设的理论依据

关于现代农业和农业现代化建设的理论有很多，我们认为农业的多功能性理论可以为我国现代农业建设的目标提供一定的方向，而比较优势理论、诱致性技术创新理论以及国际分工理论，则可以为我国现代农业建设的技术进步路线提供指导。

一、农业的多功能性理论

日本政府为了保护其"稻米文化"，提出了农业不仅能确保粮食的稳定供应，而且能带来社会、生态、文化等多方面效用的观点，认为农业具有多功能性。1992 年联合国环境与发展大会通过的《21 世纪议程》正式采用了农业多功能性（multi-functionality of agriculture）提法。1996 年世界粮食首脑会议通过的《罗马宣言和行动计划》中明确提出将考虑农业的多功能性特点，促进农业和乡村可持续发展。1999 年，日本颁布了《粮食·农业·农村基本法》，以立法形式确立了发挥农业多功能作用的新概念，强调农业除具有经济功能外，同时还具有社会功能、生态功能和政治功能等多种功能。欧盟《2000 年议程》也体现了农业多功能性的特点以及实现农业多功能性的要求。目前不同国家、不同学科领域以及不同政治团体，对农业多功能性的研究在快速升温。挪威学者 Brunstad（2005）通过对挪威农业发展的研究，得出了将国家支持措施转向支持农业生产技术，比支持生产本身会有更高效率的结论。他认为如果没有政府支持，生产成本高的国家的农业公共品的供给水平相对于需求将会出现短缺。澳大利亚学者 Bennett et al.（2004）的研究表明维持农村地区农民的生存和就业是农业多功能性的一个方面。他认为澳大利亚农村地区人口的下降应成为必须高度重视的政治问题，公众正在要求支持农村社区以防止农村人口的下降。在欧洲和美国，也同样存在类似的政治压力。欧盟学者的研究主要集中在农业多功能性的环境因素方面。Boisvert（2001）在《农业多功能性分析框架》一书中分析到，农业的非商品产出有正产出和负产出，如农业景观美学休闲价值和环境中农药化肥等化学物质的残留分别为正负产出的典型代表。在市场失灵的情况下，如果没有政府相关政策的激励，农民在作出其生产决策时，很大程度上仅仅取决于他们的最低生产成本策略，而完全独立于化肥农药残留量等负外部性。

我国学者对农业的多功能性也进行了大量研究。吕耀（2004）认为农业在我国劳动力就业、经济缓冲、社会福利保障替代方面都具有较大的非商品产出价值，具有显著的正外部性，但是在环境方面却带来较多负的非商品性产出，在粮食安全保障方面非商品产出边际价值不大，传统文化继承和农业景观的外部性存在需求不足和供给过度状况。朱启荣（2003）认为，我国 9 亿人口在农村，农业在保障就业、减缓劳动力向城市转移、保持社会稳定、经济缓冲、保证粮食安全、保护生态环境等均具有显著的正外部性功能。农业多功能性和农业非商品产出价值是有条件的，农业多功能性价值因各国的农业生产条件和社会、经济、文化情况不同而变化（杨楠，2005；张红宇，2006；张皞，2005）。

综合大多数学者的观点，我们认为，农业多功能性是指农业除具有生产食物和植物纤维等农产品这一主要和传统的认知功能外，还具有其他经济、社会和环境方面的非商品生产功能，主要包括农业非商品产出的保护和改善环境、形成农业景观、维护生物多样性、保持农村活力和地区平衡发展、确保粮食和食品安全、农村失业保障、替代社会福利保障、经济缓冲、消除贫困和确保农民生计、保留农村文化遗产等。农业的多功能性具有以下特征：①注重生态环境的保护。农药、化肥的使用不再是农业增加产量的主要手段，农业更倾向于生产人们的现代消费品、工业投入品、出口创汇的农产品以及进行有利于保护生态环境的农业活动。②为农业生产提供直接服务的各种经济活动，如农资供应、农业基建、农产品收购、加工、贮藏、运输、农技推广、人员培训、信息咨询等，在农业生产中所占比重不断提高。③满足国内外居民消费需求的新型产业，如假日农业、休闲农业、观光农业、旅游农业等，在农业生产中所占比重不断提高。④农业与其他产品部门的结合空前紧密。农业作为一个社会事业部门的属性日益明显。

充分发挥农业多功能性，不断优化农业结构，巩固农业的基础地位，是我国经济社会快速发展过程中，推进现代农业建设的客观需要。首先，我国是一个城乡二元经济社会结构明显的国家，农业发展滞后、农村基础设施薄弱、农业劳动力素质低下、农业生产手段落后、农业比较利益低。农业发展主要是为了满足食物消费及增加农民收入，农业的非商品产出和非市场功能没有得到应有的重视。因此，农业多功能性建设对于改变农业所处的不利地位有重要作用。其次，为了增加食物供给、增加收入，我国广大农村地区长期而普遍地存在着盲目农垦、毁林开荒、开山辟田、填湖扩田、粗放经营等问题。为了增加产量，化肥、农药的大面积使用造成了环境污染、土壤退化、水土流失、物种减少等生态和环境问题，甚至引发了严重的生态环境危机。工业化、城市化进程的加快造成耕地面积的大幅减少及退化，这些活动严重影响着我国农业和社会的健康、稳定、可持续发展。所以，农业多功能性建设可以使我们改变传统的农业发展思路和模式，对现代农业建设有着积极的促进作用。

二、诱致性技术创新理论

日本农业发展经济学家速水佑次郎和美国农业发展经济学家弗

农·拉坦通过对日本和美国农业现代化过程的考查，在 20 世纪 70 年代初提出了诱致性技术创新理论（速水佑次郎、弗农·拉坦，2000）。希克斯—速水—拉坦—宾斯旺格的诱致性技术进步和创新模型认为，在市场经济中，要素相对价格的变化将诱使人们去寻求和选择那些能替代日益稀缺的生产要素的技术。所以，一个经济中要素禀赋的相对丰裕度不同，会导致技术变迁和进步有效路径的不同（林毅夫，1994）。同时，他们也没有仅仅认为农业技术进步是科学技术知识自发进步的产物，而是进一步认识到农业技术进步是对资源禀赋状况和产品需求增长的动态反应。施莫克勒—格里克斯对产品需求对技术进步的影响作了更进一步的说明，他们认为在其他条件不变的情况下，一种商品的新技术的可得性是该商品市场需求的函数。更明确地说，农业技术进步是由要素相对价格的变化和产品需求的增长诱导的。

诱致性技术创新理论在农业的实际应用中也有较大的价值，是具有全面性、综合性的一种农业增长理论，有利于推进我国的现代农业建设。在市场经济中，农业生产者和其他部门生产者一样，随着由投入要素价格比率来表示的资源相对稀缺性的变动，总是尽可能地采用密集使用较丰富而廉价的要素替代那些稀缺而昂贵的要素的诱致性创新技术。最先采用这类科学技术的农业生产者会明显地降低成本，具有较强的竞争力和示范作用，很快便征服其他农业生产者，于是先进的农业科学技术便会在全社会迅速地流行起来。

三、国际分工理论

国际分工是国家或区域之间在从事商品生产时，相互间实行的劳动分工和产品分工，它是社会分工向国际范围扩展的结果。斯密（1776）认为，按绝对成本差异进行国际分工和国际贸易，各国都能发挥生产中的绝对优势而获得贸易利益。生产成本绝对差别的存在，是国际贸易分工产生的基础和原因。李嘉图发展了亚当·斯密的绝对优势理论，1817 年在他的《政治经济学及赋税原理》一书中建立了比较优势理论，即国际贸易的基础并不限于绝对成本差别，只要各国之间的产品的生产成本存在着相对差异，就可参与国际贸易分工并取得贸易利益。1933 年，瑞典的经济学家伯尔蒂尔·俄林出版了《地区间贸易和国际贸易》一书，提出生产要素禀赋理论，即各国都生产密集使用本国禀赋较多、价格相对便宜的生产要素的商品以供出口，这样，双方都可获得利益。

国际分工理论对于选择中国特色的现代农业建设道路有重要启示。总体上来讲，我国应该生产劳动、资本密集型农产品以供出口，进口土地、水资源密集型农产品，通过参与国际贸易，缓解农业资源约束和分享全球农产品贸易的贸易利益，从而加速现代农业建设。此外，我国领土面积广大，不同地区地形地貌、气候条件、水热条件多种多样，农业生产依赖自然环境，农业生产要素中的土地、热量、气候、水资源、光热等自然要素具有不可流动性，从而不同区域农业生产发展面临的生产环境不同，区域间差异明显，这些构成了不同地域的要素禀赋；尽管劳动力、生产技术、信息、资金等农业投入要素可流动，但建立在自然环境基础上的这些投入要素的生产费用、流通费用、转移费用也有明显的差别，这些构成了各区域不同的比较优势。这样，不同区域农产品的生产以及农业活动，同不同国家应根据本国的要素禀赋生产具有比较优势的农产品一样，应该依据各个区域不同的要素禀赋，遵循比较优势的原则，各个区域生产具有比较优势、发展密集使用本区域禀赋较多的农业资源的农产品及农业活动，可以提高农业投入要素利用率，实现区域生产经营效益最大化。各区域通过参与国内、国际贸易，同样缓解了农业资源约束，获得贸易利益，从而加速现代农业建设。

第二节　资源约束下中国现代农业建设的总体思路及主要目标

一、资源约束下中国现代农业建设的总体思路

在文章的第一部分，我们已经详细地介绍了中国农业资源总体概况

及农业资源的区域分布；第三部分通过阐述工业化和城市化对中国农业资源变化的影响，对未来农业资源的变化进行了展望。通过这两部分的分析，我们对中国农业资源的总体概况及变化趋势有了较为清晰的认识。总体来看，中国国土面积广阔，但未利用土地多分布在海拔较高、缺水和气候比较恶劣的地区，开发难度和成本较大。而且，随着工业化、城市化进程的加快，大量土地资源被占用，农业用地数量不断减少；大量农药、化肥的使用所造成的环境污染、生态破坏等也使得农业用地质量下降。中国水资源总量不丰富，人均占有量更低，并且地域分布极不均衡，水资源富集地区和经济发展重心偏离。工业化和城市化的发展又加快了水资源的消耗速度，同时，工业废水和生活污水的大量排放，严重影响了水质。水资源的数量和质量正在不可避免地下降。中国劳动力资源丰富，但随着工业化、城市化进程的加快，大量有文化的青壮年劳动力从农村转移出来，留在农村从事农业生产的更多是老人和妇女。这种转移不仅导致了大量农田被撂荒，而且也阻碍了现代农业技术的推广和农田水利基础设施的建设，进而不利于农业生产效率的提高和农业生产的发展。另外，尽管我国已经进行了大量农业基础设施建设投资，但我国农业基础设施的整体水平还是比较低，而且区域间差距较大，尤其是中西部地区的农业基础设施较为薄弱，这也制约了我国的现代农业建设。

总之，工业化和城市化进程的不断推进，在提升我国利用工业技术提高农业产出能力的同时也使我国比较稀缺的农业资源被大量占用和破坏，现代农业建设面临着日益严重的农业资源稀缺的约束。为突破农业资源约束的"瓶颈"，我们必须实现各种农业资源的高效集约利用，立足战略高层次，把我国现代农业建设列为重要目标，确保农业长远、可持续发展，全方面提高农业的竞争力。我国的现代农业建设是一项长期的、复杂的、艰巨的系统工程，建设现代农业必须从我国的具体国情出发，遵循客观规律，有重点、有计划、有步骤地去推进，努力走出一条具有中国特色的现代农业发展之路。总的指导思想是以保障国家粮食安全为基础，改造传统农业，提高科技含量，大幅度提升农业核心竞争力。大力推进农业产业化经营，拓展产业范围、延长产业链条，大力发展各种形式的农业合作组织，提高农业生产的组织化、专业化、规模化、标准化和社会化水平。按照高产、优质、高效、生态、安全的要求，加快转变农业增长方式，推进农业科技进步与创新，强化农业物质技术装备，健全农业产业体系，提高土地产出率、资源利用率、劳动生产率，增强农业抗风险能力，提升国际竞争能力和可持续发展能力，实现农业发展、农民增收、农村繁荣。

二、资源约束下中国现代农业建设的主要目标

（一）确保适当粮食自给率，保障国家粮食安全。

粮食安全始终是关系一国经济发展、社会稳定和国家自立的全局性重大战略问题。随着人口的增加，我国粮食消费呈刚性增长，同时，城市化、工业化进程的加快，水资源、土地资源、农业劳动力资源等因素的制约使粮食持续增产的难度加大。生物燃料的发展以及全球粮食消费增加，使国际市场粮源偏紧，国际粮价波动加剧，利用国际粮食市场调剂余缺的空间越来越小，因此必须坚持立足国内实现粮食基本自给。但是，粮食安全在不同发展阶段都有个底线问题。目前，肉、蛋和蔬菜等农产品消费增加，直接粮食消费减少。粮食安全成了一个动态平衡概念，应突破狭隘的传统粮食安全观念，与工业化、城市化、农民增收和国际农产品的进出口调节等问题统筹看待，既要保证相当水平的粮食自给率，保证国家战略层面的粮食安全，也要考虑通过结构调整增加收入，促进农村区域发展和生态环境的改善问题。

（二）提高农业要素生产率，特别是提高土地和劳动的生产率

在第三章中详细说明了随着工业化、城市化进程的加快，我国农业资源（土地资源、农业劳动力资源、水资源）数量会不断地减少。鉴于我国土地资源、水资源、农业劳动力资源数量日益下降的现实，依靠农业投入要素数量的增加来发展现代农业建设是行不通的，只能走强化农业投入要素这条道路，即提高土地和劳动生产率。

（三）发展休闲、旅游、观光农业，改善生态环境

为适应我国现代农业建设的要求，要综合开发农业和农村资源，调整和优化农业结构，因地制宜地发展休闲、旅游、观光农业，积极开展乡村农耕文化和民俗文化旅游，不但可以改善生态环境，还可以实现农业增效、农民增收、农村发展。

第三节　中国现代农业建设的政策建议

一、中国总体现代农业建设的政策建议

如前文所述，随着城市化、工业化进程的加快，农用土地资源、水资源、劳动力资源数量不断下降，在此资源约束下进行现代农业建设任务更加艰巨。面对这样的资源约束背景，现代农业建设一方面要注重提高资源利用效率，另一方面要充分利用国外资源。要提高资源利用效率，必须从优化农业生产函数的角度，探寻具体路径。农业生产函数包含：技术、生产组织方式、农业资源（土地、水、劳动力）、国家政策制度四个主要因素。在利用国外资源方面，应以国际分工理论为指导，积极参与国际分工，充分利用各国农业资源的比较优势，进口本国处于资源比较劣势的农产品，出口本国处于资源比较优势的农产品，这对于缓解农业资源约束和分享全球农产品贸易利益具有重要意义。我国在资源约束背景下建设现代农业的具体政策建议如下：

（一）走综合性的中国特色农业技术进步道路

现代农业建设的本质在于选择适宜的技术推广应用，从而以既定的要素投入实现产出的最大化。技术进步不仅体现为要素投入绝对量的变化，而且也体现为要素投入相对量的变化。根据诱致性技术创新理论，针对我国农业资源供求矛盾日趋紧张的现实，现代农业建设必须走以资源节约——尤其是土地和水资源节约为主的技术道路。我国进行现代农业建设应该加强农业生物科技的发展，培育拥有自主知识产权的优良农作物品种，提高我国农业核心竞争力。积极发展多元化、社会化农技推广服务体

系。提高农业机械化水平，推广农机深耕、秸秆还田，支持小型农机具在丘陵、山区的采用。加强节水灌溉技术的引进与应用。根据希克斯的定义，农业技术分为四种类型：1. 节约劳动型。主要通过机械技术的推广和使用来实现对劳动的替代，使单位面积土地上的劳动使用量减少，从而提高劳动生产率，这种类型的技术也称为农业机械化技术。2. 节约土地型。主要是通过肥料、农药、耕作技术和优良品种等生物化学技术来实现劳动和工业品对土地的替代，其结果是提高土地的生产率，这种类型的技术也称为生物化学技术。3. 节水型技术。主要是通过灌溉技术的进步，例如用滴灌或喷灌的方式来替代传统的大水漫灌方式，可以达到节约水资源的目的，这类技术称为节水型技术进步。4. 综合性技术进步。技术进步及其推广应用引致土地、劳动和水的综合性节约，即生产既定产量所需要的土地、劳动和水都下降，土地生产率和劳动生产率、水资源生产率及其利用率都持续提高。由于我国不同区域自然环境、资源条件、经济发展水平都有较大的差异，因此，各地区应该因地制宜，分清主次，走适合本地区的技术进步道路，这样才能更有效地推动农业生产率的提高。

（二）优化农业内部及与其他部门间的组织效应

对于不同的产业，由于其需求与供给的不同特性，会表现出不同的可分工性或者大小不同的分工深化空间。农业不同于工业及服务业的基本特征就在于其生产活动中生产要素的空间的不可移动性，播种、插秧、施肥、除草、防虫、灌溉、收割、仓储等多种农艺活动需要在同一个地域范围内进行。分工与专业化是提高生产力的重要的条件，对农业生产环节的专业化分工是农业增长的保障。我国许多地区农户人均耕地面积较少，这使得现代化的机械设备难以采用，生产率较低。通过建立农村合作组织进行生产环节的专业化分工，组建专业生产队，进行标准化作业，这将促进农业生产效率的提高，推进现代农业建设。除了在生产过程内分工外，还应加强农业与其上、下游产业的连接机制，进行产业化经营。我国存在着"小农户"与"大市场"的矛盾，发展农业产业化经营，可以解决分散农户进入市场的问题。农业产业化是以市场为导向，以经济效益为中心，以主导产业、产品为重点，优化组合各种生产要素，实行区域化布局、专业化生产、规模化建设、系列化加工、社会化服务、企业化管理，形成种养加、产供销、贸工农、教科研一体化经营体系，使农业走上自我发展、自我积累、自我约束、自我调节的良性发展轨道的现代经营方式和产业组织形式。通过大力培育和扶持龙头企业、完善农业产业化内部的利益连接机制，发展各种形式的农业合作组织，发展农业产业化经营，拓展产业范围，延长产业链条，提高农业生产的组织化、专业化、规模化、标准化和社会化水平，这将有利于农业的发展及现代农业建设，因此，农业产业化是开拓现代农业新局面的重要途径。

（三）强化农业投入要素，提高要素生产率

鉴于我国农用土地、水和劳动力资源数量日益减少，依靠农业投入要素数量的增加来进行现代农业建设是行不通的，只能通过提高农业投入要素的质量来发展现代农业，以"质"的提高来抵消"量"的不足。

1. 提高农业劳动力素质

农业劳动力的科技文化素质决定了农业发展的速度和质量。首先，农业劳动力素质的提高可以改变传统的生产观念，破除旧的农业发展观，使农业生产者树立可持续发展观，以及接受现代农业发展新模式，树立生态环保意识以及人与自然和谐发展的思想，将农业的经济效益、生态效益、环境效益和社会效益有机统一起来，这有利于保护和合理利用有限的农业资源，以及发展生态农业和"绿色农业"。其次，农业新技术的推广对于现代农业建设具有重要作用，而只有素质较高的农业劳动力才愿意且有能力接受这些新技术。只有接受并利用现代科学技术成果、具备现代农业经营管理能力的高素质农业劳动者，才能创造出较高的农业生产率和经济效益，才能建成现代农业发展模式。美国著名经济学家舒尔茨认为人力资本是较物质资本更能推动农业生产率提高的资本。人力资本的开发和积累需要对人力进行投资，包括对人的教育、职业培训及卫生保健的投资。其中教育和培训是提高劳动者素质和进行人力资本开发最重要的途径，教育投资可以提高劳动者或潜在劳动者的科技文化素质、劳动技能和劳动效率，有效开发劳动者的才智，更新劳动者的思想观念。农村教育对于开发农业人力资源，提高农业劳动者的科技文化素质，推广应用农业新技术和促进农业快速、稳定、健康发展等具有不可替代的作用，因此应该大力发展农村教育。

2. 加强耕地改造和保护

土地是农业生产最基本的生产资料，是人类赖以生存和农业生产得以发展的物质基础。我国农用土地资源日益稀少，对土地资源进行改造和保护迫在眉睫。加强农地改造，大力建设高标准农田。立足于现有耕地，应用常规和现代科学技术，保持土壤肥力，减少土壤退化和侵蚀，合理耕作、轮作，重视化肥、农药的残留处理和水分保持，改善养分循环，提高现有耕地生产率。安排政策性贷款，支持土地整治、土壤改良和农田生态环境建设。加大对测土配方施肥和土壤有机质提升的补贴力度。推广保护性耕作技术，对应用旱作农业技术给予补助。调整农地结构，归并零散地块。归并整理田、地、坎，把细碎、零散的地块集中起来，以便更有利于机械化生产。实行田、水、路、林综合治理，大规模开展中低产田改造，提高高标准农田比重。复垦废弃土地，开发宜农荒地。整理农村建设用地，充分利用村内空闲地与空宅，缩并零散的小村落到集中村或集镇，整理乡镇企业用地、工矿废弃地、废砖窑复垦还田，整理水利、交通工程建设中占压的废地。

3. 加强水利基础设施建设

修建、扩建水库、水渠，改善灌溉条件，建设明沟、暗管等排涝设施，增强农田排水能力，保障农田旱涝兼收。加快大中型水利枢纽工程建设，搞好蓄滞洪区建设和山洪灾害防治。大力推进大中型灌区续建配套和节水改造，对病险水库除险加固，加快大型灌排泵站更新改造。大力发展高效节水灌溉，支持山区、丘陵地带建设雨水集蓄等小微型水利设施。深化水利工程管理体制改革，加强小型农田水利基础设施建设，完善管理体制，落实管理责任，建立长效机制。加强基层抗旱排涝和农村水利技术服务体系建设。保护水资源，节约用水，开源节流，防治和控制水源污染，严格执行《中华人民共和国水法》《中华人民共和国水污染防治法》等法律制度。

4. 提高农业机械化水平

提高粮食生产的机械化水平，推广农机深耕、秸秆还田，支持小型农机具在丘陵、山区的采用，把人力、畜力为主要动力的生产手段转变为以机械动力为主，使用现代化的耕作工具与技术改造传统农业的耕作方式，提高劳动生产率。提高农业机械化水平是提高农业综合生产能力的一项重要措施，对农民个人、农场职工、农机专业户和直接从事农业生产的农机服务组织购置大中型农业机械给予补贴是我国 2004 年开始实施的农机购置补贴政策。农机购置补贴已形成了一整套管理制度，确立了以"五项制度"为核心的操作办法，即补贴机具竞争择优筛选制、补贴资金省级集中支付制、受益对象公示制、执行过程监督制、实施效果考核制。但是还应该加强规范操作，努力做到公开、公正、公平，严格执行公示制度，对农民实际购机情况公示到乡村，接受农民监督，开发农机购置补贴管理系统，实现网上申报、审核，提高效率，加快结算，方便监管。继续推进主要粮食作物关键环节机械化为重点的同时，逐步满足丘陵、山区农机化发展需要，为现代农业发展提供有效的物质装备保障。

（四）现代农业建设的政策支持与法制保障

农业是国民经济的基础，尽管农业在国民经济中相对份额不断下降，但农业的基础地位不会动摇。由于具有多功能性特点，农业除了对国民经济作出直接贡献外，还具有正的外部性。农业生产虽然在广大农村地区进行，但它所产生的环境效益是全社会都可以享有的，因此需要国家的大力投入来支持农业的发展。此外，非农产业已在国民经济中占据强有力的优势地位，其自身积累和发展能力也增强到了反哺农业的阶段。加大对农业的支持，实质就是要处理好对农民的"取"与"予"的关系，改变农业在资源配置和国民收入分配中所处的不利地位，实现农业与其他产业间的利益均衡。在政策制度上向农业倾斜，给予农业税收、资金和科技支持，加强工业反哺农业、城镇反哺农村，改变农业的弱势地位，保障现代农业建设的有效推进。逐步建立一体化的现代农业法制，保证有法可依的解决市场经济发展中遇到的各种损农、害农的违法行为，保护农民利益。加强农业补贴立法，保障在补贴过程中农民的合法权益；制定农业投入法，保障对农业的资金支持；制定农村财政转移支付法，实现城乡间财政地位和公共服务水平的均等化；制定农村公共投资法，保障农业的基础地位，实现农业外部性的最优配置。

（五）充分发挥比较优势，积极参与国际分工

我国农用土地和水资源稀缺，总体上讲，应该进口土地和水资源密集型农产品，出口劳动力和资本密集型农产品，从而达到进口土地和水资源的目的。但在我国的不同地区，由于土壤、气候、光热、水质等条件各不相同，从而形成了不同地区独有的农业要素禀赋。因此，不同地区应该依据各自的要素禀赋，遵循比较优势的原则，生产密集使用本地区农业资源禀赋较多的农产品，并通过参与国内、国际贸易，缓解本地区的农业资源约束，加快现代农业建设的步伐。

二、各区域现代农业建设的政策建议

由于我国领土面积广大，不同地区地形种类繁多各异，气候条件、光热资源、水资源、土壤状况各不相同，经济发展水平也有较大差异，因此我国现代农业建设应该根据不同地区的资源禀赋条件、经济、社会、人文环境，因地制宜，在不同地区走适宜的诱致性技术创新道路，发展具有比较优势的农业生产，走中国特色的现代农业建设之路。

东北区农业自然资源相对丰富，农业劳动力相对短缺，人均农业用地高于中国其他地区。东北农业的基本生产单位是个人农场，其中，仅黑龙江省就有 8510 家个人农场。根据诱致性技术创新理论，在现代农业建设过程中，东北区应加强农业机械的推广应用，实现农业劳动的高装备、高效率及土地的规模经营，提高劳动生产率。东北区应充分利用其土地优势，生产土地、资本密集型农产品。东北广阔的林地和草地面积为林业和畜牧业的发展提供了优越条件，淡水资源丰富，适宜发展淡水养殖业。东

北是我国最大的玉米、优质粳稻和非转基因大豆产区。松嫩平原和三江平原，是我国重要商品粮基地和优质稻米生产基地。在该地区应强化投入要素，调整农地结构，归并零散地块，提高农业机械化水平。加强农地改造，实施土壤深松深翻、秸秆还田，增强土壤保水保墒能力，保护耕地。针对农田灌排设施建设严重滞后的问题，加强新水源工程建设，加大现有灌区续建配套及节水改造力度，完善灌溉设施，提高灌溉保证率，尽快建成防洪排涝体系。提高农业劳动力素质，大力发展职业教育，根据农村受教育对象基础的复杂性开展多种形式的短期培训，科技人员亲临现场指导，培养出各类型的实用农业人才。发挥农村科技能人的"传、帮、带"作用，推广普遍适用的农业新技术。建设和完善农民素质教育体系，发展各类型农业院校和技术学校。利用已有的教育教学资源完成农村劳动力的教育培训工作，以长期的途径，采用低收费制，其差额由地方财政或国家财政支付，采用多种办学形式提高农村劳动力的受教育程度。从长远来看，应该致力于培养知识型农民，从根本上提高农业劳动者的素质，为现代农业建设创造良好条件。

东中区人均农地资源的丰缺度属中等型，但水资源严重不足。根据诱致性技术创新理论，东中区既要重视用现代工业技术装备农业，提高机械化水平，又要重视现代科学技术在农业的普及与推广，特别是优良农作物品种的采用，走机械技术、生物技术与节水型技术并重的农业科技发展之路，逐渐实现农业机械化、电气化、水利化、园林化，使土地生产率和劳动生产率都得到大幅度提高。该地区应该生产密集使用土地、劳动力的农产品，与其他地区或国家的水资源密集型农产品交换，达到进口水资源的目的。该地区农田水利基础设施老化失修，灌溉面积萎缩严重。应加强水利基础设施建设，采用节水灌溉技术，提高灌溉能力。同时要注意保护耕地和生态环境，合理耕作、轮作，重视化肥、农药的残留处理和水分保持，改善养分循环，组织力量研制新型农用地膜，防止农用地膜污染，以保证土壤肥力的持续性。在条件适宜地区，推广耐旱品种及玉米晚收、小麦晚播种植模式。

东南区土地资源稀少，但劳动力资源丰富。该区现代农业建设应把科技进步放在首位，致力于提高单位面积产量，改良农作物品种，加强农田水利基础设施建设，着重发展现代农业生物技术。加强农业生产过程的专业化分工，解决生产经营单位规模小带来的机械使用成本高的问题，提高农业机械化水平。该区应该集中生产劳动、水资源密集型的农产品，与其他地区或国家的土地资源密集型农产品交换，达到进口土地资源的目的，缓解该区人多地少的矛盾。该地区除了江苏省是粮食主产省外，其他省份都需要从省外调入粮食。之所以会出现这种"北粮南运"的现象，主要原因在于该地区工业化和城市化进程的加快，大量耕地被占用，粮食播种面积随之减少，粮食产量不断下降。因此，应加强该地区土地非农占用的管理，加大土地整理和复垦力度，同时强化农田水利基础设施建设，稳定粮食播种面积。

中北区是我国传统的农业区，长期以来承担着保障国家粮食安全的重任，但该区农业发展目前面临诸多不利因素，亟待综合治理。该区大部分为黄土高原，水土流失严重，应加强耕地保护及生态环境建设，进行农地改造及对农村建设用地进行整理，加强水利基础设施建设，提高灌溉水利用率和效益，提高土地生产率。该区土地面积广阔，应加强农业机械的推广应用，提高农业机械化水平。该区南部的淮北平原、江河平原等地区生产条件较好，适宜生产土地与技术密集型农产品。中北区地貌多样，适宜发展经济作物。而且该地区独特的自然风光和悠久的历史文化传统，使该地区有发展观光、休闲、旅游农业的天然基础。

中南区农业生产条件优越。中南区也是我国传统农业区，是水稻主产区。该区耕地面积较大，必须大力发展农业机械化，同时推广现代农业生物技术，走机械技术与生物技术并重的科技进步之路。针对部分地区排涝措施不足、排涝标准偏低问题，应该加大低洼涝区和环湖地区排涝体系建设，进行灌区续建配套，提高灌溉保证率。中南区适宜发展土地、水资源密集型农产品，还适宜发展果树林业，种植经济作物。该地区拥有独特的自然风光、悠久的历史文化，适宜发展、休闲、观光、旅游农业。

　　西北区虽然土地面积辽阔，但难以利用的土地占有较大比例，可以利用的土地资源中，草地面积大，耕地和林地很小，因此，西北地区应以发展牧业为主。西北区农业生产方式较落后，工业化、城市化进程缓慢，因此环境污染较小，适宜发展无公害、绿色、有机农产品。该地区水资源短缺，应该发展旱作节水农业，加强耐旱农作物品种培育和推广，普及地膜覆盖、注水播种、抗旱保苗等农业节水技术。此外，西北地区自然风光以沙漠、草原景观为主，山地高大雄伟，且拥有丰富的历史、民族文化，适宜发展休闲、观光、旅游农业。

　　西南区水资源充足，农业劳动力丰富，适宜发展密集使用水资源和劳动力的水产养殖业。同西北区类似，西南区的农业生产也主要以传统方式为主，农药、化肥等施用量较少，工业污染相对较小，清新的大气环境，优质的水土资源为该区发展无公害、绿色、有机农产品提供了优越条件。西南独特的资源、环境条件，适宜生产水果及特色经济作物，四川蜜橘、奉节脐橙、云南甜角等都是具有明显竞争优势的品种。西南区也是我国少数民族聚居区，而且该区的巴蜀文化、藏传佛教文化、喀斯特地貌及各种名胜古迹为其发展旅游、观光和休闲农业提供了天然基础。该区坡地较多，应加强坡耕改造，建设标准农田，推广小型农机具。加强水利基础设施建设，特别是塘坝、窖（池）等小型蓄水、提水工程建设，同时完善明沟、暗管等排涝设施，增强农田排水能力，保障农田旱涝兼收。

第十章　中国应对国际粮价波动争取国际粮食定价权的政策建议

　　我国加入 WTO 之后，通过自身的努力已经能够参与到全球经济一体化的进程之中。与此同时，随着我国城市化进程的加快以及现代化水平的提升，我国在发展中对资源和原材料的需求剧增。但是，受到资源短缺和环境污染加剧的影响，国内的资源和原材料供应远远不能满足急剧增加的需求，这些使得我国开始大规模地进行粮食等大宗商品的进口，这也导致我国的发展对国际粮食市场依赖程度加深，国际国内粮价关联性增大。而近年来，国际粮食价格波动剧烈，这将对我国粮食价格产生较大影响，进而影响我国粮食安全。

　　我国拥有的耕地面积和人口在世界上占有举足轻重的地位。据《国际统计年鉴》数据计算，我国耕地面积占世界总耕地面积的 7.63%，谷物产量占世界谷物总产量的 21.09%，人口占世界总人口的 19.05%，是典型的世界粮食生产大国和消费大国。从而，我国在进行粮食等国际大宗商品进口交易过程中，这些大宗商品的价格无一例外地都会出现上涨，这使得我国必须通过支付更多的钱才能买到这些商品；而我国在进行出口交易过程中，所要出口的大宗商品的价格都无一例外地会下降，使得我国在国际市场交易中获得收益降低。"高进低出""贵买贱卖"对我国经济发展和国家利益带来严重的损害，使我国经济发展成本增加，给国民经济发展带来严重的负面影响。在参与国际粮食市场交易过程中，我国所付出的代价惨重，这就要求我国积极地去参与、争取国际粮食定价权。争取国际粮食定价权有助于实现农民收入持续增长、确保物价稳定，对我国经济发展和国家安全有着重要的理论意义和现实意义。

中国应对国际粮食价格剧烈波动、积极争取国际粮食定价主导权，应该主要从国际粮食价格波动的原因出发，并结合中国国情，稳定中国国内粮食生产、降低国内粮食使用波动、充分发挥库存和国际贸易的调剂余缺功能、影响全球经济形势、实施企业联盟和走出去战略、加强资本及期权期货市场的建设等。具体而言：

第一节　降低国内粮食供求波动

一、城市化背景下稳定国内粮食生产

由上述分析可知，国际粮食价格波动主要取决于供求基本面因素。基于粮食的需求价格弹性和需求收入弹性较低的特点，供给和需求相比，国际粮食价格波动受供给波动的影响较大。就国内供给波动的影响因素而言，国内粮食生产波动对粮食供给波动的影响最大，进而对国际粮食价格波动有显著影响。

从粮食市场结构来看，国际粮食市场属于寡头垄断市场，整个市场集中在少数几个国家手中，这几个寡头国家每个国家的出口份额、进口份额在世界粮食生产总量、进口总量中所占比重都较大，存在明显的"大国效应"效应。根据《国际统计年鉴》相关数据计算，2012 年，美国农产品出口额占世界农产品出口总额的 10.38%、荷兰占 6.23%、德国占5.54%、巴西占 5.22%、中国占 3.99%、加拿大占 3.79%、阿根廷占 2.60%。从世界农产品进口份额来看，中国农产品进口在世界农产品进口总量中占8.90%，其次是美国、德国、日本、荷兰，分别占世界农产品进口总量的8.13%、6.38%、5.37% 和 4.12%。

寡头垄断市场结构中，这几个寡头厂商可以选择价格，也可以选择产量作为决策变量，从而进行价格竞争或产量竞争，使自己利润最大化。

寡头垄断市场中企业数量较少，每个寡头国家的行为决策不但会对自己产生影响也会对竞争对手产生影响，进而寡头垄断国家愿意并且能够形成合谋，几个寡头国家可以像垄断者一样生产，获得垄断利润。加上粮食需求弹性较低，所以在粮食市场中，供给方掌握主动权，而需求方处于更加不利的地位。一旦粮食主产国实施出口限制政策，将给粮食进口国粮食安全、社会稳定带来严重影响。因此，我们不能把国际粮食市场作为确保国家粮食安全的重要保障，粮食必须依靠国内粮食生产，确保国内粮食供给。

改革开放以来，中国农业发展取得的成绩较为显著，农业综合生产能力获得了较大提高，农民收入水平持续上涨，以不到世界 8% 的耕地养活了近世界 20% 的人口，为农业的现代化建设和农村的小康建设提供了坚实基础。根据世界银行发展数据库相关数据计算，中国作为世界农业大国，粮食产量由 1961 年的 107000 千公吨提高到 2013 年的 552876 千公吨。中国粮食每公顷产量为 1192.71 千克，到 2013 年这一数字为 5891.38 千克。人均粮食产量由 1961 年的 162.04 千克提高到 2012 年的 400.86。

需要注意的是，尽管我国农业较之前取得了较大进展，但农业发展还面临诸多挑战，特别是农业发展的可持续性方面。比如：农产品自给率持续下降，且随着人口与耕地的逆向运动及居民食物结构的改善还将造成自给率的进一步下降；中国农业生产面临着耕地、水等资源约束等等。图10.1 是根据世界银行发展数据库相关数据计算的中国粮食单位面积产量增长率、总产量增长率和人均产量增长率。由图可以看出，无论是单位面积产量，还是总产量或者人均产量增长率均呈现出波动中下降的趋势。说明中国粮食生产仍有待进一步加强和提高。

由第二章国际粮食价格波动原因分析可知，国内粮食生产是粮食生产的重要影响因素，而在国内粮食生产的影响因素中，耕地面积的解释能力较强，耕地面积是保证粮食产量的最基本投入要素，其次是农业劳动人口、化肥、石油价格。

为此，在国际粮食价格不断波动的情况下，中国面临的首要任务是

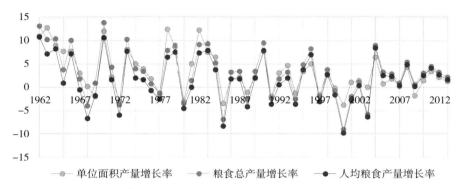

图 10.1　中国粮食单位面积产量、总产量、人均产量增长率

稳定国内粮食生产，要保证粮食需求基本能够自给。就中国粮食生产的投入要素而言具体如下：

就耕地面积而言，图 10.2 是 1961—2011 年间中国耕地面积和人均耕地面积，数据来源于世界银行发展数据库。由图可以看出，中国耕地面积近年来呈现出下降趋势，人均耕地面积总体上也呈现出下降趋势。耕地面积在 1991 年最高为 124875 千公顷，到 2012 年为 105920 千公顷。人均耕地面积由 1961 年的 0.155 公顷下降到 2012 年的 0.078 公顷。

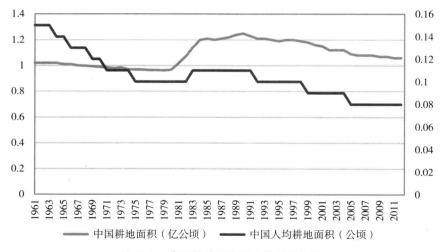

图 10.2　中国耕地面积和人均耕地面积

　　加上中国城市化进程的不断加快，城镇化率由 1949 年 10.64% 提高到 2013 年的 53.73%，这将给粮食生产带来更加严峻的挑战。城镇化进程的加快一方面有可能占用耕地面积，另一方面可能减少农业从业人员。典型的，农村中青壮年人口逐渐转向城市，农业人口逐渐转向非农产业，留在农村、从事农业的多为老人、妇女、儿童，出现了"农民工""新生代农民工""空心村"现象。根据前文分析，我们知道耕地面积对粮食生产影响最大，进而对粮食供给、粮食价格产生影响。由此，在城市化背景下，我们应该继续强化保证基本耕地面积不下降的理念，稳定粮食播种面积。也要重视对耕地质量的保护，科学选择复种的作物种类和品种，切实加强耕地资源保护。同时依靠农业技术创新、组织创新，加强对农业研发的支持，特别是对生物技术的支持，提高化肥、机械等生产要素使用效率，降低石油价格波动对粮食价格波动的溢出效应，不断提高粮食生产效率。

　　提高我国农业生产率有利于增强粮食国际竞争力，降低国际粮食波动的影响。这主要是因为当农业生产率提高时，粮食生产中凝结的无差异人类劳动就会减少，粮食的价值下降，根据价值规律理论，粮食的价格就会下降。而粮食价格降低就会增强在国际粮食市场上的竞争力。因此，我们要缓解国际粮价波动的不利影响，就应该增强农业生产率。

　　农业生产率受多种因素的影响。其中经济发展水平对农业生产率的影响显而易见，经济发展水平越高，农业生产率也越高，反之则越低。经济发展既有量上的增加又有质上的提高，量上的增加即为经济增长，质上的提高则主要表现为结构的变化。因此经济发展对农业生产率提高的影响主要通过经济增长和经济结构优化升级来实现。经济增长体现为国民收入或者人均国民收入的增加，当国民收入增加时，就会有更多的资金用于科研支出，从而促进科技进步，而我国农业生产率的提高主要依赖于技术进步。人均国民收入的提高和经济质量提升也对农业生产率的提高具有反作用。随着经济结构的提升和人均国民收入的增加，无论是农产品加工工业还是居民消费都对农产品的数量和品质有更高的要求，而要增加农产品数量和提高农产质量都需要提高农业生产率。因此,提高我国农业生产率首先是保持经济增长,提升经济质量,提高经济发展水平。

农业产业结构变化是经济结构变化的重要内容,农业产业结构变化更是农业生产率变动的重要影响因素。农业产业结构可以分为农业结构和种植业结构,农业结构是指农林牧副渔业间的比例关系,种植业结构则指粮食作物与经济作物之间的比例关系。农业内部各产业的生产率存在高低差异,而当生产要素从生产率低的部门或者生产率增长慢的部门转移到生产率高的或者增长快的部门时能够促进整个农业生产率的提高。而且农业各部门的要素使用密集度不同,比如水果种植业相对于粮食种植业更偏向于劳动密集型,畜牧业相对于种植业则更偏向于资本密集型。由于不同要素生产率的提高速度、原因等并不一致,因此当不同要素密集型产业生产率发生变化时,农业生产率变化的程度并不一致。因此农业产业结构的变化将会影响农业生产率的变化,而提高我国农业生产率就应该优化农业产业结构。

农村居民收入也是体现经济发展水平的重要指标,因此其对农业生产率变动会产生影响。农民收入的高低与农业生产方式和农业资源利用方式的选择、农业科技推广与应用、农业生产率的变动具有紧密联系。农民收入水平较低时,由于其没有足够的资金采用先进的生产技术以及在经济利益驱使下追求更高的产量,农民必然采取粗放的生产方式通过对土地和水资源的掠夺性使用来获取更多的农产品,从而导致农业生产率较低以及对自然资源的破坏。农民收入水平提高时,经济利益的趋势会降低,而且其有更多资金可以采用先进的生产技术,从而可以使用集约生产方式保护农业自然资源,进而促进农业生产率的提高。因此,提高我国农业生产率就应该增加农民收入。

农村基础设施和农业固定资产投资对农业生产率增长具有重要影响。农村基础设施主要包括农田水利、交通通信、能源电力等的基础设施投资,农业固定资产投资主要指农业生产机械的投资。农业固定资产投资通过降低农业生产成本、增强农业技术推广与应用、扩大农业经营规模等途径影响农业生产率的变动。农村基础设施投资通过改善农田土地质量、自然资源环境，提供更好的灌溉条件和排水排涝设施，方便农业生产资料的运输和使用等改善了农业生产条件，从而有利于农业生产率的提高。农业固定资产的投资则增加了农业生产资料的数量，提高了农业生产资料的质量，进而降低了农业生产成本，提高了农业生产率。因此，加强农业基础设施和农业固定资产投资是提高我国农业生产率的重要措施。

工业化和城镇化对农业生产率变动也有重要影响。工业化特别是新型工业化的发展为农业生产方式的转变提供了物质基础。新兴工业化道路是信息化带动工业化、工业化促进信息化的道路。在这个过程中，科学技术快速发展，经济效益逐步提高，资源环境得到可持续利用和保护，人力资源得到更有效的配置。很明显以科技进步和创新为动力的新型工业化道路具有巨大的外部效应。首先新型工业化的产品为农业生产提供先进优良的生产工具和设备，提高生产效率；其次新型工业化的技术和知识溢出，为农业生产方式向依靠科技的集约型转变提供了条件；最后新型工业化过程中的知识溢出会普遍提高劳动力的素质，农业劳动力素质的提高自然也会促进农业生产率的提高。城镇化伴随着工业化的道路而进行，伴随着城镇化的加快，大量的农村人口会逐渐转移到城镇，农业劳动力会进一步减少，这便反作用于农业生产率，要求农业生产率的提高。因此，提高我国农业生产率需要提升工业化和城镇化水平。

财政支农投入也影响农业生产率的变动。财政支农是国家财政对农业、农村、农民的支持，主要包括基本建设支出、事业费、科技三项支出以及其他支援农村发展生产的资金等。财政支农投入一部分直接支持农业生产，进行良田和水利基础设施建设以及补贴农民购置农机设备和良种等，此外财政支农投入还通过支持农业科技研发与推广、农业科技人员培训等方式间接支持农业生产。根据前文的分析，无论支持农业基础设施还是农业科技研发推广与人员培训都会促进农业生产率的提高。因此，提高我国农业生产率就应该加强财政支农投入。

农村人力资本变化影响农业生产率的变动。农村人力资本体现在农村科技人员以及具有较高学历的人口的比重。农村人力资本越高，表明农民的科技知识水平越高，从而能够更有效地利用各类先进的农业生产工具和设备，采用更先进的生产方式和理念，并能进一步驱动技术创新和知识的发展。掌握较高的人力资本，还能够提高农民合理配置和管理生产要素的能力，并能够更加有效地获取和理解市场信息，从而能从千变万化的市场经济中获得商机，促进农业生产。较高的人力资本还会提高人们环境保护意识和自然资源可持续利用的理念，使用环境友好的生产工具和生产方式，保护农业资源实现农业可持续发展，这些都将促进农业生产率的增长。因此，提高我国农业生产率就应该提高农村人力资本水平。

二、工业化发展进程中降低国内粮食使用波动

工业是国民经济的主要部门，经济的发展过程主要表现为工业化的过程。由上文分析可知，国内粮食使用主要表现在：人口增加、人口消费结构的变化、生物燃料，即人口用粮、牲畜用粮和工业用粮，其中人口用粮和牲畜用粮对国内粮食使用有较强的解释力。

为此，我们应该建立粮食需求预测评价机制，依据人口数量的变化、人口消费结构的变化、工业发展预测人口用粮、牲畜用粮和工业用粮数量，提早采取措施确保粮食安全。

就人口数量变化对粮食需求的影响而言，根据世界银行发展数据库相关数据计算，我国人口由 1961 年的 6.6 亿提高到 2012 年的 13.5 亿，年均增长率为 1.42%。由于粮食的需求弹性较小，所以，人口数量的绝对增加形成对粮食的刚性需求。

就粮食的需求弹性而言，虽然粮食数量的需求弹性较小，但粮食结构具有需求弹性。近年来，我国居民食品消费结构发生了较大变化，人们朝向更加"富裕"的食物消费结构变动，肉奶蛋等"动物性消费"在食品消费中所占比重不断增加。李哲敏（2007）指出新中国成立以来，特别是改革开放后，中国居民食物消费结构发生了显著变化，食物消费结构模式由以植物性食物为主的单一型食物消费向动植物性食物并重的多元化方面

转变。根据统计局数据计算，1990年动物性消费所占比重为0.99%，到2012年这一比重为1.78%，进而牲畜用粮逐渐增加，且呈现出继续增加的趋势。据FAO统计，2000年，中国牲畜用粮为1603万吨，到2015年这一数值变为18105万吨，增长了10.29倍。除了消费结构外，居民食物消费方式也朝向在外就餐、加工食品消费等更加"富裕"的消费方式变动。

朝向更加"富裕"食物消费结构和食物消费方式变动不但对粮食安全产生较大影响，对粮食安全提出更大挑战，而且也不利于人们的营养、健康安全。富裕的食物消费结构和消费方式对粮食安全的影响表现在：一是"富裕"的食物消费结构、食物消费方式将消耗更多的粮食。饲养禽畜对粮食间接消费的用粮标准远远超过了人们对粮食的直接消费。在外就餐等消费方式的转变伴随着较多的浪费。税尚楠（2008）提到大连市1200家高档酒店包间一年浪费饭菜近3万吨，日均浪费80吨；二是"富裕"的食物消费结构会对资源环境造成较大影响，而粮食生产受自然环境影响较大，对土地、水等自然资源依赖性较强。一些学者专门研究食物消费结构变动对资源环境的影响，国外相关研究较多。食物消费结构变动会对土地资源（L Zhen et al.，2010；吴燕等，2011）、水资源（Liu & HHG Savenije，2008；袁野、胡聘，2011）、能源（Steinhart & Steinhart，1974）等产生影响，同时也会带来气候变化等环境问题（Stehfest et al.，2009）；另一方面"富裕"的食物消费结构也不利于居民的营养安全。比如：近年来，我国"三高"人群逐渐增多与人们食物消费结构中动物性消费所占比重增大有关。在全球范围内，许多研究表明肥胖对健康造成巨大威胁，包括冠心病、中风、糖尿病、高血压、关节炎、呼吸障碍和癌症等。另外，食物消费也有重要的社会和心理影响，比如超重引致的偏见、歧视及自尊心下降等。在众多饮食要素中，豆制品摄入对人类抵抗各类癌症扮演重要角色（Yan & Spitznagel，2010）。

因此，必须引导人们向科学、健康的食物消费结构和消费方式转变，适度、合理地提高人们的动物性食物消费，减少铺张、浪费，使粮食需求水平、需求速度与粮食供给水平、供给速度相适应，减缓人们对粮食间接消费潜力的释放速度。否则，粮食需求的较快增长将进一步加大粮食供给压力，带来环境污染、自然资源过度消耗、粮食安全等问题。具体而言：

　　建立食物消费需求结构、消费方式优化升级的引导与调控机制。文化影响消费已成基本共识。儒家思想文化"崇俭黜奢"，使人们形成消费生活必需品心安理得，而消费奢侈品是浪费的观念，人们在食品消费上形成"吃的多、吃的肉多"有利于健康的食物消费理念。中国处于儒家思想文化圈内，受儒家思想文化影响较大。目前，我国多数居民的消费观念仍比较保守、落后。改变居民旧的消费观念，引导居民接受和形成新的消费观念是一个长期的过程，这就需要充分发挥文化产业大众传媒的引导作用。

　　文化产业是生产文化产品和服务的产业，文化产品除了具有商品属性之外，还具有文化属性，即富含文化、知识、思想，具有文化价值，其文化价值内在于文化产品之中，人们在消费文化产品和服务的同时，潜在地也消费了其文化价值，受到文化产品附加的思想意识、观念等的影响，且对于文化产品传播的思想观念等，人们也是比较容易接受的，原因在于文化产品和服务传播的文化内容不同于教育等传统文化传播方式，文化产品是寓教于乐的。正如赫伯特·马尔库塞（Herbert Marcuse）所说："对于社会大众来说，某种社会制度背景下形成的思想、意识和价值观等，绝不仅仅是从高深的理论中得到的，大部分是从通俗易懂的大众传播媒介所传递的信息中获取的。"

　　为此，应该继续提倡节约、反对浪费等中国人的传统美德，并充分发挥文化产业的舆论宣传功能引导居民朝向健康的饮食结构和消费方式转变。与此同时，应该将城乡间和不同地区间的食物消费结构差异的影响因素纳入到政策调控中去，主要解决城乡间和不同地区间的收入差距带来的不合理的食物消费结构，加大对农村消费环境的优化和改善，将财政扶持的力度向农村和偏远地区倾斜。

三、发挥库存和国际贸易对粮食供求的调剂余缺功能

由前文分析可知，期初库存、期末库存、进口和出口波动都会对国际粮食价格波动产生影响，但相对于国内生产对粮食供给、国内使用对于粮食需求的作用来说，影响效果不大，期末库存更能发挥其调节需求的作用。

粮食生产与其他产品生产相比，农业生产具有周期性的特点，农业生产对耕地、水资源等自然资源依赖性较强，受天气等自然条件影响较大，且粮食需求弹性较低。库存和国际贸易是一对替代品，都具有粮食供求的调剂余缺功能。为此，应加强对农产品市场的监管，建立和健全粮食安全监测预警和应急体制和机制，及时了解粮食市场供求情况，进而充分发挥库存和国际贸易对粮食供求的调剂余缺作用，防止粮食价格的大起大落。当国内粮食供给短缺时，适时放出储备粮，并结合出口限制、控制出口规模、提高出口关税等措施增加国内粮食供给，防止国内粮价上涨；当国内粮食供给过多时，适时收购储备粮，并结合鼓励出口、降低出口关税等措施减少国内粮食供给，防止国内粮价下跌。同时库存和国际贸易对于国际热钱的投机行为形成一定的威慑，减少热钱对粮食的投机。

就粮食库存而言，存在库存成本和调剂粮食供求之间的权衡。所以，要合理确定库存规模，达到资源的最优配置，同时，也要保证库存质量，加强粮食库存建设投入力度，确保粮食库存稳步提高。

就国际贸易来说，进口粮食就相当于进口了短缺的耕地资源和水等自然资源。但需要注意的是，有些国家出于自己国家利益的考虑，可能实施一些限制粮食国际贸易的政策，特别是粮食出口限制政策。中国粮食的对外依存度逐渐提高，2000年中国农产品进口额占世界农产品进口总额的3.28%，到2012年这一比例变为8.99%。所以，国际市场只能作为调剂国内粮食供求的手段，而不能作为粮食安全的保障。为了更好地发挥国际贸易的调剂余缺功能，分散别国粮食出口限制政策对我国粮食安全的影响，我们应该从以下几个方面着手：关注世界粮食贸易变动趋势，降低对美国、加拿大等粮食出口大国的过度依赖，扩大粮食进口国的选择范围，

降低我国粮食进口集中度；与有关国家建立战略性合作伙伴关系，建立区域性的粮食安全保障机制，加强区域合作，避免特定时期某些粮食贸易大国所实施的贸易限制政策带来的不利影响，从而稳定国内粮食供求；更为直接地，通过补贴、贴息贷款等措施鼓励国内粮食企业在国外直接投资建厂或与国外粮食企业合作建厂，扩大我国粮食供给来源。

此外，由第一章不同种类粮食国际价格波动间关系的研究中，我们知道各类粮食国际价格波动存在明显相关性。基于此，在国际贸易中，我们不能因为某些粮食品种相对不那么重要，不能因为某些粮食消费在粮食总消费中所占比重小就放松对这些农产品价格水平、价格波动的关注，放松其对国内粮食价格的影响，要认识到国际粮食价格对国内粮食价格的传导，也要深刻理解不同种类粮食国际价格波动之间的关联。

第二节　通过影响全球经济形势来参与国际粮食定价

当前中国是全球第二大经济体，对全球经济的稳定发展起着举足轻重的作用。中国在参与国际粮食定价的过程中，对全球经济的影响是一个非常重要的渠道。据国际货币基金组织最新公布的数据显示，2013年中国对世界经济增长的贡献率达到30%。中国经济发展与全球的经济发展紧密地联系在一起，中国经济增长的同时也必然带动全球经济的发展，而全球经济的好转，会对国际粮食价格产生影响。通过这个路径，中国能够参与到国际粮食定价过程。

一、制定合身的发展战略与决策

按照自身的发展状况和条件，选择合理的发展方向和路径，不能一味地追求国民生产总值的增长，要兼顾到经济结构的调整，才能在全球化的经济发展中，一直处于领先的增长地位。通过过去40多年的改革开放，中国经济依靠高耗能、低劳动力成本以及劳动力充足等因素，实现了高速的经济增长模式。而现在中国面临着发展的瓶颈，不能再依靠人口红利来实现经济的高速增长了，所以要实现经济的高速增长必须转型。在这个过程中，一定要根据中国目前的客观条件制定合身的发展战略。

二、加强应对全球经济波动风险的能力

中国在影响着世界经济的同时，也受到全球经济的影响。自从中国加入世界贸易组织后，这种影响变得更大。例如，2008年金融危机后，全球经济都陷入了困境，中国经济的增长也出现下滑。所以发展国内经济的同时，一定要兼顾到国际经济形势的发展。组建的大型跨国公司在应对全球经济波动中起到非常重要的作用。要想在国际市场上取得成绩、突破困境，就要熟谙国际贸易规则，增强风险意识和风险管理能力。这就需要组建的跨国公司要对国内外市场供求形势有着充分的认识和把握，对国际市场交易规则有着充分的了解，在这基础上，增强风险意识和加强风险管理的相关能力，从而规避全球经济波动所带来的风险影响，提高在国际粮食定价上的主动权。

第三节　鼓励粮食企业走出去，构建全球产业链

通过在全球并购扩张，将经营范围布局到农产品经营的各个相关环节，构建全球产业链，是发达国家控制全球粮食市场的一项重要举措。我国要争取国际粮食价格定价权，就应该鼓励粮食企业走出国门，在世界范围内布局产业链。中粮集团是我国最大的粮商，近年来，中粮集团加强了海外布局，通过各种方式的并购，整合国内外资源，力图打造成具有国际水准的全产业链粮油食品企业。中粮集团构建全球产业链的战略正是我们国内具有一定实力的粮食企业的共同战略目标。

国内粮食企业走出国门，在全球范围内构建全产业链，不仅能够增强自身实力，获得更高的利润，而且还有利于我国粮食安全。这是因为：其一，国内耕地被占用、土地抛荒、农业劳动力人口老龄化严重等因素都已威胁到国内粮食安全，粮食企业走出去之后可以充分利用国外的土

地、劳动力等资源，满足国内粮食需求；其二，通过在全球范围内布局产业链，能够掌控国际粮食市场，进而可以争得国际粮食定价权。我国粮食企业在走出国门构建全球产业链的过程中，应该从自身实际出发，按照优势互补的原则，通过跨国兼并收购，拓展海外粮食市场布局，掌握粮食生产、采购、运输以及贸易等上游领域，增强对粮食源头的把控能力，同时加快多元化进程，向农产品、食品等细分领域以及金融、生物能源等领域进军，延长产业链，提高产品附加值，增强国际竞争力，增加企业盈利能力。

虽然近年来我国企业纷纷走出国门进行各类并购，但由于这需要自身拥有强大的实力，因此这毕竟还只是少数。在粮食企业中更是如此，只有中粮集团这样的大型企业集团才有实力进行跨国并购。但对于我国正在发展中的粮食企业，随着其逐步壮大，实力不断增强，将来也能够将产业链布局到海外。在其自身发展的过程中可以借鉴中粮集团的经验，加强知识产权建设，构筑企业核心竞争力。中粮集团通过知识产权提升了企业竞争力，这才拥有了走出去跨国并购的实力和信心。实施企业知识产权战略需要企业针对其主营行业的特点开展知识产权工作培训，增强企业知识产权意识，并加强企业品牌建设工作，进行相关商标的注册。起初的知识产权主要是自主创新的成果，但随着企业实力增强，就可以进行企业并购，而这也是获得知识产权的一个途径，运用好知识产权使企业在海外并购、产业链布局中获得显著效益，才能形成海外并购与知识产权战略的良性循环，使企业走上不断发展壮大、可持续发展之路。

鼓励粮食企业走出国门，将全产业链布局到全球，还要加强政府的顶层设计指导，在保障国家粮食安全的宗旨下，根据不同种类粮食的特点分品种设定粮食自给率，比如大米和小麦在我国口粮中占据核心地位，其供给应主要立足于国内，进出口作为调剂余缺；玉米主要用作饲料，可以适当进口，粮食企业可以在世界上玉米生产成本较低的国家或地区买地或租地种植玉米，满足国内需求；大豆等油料农产品则可以充分利用国际资源满足国内需要。

第四节　发展农产品期货市场来参与国际粮食定价

发达国家在控制国际粮食价格时，充分利用了金融市场与粮食市场的结合，即通过金融资控制粮食期货市场进而控制粮食现货交易价格。在这个过程中充分利用了农产品期货市场的价格发现功能。因此我国也应健全和完善农产品期货市场，增强国内期货市场的国际影响力。

首先，增加粮食期货品种。目前我国的农产品期货品种已经达到21个，占期货品种总数的近一半。其中，大连商品交易所的农产品期货品种主要有玉米、玉米淀粉、黄大豆1号、黄大豆2号、豆粕、豆油、棕榈油、鸡蛋等；郑州商品交易所的农产品期货主要包括普通小麦、强筋小麦、棉花、白糖、菜籽油、早籼稻、油菜籽、菜籽粕、粳稻、晚籼稻等。但由于我国期货市场发展较晚，与发达国家相比还有很大差距，不仅表现在期货产品数量上，还体现在期货产品细分种类上。我国农产品期货品种主要集中在棉花、粮食、食糖、食用油等领域，而粮食期货品种主要包括玉米、小麦、大豆、稻谷等，而且种类的细分也不够深化。比如小麦期货品种主要包括普通小麦和优质强筋小麦两种，而在美国芝加哥期货交易所上市的小麦期货则有四类交割等级，分别是1号北方春麦、2号软红麦、2号硬红冬麦、2号北方黑春麦。相比而言，我国的农产品期货品种比较单薄。党中央、国务院在2015年一号文件《关于加大改革创新力度加快农业现代化建设的若干意见》中就明确提出"发展农产品期货交易，开发农产品期货交易新品种"意见。这就要求加强期货衍生金融产品的创新，一是在原有品种的基础上加以细化分类，二是创新出新的品种。在原有品种上的细化分类要科学合理，将具有相同特征的农产品划为一类。在新品种的创新时应该着重加强绿色、有机粮食期货品种的开发，同时要注意与国际接轨，这样有利于我国农产品期货市场的国际化，从而为我国争取国际粮食定价权做好准备。

其次，完善农产品期货交易的各类制度，规范期货市场交易秩序，健全期货市场监管机制。期货交易具有较强的技术性，而期货交易的顺利实现则需要各方面制度的保证。完善的期货交易制度能保证农产品期货市场发现价格功能的顺利发挥。比如，实现交易和约的标准化。农产品期货合约的标准化程度越高，越有利于农产品期货的交易流通。但由于农产品产地不同、生长过程不一样，因此会有参差不齐的品质，而品质不同交易的价格自然不一样。因此进行农产品期货合约标准化时应该在农产品品质上做严格细致的规定和分类，此外还要明确交易时间、价格、交割日期等。这有利于加快交易的速度，缩短交易双方就农产品品质谈判协商时的时间。合约的标准化还要建立在诚信的基础上，因此应加强对农产品期货合约的标准化监管。建立在诚信基础上的标准化合约能够使得越来越多的人参与到交易中来，特别是一些文化层次较低的种粮大户也能进行买卖交易，这有利于商品信息的充分流动，通过大量交易形成的期货价格能更准确地反映粮食的供需状况，从而提高价格发现功能。平等的竞价交易制度有利于竞争的公平、公正、公开，能够保证期货交易按照时间和价格优先的原则进行交易。平等的竞价交易制度是建立在交易合约标准化制度基础上的，这种交易双方之间价格的充分竞争、平等交易，反映了价格的真实变动，有利于增强农产品期货市场的价格发现功能。保证金制度是期货交易的一项重要制度，在进行交易时，根据交易金额的一定比例，一般是 5% 缴纳交易保证金。缴纳保证金一是为了提高交易的诚信，二是扩大交易量，因为保证金的数量较少，但能够完成较大的买卖交易，这有利于农产品期货的充分流通，形成更合理的农产品期货价格。此外，缴纳保证金，在一定程度上能够遏制农产品期货交易中可能出现的过分投机，有利于整个农产品期货市场的稳定与合理。交易者双向交易和对冲制度对于保障农产品期货交易的顺利开展、增强其价格发现功能也具有重要意义。交易者双向交易允许交易者在农产品期货上可以随意地作出买入和卖出期货合约的选择，而且可以在交易者未持有某种商品时作出"卖空"的选择，推动利空信息表现在商品现实价格中。对冲则允许在期货合约到期时，可以不用进行实物交割，而是对原合约进行反向交易，这样有利于加强农产品期货市场的流动性，提高其价格发现功能。

最后，放宽投资主体限制，培育优质农产品期货交易主体。农产品期货市场最主要的目的是保障农民生产农产品的利益，避免价格大幅波动给其带来的不利影响，实际就是套期保值。但实际的农产品期货市场交易中，真正的农民交易主体较少，原因主要一是农民没有相应的期货交易意识，二是农民没有相应的期货交易知识和技能。因此培育农产品期货交易主体首先应该培育农民期货交易主体，这就要增强农民期货交易意识，发展期货农业，即将农产品期货交易融入到农民的生产、销售过程中，以农产品期货价格为导向组织生产，同时利用农产品期货市场化解农业生产过程中的各种风险。增强农民期货交易意识需要宣传教育，可以采用电视、互联网、手机短信等方式；而增加农民期货交易知识则需要农业部门安排相关的培训，还可以通过采取"订单农业＋农产品期货市场""农户＋合作社＋龙头企业＋农产品期货市场"等多种经营方式，并利用龙头企业和合作社来对农民进行培训。除了农民之外，农业企业也是农产品期货的重要投资主体。我国部分的农业企业由于风险规避意识不强，较少参与到农产品期货交易市场。2004 年中国大豆危机实质就是四大粮商在大豆期货市场的大量买入卖出、操纵期货价格的结果，当时如果中国国内的粮食企业能够利用粮食期货市场在价格较高的时候做空，在价格较低的时候买入，就不会导致巨大的损失。因此应加强农业企业的农产品期货交易意识，提高其期货交易能力，在企业的市场部或原材料部设立专门的机构来进行农产品期货交易。农产品期货交易最主要的主体是投资者或投机者，特别是最近几年农产品投机成为众多资本的流向。对于这一部分主体要加强监管，但同时要放宽限制，即在投资主体规范交易的前提下，放宽投资主体的准入条件，增强农产品期货市场活力，使其更能充分地发挥价格发现的功能。

第五节　进一步加强人民币国际化

在世界粮食贸易中，世界粮食交易价格一般用美元表示，因此，美元的汇率自然会影响到世界粮食价格，两者之间存在此消彼长的关系。我国要争取国际粮食定价权，就需要加强人民币的国际化，使人民币成为世界贸易的主要计价和结算货币。2015 年 12 月 1 日，国际货币基金组织正式宣布，人民币将于 2016 年 10 月 1 日正式具有特别提款权，这标志着人民币已成为全球主要储备货币，是人民币国际化进程的重要里程碑。但在正式具有特别提款权之前还需要人民进一步地国际化，如实现资本领域的完全自由兑换，进一步开放资本市场、提升人民币境内境外可置换度等。因此借着人民币加入 SDR 和开展"一带一路"国家大战略的契机，应该加快人民币在资本领域的自由兑换。扩大人民币的跨境使用规模，人民币在我国周边的国际化程度已较高，在贸易、投资领域可以普遍使用，但在其他地区还应该进一步增加人民的使用规模。比如可以推出人民币贸易融资信贷，对于在与我国进行的贸易中使用人民币结算的可以提供无息或低息人民币贷款，增加人民币在国际贸易结算中的使用率；我国在进行对外援助时可以直接使用人民币，或直接提供人民币贷款，这样受援助国家就可以使用人民币购买我国商品，扩大人民币的结算范围。加快人民币离岸市场及清算行的全球布局，建立人民币全球清算系统，实现人民币跨境交易的 24 小时清算。继续加快推动人民币跨境结算、货币互换、离岸中心与人民币回流机制建设。

保持人民币汇率在合理均衡水平上的基本稳定是人民币国际化的重要保障。因此首先要继续推进我国经济平稳增长和可持续发展，因为只有经济稳，汇率才稳，进而有利于人民币的国际化。这就需要通过"调结构、转方式"，"大众创业、万众创新"，保持经济中高速增长。其次要加强粮食、石油、黄金等战略物资的储备。当前国际大宗商品价格不断下跌，我国要抓住机遇，进一步增加粮食、石油、黄金等战略物资的储备，为人民币国际化和人民币汇率中长期稳定提供物质基础。再次要全面深化金融体制改革，稳步推动金融的对外开放。我国应进一步加快人民币离岸金融市场和国内金融市场的建设，不断提高金融市场的纵向深度和横向广度，发展更高层次的开放型经济，扩大金融业双向开放，有序实现人民币资本项目可兑换，尽快推动人民币成为可兑换、可自由使用货币，从而完全实现人民币国际化。最后要进一步促进货币政策的国际化。随着人民币加入特别提款权和国际化程度的不断提高，今后我国的货币政策框架必定要更加稳定、更具弹性，效率也要进一步提高。我国货币政策框架在保持中国特色的同时，还要进一步提高政策的透明度以及加强政策沟通范围、信息传播和对预期的管理等方面与国际接轨。顺应经济全球化潮流，加强宏观经济政策国际协调，促进全球经济平衡、金融安全和稳定发展，是人民币国际化和人民币汇率中长期稳定的重要政策支撑。

第六节　其他方面的政策建议

从前文第一章的分析可知，国际粮食价格与世界能源价格密切相关，而且当世界原油价格上涨时，世界粮食价格也随着上涨，反之则下降。粮食与能源都是重要的国家战略产品，因此我国在关注国际粮食价格时要与能源价格的变动结合在一起，在制定粮食价格方面相关策略是要与能源策略相协调。虽然能源方面的政策不是针对争取国际粮食定价权而制定的，但在我国争取国际粮食定价权时应该充分了解和掌握能源政策以及能源价格变动趋势。

而且从前文第一章的分析也可以看出，各类粮食国际价格波动间存在密切关联。因此我国在争取国际粮食价格定价权时要充分考虑到各类不同种类粮食之间的关联，不能孤立地争取某种粮食的国际定价权，而要将所用粮食品种综合起来考虑，利用他们之间的相互影响、相互制约的关系争取各类粮食的定价权。首先可以在我国具有优势地位粮食上争取定价权，然后再利用各类粮食之间的关系，依托已经具有一定定价能力的粮食的优势，带动其他粮食价格逐步提高其定价能力。

参 考 文 献

1. [美] 西奥多·W. 舒尔茨：《改造传统农业》，梁小民译，商务印书馆 2006 年第 2 版。

2. [日] 速水佑次郎、[美] 弗农·拉坦：《农业发展的国际分析》，郭熙保、张进铭等译，中国社会科学出版社 2000 年版。

3. Bennett Jeff, Bueren M. Van, Whitten S. M.: Estimating Society's Willingness to Pay to Maintain Viable Rural Communities, *Australian Journal of Agricultural & Resource Economics*, 2004, 48 (3).

4. Boisvert R. N.: Joint production in four outputs: two agricultural commodities and positive and negative externalities. In: OECD (Hrsg.): *Multifunctionality Towards an analytical framework*. Paris: OECD, 2001.

5. Brunstad R. J.: Multifunctionality of agriculture: an inquiry into the complementarity between landscape preservation and food security, *European Review of Agricultural Economics*, 2005, 32 (4).

6. Doss C. R.: Intrahousehold resource allocation in an uncertain environment, *American Journal of Agricultural Economics*, 1996, 78.

7. Goletti F., Chabot P.: Food policy research for improving the reform of agricultural input and output markets in Central Asia, *Food Policy*, 2000, 25.

8. Jalan J. and Ravallion M.: Geographic poverty traps? A micro model of consumption growth in rural China, *Journal of Applied Econometrics*, 2002, 17 (4).

9. Johnston B. F., Mellor J. W.: The role of agriculture in economic development, *The American Economic Review*, 1961, 51 (4).

10. Lipton M. and M. Ravallion: Poverty and Policy, *Handbook of Development Economics*, 1995, 3.

11. Redmond W. J.: A quantification of policy reform: an application to the Uruguay Round Negotiations on Agriculture, *Journal of Policy Modeling*, 2003, 25.

12. Schultz T. W.: Institutions and the Rising Economic Value of Man, *American Journal of Agricultural Economics*, 1968, 50 (5).

13. Sen A. K.: Starvation and Exchange Entitlements: A General Approach and Its Application to the Great Bengal Famine, *Cambridge Journal of Economics*, 1977, 1 (1).

14. Strauss J., Thomas D.: Health, nutrition, and economic development, *Journal of Economic Literature*, 1998, 36 (2).

15. Timmer C. P.: Agriculture and Economic Development, *Handbook of Agricultural Economics*, 2002, 2.

16. Timmer C. P.: Agriculture and Economic Development Revisited, *Agricultural Systems*, 1992, 40 (1-3).

17. 蔡运龙:《中国耕地问题的症结与治本之策》,《中国土地科学》2004 年第 3 期。

18. 公茂刚、张梅娇:《中国农村金融包容性发展水平综合测度分析》,《财经理论与实践》2020 年第 6 期。

19. 陈丹妮:《农业国际化与我国农产品贸易优势》,《对外经济贸易大学学报》2008 年第 4 期。

20. 陈佳贵:《中国工业化进程报告 (1995 ~ 2005 年中国省域工业化水平评价与研究)》,社会科学文献出版社 2007 年版。

21. 陈秋珍:《国内外农业多功能性研究文献综述》,《中国农村观察》2007 年第 3 期。

22. 邓汉慧、邓璇:《发达国家农业现代化经验对我国农业发展的启示》,《农业经济问题》2007 年第 9 期。

23. 邓楠：《21 世纪中国农业科技发展战略》，中国农业出版社 2001 年版。

24. 朱伯玉：《低碳发展立法研究》，人民出版社 2020 年版。

25. 丁晨芳：《组合模型分析方法在我国粮食产量预测中的应用》，《农业现代化研究》2007 年第 1 期。

26. 杜朝晖：《法国农业现代化的经验及启示》，《宏观经济研究》2006 年第 5 期。

27. 范梅华：《关注畜产品标准国际化》，《中国畜产品指南》2002 年第 13 期。

28. 高帆：《中国农业现代化道路的"特色"如何体现?》，《云南社会科学》2008 年第 4 期。

29. 高焕喜：《有关农业国际化的认识、调查与建议》，《北京农业管理干部学院学报》2001 年第 12 期。

30. 顾朝林：《中国城市化格局、过程、机理》，科学出版社 2008 年版。

31. 郭小景：《我国六百多批食品被 FDA 扣留》，《北京青年报》2002 年 2 月 18 日。

32. 何丽双：《美国、韩国及中国台湾地区农业现代化对我们的启示》，《安徽农业科学》2007 年第 6 期。

33. 何泌章：《城市化、工业化与农村劳动力过剩问题》，《广西民族学院学报》2003 年第 11 期。

34. 何忠伟：《中国粮食供求模型及其预测研究》，《北京电子科技学院学报》2005 年第 1 期。

35. 胡令远、徐静波：《国际化：岛国日本的历史抉择》，上海财经大学出版社 1999 年版。

36. 公茂刚、王天慧：《农地"三权分置"改革对农业内生发展的影响机制及实证检验》，《经济体制改革》2020 年第 1 期。

37. 黄季焜：《二十一世纪的中国粮食问题》，《中国农村观察》1996 年第 1 期。

38. 黄佩民、俞家宝：《2000—2030 年中国粮食供需平衡及其对策研究》，《农业经济问题》1997 年第 3 期。

39. 季明川：《农业国际化的特征及发展趋向》，《山东经济发展战略》2002 年第 6 期。

40. 蒋和平：《中国特色农业现代化应走什么道路》，《经济学家》2009 年第 10 期。

41. 景普秋、张向阳：《中国工业化与城镇化进程中农村劳动力转移的计量研究》，《人口与经济》2005 年第 11 期。

42. 郎秀云：《现代农业：美国模式与中国模式》，《江西财经学报》2008 年第 2 期。

43. 郎秀云：《中国特色农业现代化道路探析》，《新视野》2008 年第 4 期。

44. 雷海章：《现代农业经济学》，中国农业出版社 2003 年版。

45. 李昃清、汤松柏：《资源约束下我国现代农业发展研究》，《内蒙古农业大学学报》2008 年第 5 期。

46. 李明扬、胡建：《我国粮食生产约束条件及对策分析》，《农业科技管理》2009 年第 2 期。

47. 林毅夫、陈锡文、梅方权、胡鞍钢、陈锡康：《中国粮食供需前景》，《中国农村经济》1995 年第 8 期。

48. 林毅夫：《让中国农民与市场经济结缘》，《中国改革》1994 年第 5 期。

49. 林毅夫：《中国的城市发展与农村现代化》，《北京大学学报》2002 年第 4 期。

50. 公茂刚、时秋雅：《农地产权制度变迁对农业投资的影响测度——基于我国 1952—2017 年省际面板数据的经验分析》，《江汉论坛》2019 年第 10 期。

51. 刘晓俊、李春萍、侯聪：《我国粮食需求分析与预测》，《金融教学与研究》2006 年第 3 期。

52. 刘颖：《中国农业发展的国际化战略选择》，《江汉论坛》2003 年第 6 期。

53. 龙方：《构建保障中国粮食安全的长效机制》，《粮食科技与经济》2009 年第 5 期。

54. 娄括征：《中国的工业化进程》，《辽宁行政学院学报》2005 年第 1 期。

55. 卢荣善：《经济学视角：日本农业现代化经验及其对中国的适用性研究》，

《农业经济问题》2007 年第 2 期。

56. 公茂刚、辛青华：《新中国农地产权制度变迁对农业投资的影响机制及实证检验》，《财经理论与实践》2019 年第 3 期。

57. 鲁碧华：《毛泽东关于中国工业化与农业现代化关系的思想》，《安徽农业科学》2009 年第 27 期。

58. 吕耀：《农业多功能性与国际农产品贸易政策改革——兼论我国世贸谈判的应对策略》，《经济地理》2004 年第 6 期。

59. 梅方权：《21 世纪前期中国粮食发展分析》，《中国软科学》1995 年第 11 期。

60. 梅方权：《中国粮食生产需作战略性调整》，《中国食物与营养》1995 年第 1 期。

61. 倪洪兴：《农业多功能性与非贸易关注》，《世界农业》2000 年第 11 期。

62. 秦富、王秀清：《国外农业支持政策》，中国农业出版社 2003 年版。

63. 秦富、张莉琴：《从国际看中国农业国内支持体系构想》，《科学决策》2003 年第 1 期。

64. 孙浩然：《国外建设现代农业的主要模式及其启示》，《社会科学家》2006 年第 2 期。

65. 孙鸿志：《美国农业现代化进程中的政策分析》，《山东社会科学》2008 年第 2 期。

66. 孙婷、周宝同：《中国土地资源安全度研究——以土地资源的人口承载力为标准》，《资源开发与市场》2006 年第 4 期。

67. 唐茂华：《建国以来中国城市化的阶段性特征及其展望》，《兰州商学院学报》2008 年第 12 期。

68. 田维明：《农业：过渡平稳　挑战巨大》，《WTO 经济导刊》2005 年第 Z1 期。

69. 万宝瑞：《发展高效生态农业是现代农业建设的必由之路》，《中国乡镇企业》2009 年第 8 期。

70. 王国敏：《中国特色农业现代化道路面临的"瓶颈"约束研究》，《四川大学学报》2009 年第 5 期。

71. 王建强、孔丽萍：《韩国农技推广体系的现状及启示》，《世界农业》2005 年第 2 期。

72. 王晓云：《农村城镇化进程中的水资源问题》，《河北工业科技》2006 年第 2 期。

73. 王悦：《工业化和城镇化进程中农民工问题的新探索》，《中国人口资源与环境》2008 年第 6 期。

74. 魏振香：《我国城市化进程中的耕地流失问题及其成因分析》，《齐鲁学刊》2007 年第 5 期。

75. 吴宝平、杨金丰：《我国实现农业现代化的制约因素及实现的途径》，《民营科技》2009 年第 9 期。

76. 吴建华：《我国粮食总产量的预测和分析》，《黑龙江粮食》2000 年第 4 期。

77. 肖国安：《未来十年中国粮食供求预测》，《中国农村经济》2002 年第 7 期。

78. 肖国安：《中国粮食市场竞争与发展的理论分析》，《经济学动态》2002 年第 10 期。

79. 谢恒星、张振华、谭春英：《灰色预测方法在山东省粮食总产量预测中的应用》，《水土保持研究》2006 年第 13 期。

80. 许佩倩：《农业现代化模式的比较与选择》，《现代经济探讨》2001 年第 11 期。

81. 宣杏云：《国外农业现代化的模式》，《农村工作通讯》2007 年第 3 期。

82. 宣杏云：《国外农业现代化的模式及其借鉴》，《江苏农村经济》2006 年第 5 期。

83. 宣杏云：《西方国家农业现代化透视》，上海远东出版社 1998 年版。

84. 闫观渭：《城市化与农业和工业化的互动分析》，《现代农业科技》2008 年第 23 期。

85. 杨华峰、张巍柏：《我国粮食产量灰色预测方法新探》，《统计决策》1999 年第 5 期。

86. 杨赛明、徐跃通：《以农业信息化促进农业现代化》，《商场现代化》2009

年第 27 期。

87. 姚聪莉、任保平：《改革 30 年中国工业化进程的演进及其路径转型》，《求索》2008 年第 10 期。

88. 叶依广：《农业资源生产约束性及其持续高效利用战略》，《中国农业资源与区划》1999 年第 4 期。

89. 尹成杰：《农业多功能性与推进现代农业发展》，《中国农村经济》2007 年第 11 期。

90. 曾晓燕：《城市化对区域水资源的影响》，《资源环境与工程》2005 年第 11 期。

91. 曾晓昀：《金融危机下粮食安全保障法律思索》，《法治论坛》2009 年第 3 期。

92. 翟雪玲：《巴西工业化、城市化与农业现代化的关系》，《世界农业》2007 年第 5 期。

93. 张士功：《中国耕地资源的基本态势及其近年来数量变化研究》，《中国农学通报》2005 年第 6 期。

94. 赵予新、钟雪莲：《欠发达主销区粮食安全博弈分析》，《粮食科技与经济》2009 年第 5 期。

95. 郑风田：《粮食安全政策代价与中国农业的国际化》，《经济理论与经济管理》2002 年第 10 期。

96. 中国社会科学院工业经济研究所：《中国工业发展报告 2008——中国工业改革开放 30 年》，经济管理出版社 2008 年版。

97. 钟甫宁：《中国粮食生产的地区比较优势及其对结构调整政策的涵义》，《南京农业大学学报》2001 年第 1 期。

98. 朱启荣、闫国宏、王胜利：《贸易自由化进程中的农业多功能性问题》，《国际贸易问题》2003 年第 6 期。

99. 公茂刚、辛青华：《新中国农地产权制度变迁研究》，《经济问题》2019 年第 6 期。

100. 庄荣盛：《日本农业现代化经验对我国的启示》，《中共中央党校学报》

2008 年第 6 期。

101. Gilbert：C. L. T*rends and volatility in agricultural commodity prices*，*Agricultural commodity markets and trade*（eds A. Sarris & D. Hallam），Cheltenham，UK：Edward Elgar，2006.

102. Ivanic M.，Martin W.：Implications of Higher Global Food Prices for Poverty in Low-income Countries. *Agricultural Economics*，2008，（39）.

103. C. L. Gilbert and C. W. Morgan：Food price volatility，*Trans. R. Soc. B*，2010，365（1554）.

104. Gilbert C.：International Agreements for Commodity Price Stabilization：An Assessment，OECD Food Agriculture and Fisheries Papers，No.53，2011.

105. 刘喜明：《国际粮食价格波动对中国经济的影响》，浙江大学硕士学位论文，2009。

106. 何启志：《国际农产品价格波动风险研究》，《财贸研究》2010 年第 5 期。

107. Apergis N.，Rezitis A.：Agricultural Price Volatility Spillover Effects：The Case of Greece，*European Review of Agricultural Economics*，2003，30（3）.

108. Christopher L. Gilbert，C. Wyn Morgan：*Has food price volatility risen?*，Discussion Paper，Trento，Italy，2010.

109. FAO：Addressing High Food Prices：*A Synthesis Report of FAO Policy Consultations at Regional and Subregional Level*，Rome，2011（10）.

110. Zhao J.，Goodwin，B.K.：*Volatility Spillovers in Agricultural Commodity Markets：An Application Involving Implied Volatilities from Options Markets*，proceedings of the 2011 AAEA & NAREA Joint Annual Meeting，Pittsburgh，Pennsylvania，July 24-26，2011.

111. Rapsomanikis G.，Mugera H.：*Price Transmission and Volatility Spillovers in Food Markets of Developing Countries*，*Methods to Analyse Agricultural Commodity Price Volatility*，2011，165-179（chapter 10）.

112. 冯云：《中国粮食价格波动的实证分析》，《价格月刊》2008 年第 2 期。

113. 傅晓、牛宝俊：《国际农产品价格波动的特点、规律与趋势》，《中国农村

《经济》2009 年第 5 期。

114. 罗万纯、刘锐：《中国粮食价格波动分析：基于 ARCH 类模型》，《中国农村经济》2010 年第 4 期。

115. 林光华、陈铁：《国际大米价格波动的实证分析：基于 ARCH 类模型》，《中国农村经济》2011 年第 2 期。

116. 孙林、倪卡卡：《国际粮食价格波动非对称性分析——基于 T 分布下 EGARCH 模型》，《南京农业大学学报》2013 年第 2 期。

117. 肖小勇、李崇光、李剑：《国际粮食价格对中国粮食价格的溢出效应分析》，《中国农村经济》2014 年第 2 期。

118. 刘雯：《国际粮价波动的周期性特征研究》，西北大学博士学位论文，2014 年。

119. Starleaf D. R.：Macroeconomic Policies and their Impact Upon Farm Sector，*American Journal of Agricultural Economics*，1982，64（5）.

120. Ott H.：Extent and Possible Causes of Intrayear Agricultural Commodity Price Volatility，*Agricultural Economics*，2014，45（2）.

121. Gilbert C. L.：How to Understand High Food Prices，*Journal of Agricultural Economics*，2010，61（2）.

122. Brian D.，Wright：The Economics of Grain Price Volatility，*Applied Economic Perspectives and Policy*，2011，33（1）.

123. Christiaensen L.：Revisiting the Global Food Architecture：Lessons from the 2008 Food Crisis，*Review of Business and Economics*，2009（3）.

124. 林光华、陈铁：《国际大米价格波动的实证分析：基于 ARCH 类模型》，《中国农村经济》2011 年第 2 期。

125. 杜丽永：《影响国际市场大豆价格波动的因素分析》，《价格月刊》2013 年第 7 期。

126. Burch D. et al.：*World Development Report 2008：agriculture for development*，World Bank，2007.

127. Thurow R.，Kilman S. Enough：why the world's poorest starve in an age of

plenty，*Public Affairs*，2010.

128. Brunner，Allan D. El：Nino and World Primary Commodity Prices：Warm Water or Hot Air?，*Review of Economics and Statistics*，2002，84（1）.

129. Mitchell D. A.：note on rising food prices，*World Bank Policy Research Working Paper Series*，Vol.4682，2008.

130. Baffes J.：The Economics of Food：How Feeding and Fueling the Planet Affects Food Prices，*European Review of Agricultural Economics*，2011，38（1）.

131. Gohin A.，Chantret F.：The long run impact of energy prices on world food markets：The role of macro-economic linkages，*Energy Policy*，2010，38（1）.

132. Michael S. Haigh，Henry L. Bryant：The effect of barge and ocean freight price volatility in international grain markets，*Agricultural Economics*，2001，25（1）.

133. Mitchell D.：*A note on rising food prices*，World Bank Policy Research Working Paper Series，Vol.4682，2008.

134. Siddique Ahmed et al：*Tackling Food Price Volatility：The Challenge Of The Days To Come*，UMK Procedia，2014，1.

135. 陈宇峰、薛萧繁、徐振宇：《国际油价波动对国内农产品价格的冲击传导机制：基于 LSTAR 模型》，《中国农村经济》2012 年第 9 期。

136. Nichols AL，Zeckhauser：Stockpiling Strategies and Cartel Prices，*Bell Journal of Economics*，1977，8.

137. Massell B. F.：Price Stabilisation and Welfare，*Quarterly Journal of Economics*，1969，83.

138. Newbery D.M.G. and Stiglitz J.E.：The theory of commodity price stabilization rules：welfare impacts and supply responses，*Economic Journal*，1979，89（4）.

139. Gardner，Bruce L.：Optimal Stockpiling of Grain，*Canadian Journal of Agricultural Economics*，1980，28.

140. Peterson：Hikaru Hanawa and William G. Tomek. How much of commodity price behavior can a rational expectations storage model explain?，*Agricultural*

Economics，2005，33.

141. FAO & OECD：joint report to G-20. Price volatility in food and agricultural markets：policy responses，2011，http：//www.oecd.org/trade/agricultural-trade/48152638.pdf.

142. 卢锋、谢亚：《我国粮食供求与价格走势（1980—2007）——粮价波动、宏观稳定及粮食安全问题探讨》，《管理世界》2008 年第 3 期。

143. Mitchell D. and J. Le Vallee：*International food price variability：the implications of recent policy changes*，paper presented to the workshop Managing price instability in low income countries，Washington DC，World Bank，2005.

144. Abbott P.，Hurt C.，Tyner W. E.：What's Driving Food Prices in 2011，Farm Foundation，*Issue Report*，2011.

145. 王文斌、戴金平：《国际粮食价格与其产量、消费和库存——基于时间序列的实证研究：1980—2007 年》，《国际贸易问题》2009 年第 5 期。

146. 顾国达、方晨靓：《中国农产品价格波动特征分析——基于国际市场因素影响下的局面转移模型》，《中国农村经济》2010 年第 6 期。

147. 胡冰川：《消费价格指数、农产品价格与货币政策——基于 2001 ~ 2009 年的经验数据》，《中国农村经济》2010 年第 12 期。

148. 戴鹏：《中国谷物进口影响因素分析》，《南京农业大学学报》2014 年第 6 期。

149. 税尚楠：《世界农产品价格波动的新态势：动因和趋势探讨》，《农业经济问题》2008 年第 6 期。

150. Gardebroek C. & Hernandez M. A.：Do Energy PricesStimulate Food Price Volatility？ Examining Volatility Transmission between US Oil，Ethanol and Corn Markets，*Energy Economics*，2013，（1）.

151. Schmidhuber J.：*Impact of an Increased Biomass Use on Agricultural Markets，Prices and Food Security：a Longer-Term Perspective*，paper for International Symposium of Notre Europe，Paris，27-29 November，2006.

152. Tyner W. & Taheripour F. Biofuels：Policy Options，and Their Implications：

Analyses Using Partial and General Equilibrium Approaches，*Journal of Agricultural & Food Industrial Organization*，2008，6（2）.

153. IMF.：*World Economic Outlook*，IMF staff working paper，2007.

154. Bigman，David：*Coping with Hunger：Toward a System of Food Security and Price Stabilisation*，Ballinger Publishing Co，Cambridge Massachusetts，1982.

155. Headey D.，Fan S.：Anatomy of a Crisis：The Causes and Consequences of Surging Food Prices，*Agricultural Economics*，2008，39.

156. Martin Will and Anderson K.：*Export Restrictions and Price Insulation during Commodity Price Booms*，World Bank Policy Research Working Paper，No. 5645，2011.

157. Anderson K.，Nelgen S.：Trade Barrier Volatility and Agricultural Price Stabilization，*World Development*，2012，40（1）.

158. 孙林：《粮食主产国出口限制是否推动了国际粮食价格上涨？——以大米为例的实证分析》，《中国农村经济》2011 年第 9 期。

159. Piesse J. and Thirtle C：Three Bubbles and a Panic：An Explanatory Review of Recent Food Commodity Price Events，*Food Policy*，2009，34（2）.

160. Mitchell，Donald：*A Note on Rising Food Prices*，World Bank，2008.

161. Gilbert C.L.：*Commodity Speculation and Commodity Investment*，Department of Economics，University of Trento，Italy，2008.

162. Abbott P. C. and de Battisti Borot A.：Recent Global Food Price Shocks：Causes，Consequences and Lessons for African Governments and Donors，*Journal of African Economies*，2010，20（1）.

163. Mohsen Bahmani-Oskooee and Marina Kovyryalova：Impact of Exchange Rate Uncertainty on Trade Flows：Evidence from Commodity Trade between the United States and the United Kingdom，*The World Economy*，2008，31（8）.

164. Shaun K. Roache：*What Explains the Rise in Food Price Volatility?*，IMF Working Paper，2010.

165. Nazlioglu S. & Soytas U.：World oil prices and agricultural commodity

prices：Evidence from an emerging market，*Energy Economics*，2011，33（3）．

166. IMF.：*Is Inflation Back? Commodity Prices and Inflation*，Chapter 3 in World Economic Outlook，Washington D.C.，2008.

167. Irwin，Scott H. and Bryce Holt：*The Effect of Large Hedge Fund and CTA Trading on Futures Market Volatility*，*in Commodity Trading Advisors*：*Risk*，*Performance Analysis*，*and Selection*，Greg N. Gregoriou，Vassilios N. Karavas，Francois-Serge L Habitant，Fabrice Rouah，eds.，John Wiley and Sons，Inc.，2004.

168. Robles，Miguel，Maximo Torero and Joachim von Braun：When Speculation Matters，*International Food Policy Research Institute Brief*，No. 57，2009.

169. Amanor-Boadu，Vincent and Yacob A. Zereyesus：*How Much Did Speculation Contribute to Recent Food Price Inflation?*，Selected Paper prepared for presentation at the Southern Agricultural Economics Association Annual Meeting，2009.

170. Bigman D.，Goldfarb D. & Schechtman E.：Futures Market Efficiency and the time content of the information sets，*Journal of Futures Markets*，1983，3（3）．

171. Pindyck，Robert S.：The Dynamics of Commodity Spot and Futures Markets：A Primer，*The Energy Journal*，2001，22（3）

172. Frankel，Jeffrey：*The Effect of Monetary Policy on Real Commodity Prices*，*in Asset Prices and Monetary Policy*，John Campbell，ed.，University of Chicago Press，2006.

173. 高帆、龚芳：《国际粮食价格是如何影响中国粮食价格的》，《财贸经济》2012 年第 11 期。

174. 吕捷、林宇洁：《国际玉米价格波动特性及其对中国粮食安全影响》，《管理世界》2013 年第 5 期。

175. Cooke B.，Robles M.：*Recent food price movements：a time series analysis*，IFPRI Discussion Paper，Washington，DC，2009.

176. Peck，Anne E.：*Measures and Price Effects of Changes in Speculation on the*

Wheat, *Corn and Soybeans Futures Markets*, *in Research on Speculation*, Chicago Board of Trade, Chicago, 1981.

177. Brorsen, B. Wade.: Liquidity Costs and Scalping Returns in the Corn Futures Market, *Journal of Futures Markets*, 1989, 9 (3).

178. Streeter, Deborah H. and William G. Tomek: Variability in soybean futures prices: An integrated framework, *Journal of Futures Markets*, 1992, 12 (6).

179. Bessembinder, Hendrik and Paul J. Seguin: Price Volatility, Trading Volume, and Market Depth: Evidence from Futures Markets, *Journal of Financial and Quantitative Analysis*, 1993, 28 (1).

180. Crain S. J. and Lee J. H.: Volatility in Wheat Spot and Future Markets, 1950-1993: Government Farm Programs, Seasonality and Causality, *Journal of Finance*, 1996, 51.

181. Weaver, Robert D. and Natcher William C.: *Commodity Price Volatility under New Market Orientations*, MPRA Paper 9862, University Library of Munich, Germany, 2000.

182. David Dawea, C. Peter Timmer: Why stable food prices are a good thing: Lessons from stabilizing rice prices in Asia, *Global Food Security*, 2012, 1 (2).

183. Gustafson D. J.: Rising food costs & global food security: Key issues&relevance for India, *Indian Journal of Medical Research*, 2013, 3.

184. Newberry D., Stiglitz J.: *The Theory of Commodity Price Stabilization: A Study in the Economics of Risk*, Oxford: Clarendon Press, 1981.

185. World Bank: *Managing Food Price Risks and Instability in an Environment of Market Liberalization*, Washington D.C, 2005.

186. Myers R. J.: On the Costs of Food Price Fluctuations in Low-income Countries, *Food Policy*, 2006, 31 (4).

187. M. Demeke: *Stabilizing price incentives for staple grain producers in the context of broader agricultural policies*, ESA Working paper No. 12-05, 2012.

188. Timmer P.: Agriculture and economic development, *Handbook of*

Agricultural Economics，2002，2.

189. Caglayan M.，Filiztekin A.：Nonlinear impact of inflation on relative price variability，*Economics Letters*，2003，79（2）.

190. Marcus Marktanner，Luc P. Noiset：Food Price Crisis，Poverty，and Inequality，*The Developing Economies*，2013，51（3）.

191. 孙国锋：《国际粮食价格上涨诱因及其后果分析》，《财会研究》2008 年第 24 期。

192. 金三林：《国际粮食价格对我国 CPI 的影响及对策》，《经济研究参考》2010 年第 45 期。

193. Rodrick D.：Where did all the growth go？ External shocks. social conflict and growth collapse，*Journal of economic growth*，1999，4（4）.

194. Acemoglu D.，Johnson S.，Robinson J.A. and Thaicharoen Y.：Institutional causes，macroeconomic symptoms：volatility，crises and growth，*Journal of monetary economics*，2003，50（1）.

195. Sebastien Dessus，Santiago Herrera and Rafael De Hoyos：*The Impact of Food Inflation on Urban Poverty and Its Monetary Cost：Some Back-of-the-Envelope Calculations*，Policy Research Working Papers，2008.

196. Ivanic M. Martin：Implications of Domestic Price Insulation for Global Food Price Behavior，*Journal of International Money and Finance*，2014（4）.

197. Nicholas Minot.：Food price volatility in sub-Saharan Africa：Has it really increased？，*Food Policy*，2014，45.

198. Schneider，Mindi：*We Are Hungry*！，A Summary Report of Food Riots，Government Responses，and States of Democracy in 2008.

199. Ianchovichina E.，Loening J. and Wood C.：How Vulnerable Are Arab Countries to Global Food Price Shocks？，*Journal Of Development Studies*，2014（9）.

200. 李先德、王士海：《国际粮食市场波动对中国的影响及政策思考》，《农业经济问题》2009 年第 9 期。

201. 丁守海：《国际粮价波动对我国粮价的影响分析》，《经济科学》2009 年第 2 期。

202. 潘苏、熊启泉：《国际粮价对国内粮价传递效应研究——以大米、小麦和玉米为例》，《国际贸易问题》2011 年第 10 期。

203. 方晨靓、顾国达：《农产品价格波动国际传导机制研究非对称性视角的文献综述》，《华中农业大学学报》2012 年第 6 期。

204. 苏桔芳、王祥、陈昌楠：《中国粮食价格低频波动影响因素研究：基于面板 VAR 模型》，《农业技术经济》2012 年第 10 期。

205. Derek Byerleea, T.S. Jayneb, Robert J. Myersb: Managing food price risks and instability in a liberalizing market environment: Overview and policy options, *Food Policy*, 2006, 31 (4).

206. 尹靖华、顾国达：《国际粮价波动对粮食贸易政策的影响研究》，《国际经贸探索》2015 年第 2 期。

207. Kym Anderson, Maros Ivanic: Will Martin. *Food Price Spikes, Price Insulation and Poverty*, NBER Working Paper No. 19530, 2013.

208. Jones N.R.V., Conklin A.I., Suhrcke M. and Monsivais P.: The Growing Price Gap between More and Less Healthy Foods: Analysis of a Novel Longitudinal UK Dataset, *PLoS ONE*, 2014, 9 (10).

209. Bollerslev T.: Generalized Autoregressive Conditional Heteroscedasticity, *Journal of Econometrics*, 1986, 31 (3).

210. Engle R. F: Autoregressive Conditional Heteroscedasticity with Estimates of the Variance of United Kingdom Inflation, *Econometrica*, 1982, 50 (4).

211. Engle R.F., Lilien D. M. & Robins R. P: Estimating Time Varying Risk Premia in the Term Structure: The ARCH-M model, *Econometrica*, 1987, 55 (2).

212. Glosten L. R., Jagannathan R. & Runkle D.: On the Relation between the Expected Value and the Volatility of the Nominal Excess Return on Stocks, *Journal of Finance*, 1993, 48 (5).

213. Zakoian J.: Threshold Heteroskedastic Model, *Journal of Economic Dynamics and Control*, 1994, 18 (5).

214. Nelson D.：Conditional Heteroskedasticity in Asset Returns：A New Approach，*Econometrica*，1991，59（2）.

215. French K. R.，Schwert G. W. & Stambaugh R. E.：Expected Stock Returns and Volatility，*Journal of Financial Economics*，1987，19.

216. Campbell J. Y. & Hentschel L.：No News Is Good News An Asymmetric Model of Changing Volatility in Stock Returns，*Journal of Financial Economics*，1992，31.

217. 罗万纯、刘锐：《中国粮食价格波动分析：基于 ARCH 类模型》，《中国农村经济》2010 年第 4 期。

218. Sims C. A.：Macroeconomics and Reality，*Econometrica*，1980，48（1）.

219. Balcombe K.，Rapsomanikis G.：Bayesian estimation and selection of nonlinear vector error correction models：the case of the sugar-ethanol-oil nexus in Brazil，*American Journal of Agricultural Economics*，2008，90（3）.

220. Serra T.，Zilberman D.，Gil J. M. and B. K. Goodwin：*Nonlinearities in the US corn-ethanol-oil price system*，prepared for presentation at the American Agricultural Economics Association Annual Meeting，Orlando，Florida，2008.

221. Kanamura T.：*Monitoring the upsurge of biofuels in commodity futures markets*，Available at SSRN 1290006，2008.

222. Du X.，Yu C. L. and Hayes D. J.：Speculation and volatility spillover in the crude oil and agricultural commodity markets：A Bayesian analysis，*Energy Economics*，2011，33（3）.

223. Trujillo-Barrera A.，Mallory M. and Garcia P.：*Volatility spillovers in the US crude oil，corn，and ethanol markets*. Proceedings of the NCCC-134 Conference on Applied Commodity Price Analysis，Forecasting，and Market Risk Management. St. Louis，MO. 2011. http：//www.farmdoc.illinois.edu/nccc134.

224. Kristoufek L.，Janda K. and Zilberman D.：Correlations between biofuels and related commodities before and during the food crisis：A taxonomy perspective，*Energy Economics*，2012，34（5）.

225. Cabrera B. L., Schulz F.: *Volatility linkages between energy and agricultural commodity prices*, SFB 649 Discussion Paper, 2013.

226. Gilbert C. L.: The impact of exchange rates and developing country debt on commodity prices, *The Economic Journal*, 1989, 99 (397).

227. Baffes J.: Oil spills on other commodities, *Resources Policy*, 2007, 32 (3).

228. Ciaian P., Kancs A.: Interdependencies in the energy–bioenergy–food price systems: A cointegration analysis, *Resource and Energy Economics*, 2011, 33 (1).

229. Hassouneh I., Serra T., Goodwin B. K., et al.: Non-parametric and parametric modeling of biodiesel, sunflower oil, and crude oil price relationships, *Energy Economics*, 2012, 34 (4).

230. Meyers W. H., Meyer S.: *Causes and implications of the food price surge*. Prepared for the UN Department of Economic and Social Affairs, 2008.

231. Mitchell D.: *A note on rising food prices*, World Bank Policy Research Working Paper Series, Vol.4682, 2008.

232. Bekkerman A. & Pelletier D.: *Basis volatilities of maize and soybeans in spatially separated markets: The effect of ethanol demand*, prepared for presentation at the Agricultural and Applied Economics Association's 2009 AAEA & ACCI Joint Annual Meeting, Milwaukee, WI, 2009.

233. Tejeda H. A., Goodwin B. K.: *Price Volatility, Nonlinearity, and Asymmetric Adjustments in Corn, Soybean, and Cattle Markets: Implications of Ethanol-Driven (Market) Shocks*, NCCC-134 Conference on Applied Commodity Price Analysis, Forecasting, and Market Risk Management, St. Louis, Missouri, 2009.

234. Gilbert C. L.: How to understand high food prices, *Journal of Agricultural Economics*, 2010, 61 (2).

235. Rosegrant M. W.: *Biofuels and grain prices: impacts and policy responses*, Washington, DC: International Food Policy Research Institute, 2008.

236. Serra T., Zilberman D. and Gil J.: Price volatility in ethanol markets,

European Review of Agricultural Economics，2011，38（2）.

237. Bollerslev T.，Engle R. F. and Wooldridge J. M.：A capital asset pricing model with time varying covariances，*Journal of Political Economy*，1988，96（1）.

238. Engle R. F.，Kroner K. F.：Multivariate simultaneous generalized ARCH，*Econometric Theory*，1995，11（1）.

239. Bollerslev T.：Modeling the coherence in short-run nominal exchange rates a multivariate generalized ARCH model，*Review of Economics and Statistics*，1990，72（3）.

240. Engle R. F.：Dynamic conditional correlation a simple class of multivariate generalized autoregressive conditional heteroskedasticity models，*Journal of Business Economic Statistics*，2002，20（3）.

241. 王淑艳：《我国粮食价格波动因素分析与预测研究》，东北农业大学博士学位论文，2013 年。

242. Shenggen Fan，Xiaobo Zhang：Infrastructure and Regional Economic Development in Rural China，*China Economic Review*，2004，15（2）.

243. Shujie Yao，Zongyi Zhang，Lucia Hanmer：Growing Inequality and Poverty in China，*China Economic Review*，2004，15（2）.

244. 公茂刚、王学真、李彩月：《"三权分置"改革背景下我国农村土地流转现状及其影响因素研究》，《宁夏社会科学》2019 年第 1 期。

245. 彭超、潘苏文、段志煌：《美国农业补贴政策改革的趋势：2012 年美国农业法案动向、诱因及其影响》，《农业经济问题》2012 年第 11 期。

246. 孙鹤、施锡铨：《制度变迁与粮食生产的长波》，《中国农村观察》2000 年第 1 期。

247. 丁守海：《国际粮价波动对我国粮价的影响分析》，《经济科学》2009 年第 2 期。

248. S. S. Chen，K. W. Hsu：Reverse globalization：Does high oil price volatility discourage international trade，*Energy Economies*，2012，34。

249. CR Nelson，CR Plosser：Trends and random walks in macroeconmic time

series：some evidence and implications，*Journal of monetary economics*，1982，10（2）.

250. S. Beveridge，CR Nelson：A new approach to decomposition of economic time series into permanent and transitory components with particular attention to measurement of the "business cycle"，*Journal of Monetary economics*，1981，7（2）.

251. Robert J.，Hodrick and Edward C.：Prescott. Postwar US business cycles：an empirical investigation，*Journal of Money，credit，and Banking*，1997，29（1）.

252. Lele U. J：Market integration：a study of sorghum prices in Western India，*Journal of Farm Economics*，1967，49.

253. Thakur D. S：Foodgrain marketing efficiency：A case study of Gujurat，*Indian Journal of Agricultural Economics*，1974，29.

254. 高帆、龚芳：《国际粮食价格是如何影响中国粮食价格的》，《财贸经济》2012 年第 11 期。

255. Ravallion M.：Testing market integration，*American Journal of Agricultural Economics*，1986，68.

256. Alexander C.，Wyeth，J.：Cointegration and market integration：an application to the Indonesian rice market，*Journal of Development studies*，1994，30.

257. Dercon S.：On market integration and liberalisation：method and application to Ethiopia，*Journal of Development Studies*，1995，32.

258. G. Gonzalez-Rivera，S.M.：Helfand：The extent，pattern，and degree of market integration：A multivariate approach for the Brazilian rice market，*American J. of Agricultural Economics*，2001，83（3）.

259. 顾国达、尹靖华：《国际粮价波动对我国粮食缺口的影响》，《农业技术经济》2014 年第 12 期。

260. 肖小勇、李崇光、李剑：《国际粮食价格对中国粮食价格的溢出效应分析》，《中国农村经济》2014 年第 2 期。

261. Sims C. A：Macroeconomics and reality，*Econometrica*，1980，48（1）：1-48.

262. Shapiro, Matthew and Mark Watson.: Sources of Business Cycle Fluctuations, *NBER Macroeconomics Annual*, 1988.

263. Blanchard O. J., D. Quah.: The Dynamic Effects of Aggregate Demand and Supply Disturbances, *American Economic Review*, 1989, 83 (3).

264. Gali J.: How Well Does the IS-LM Model Fit Postwar U.S. Data, *The Quarterly Journal of economics*, 1992, 107 (2).

265. 唐华俊:《新形势下中国粮食自给战略》,《农业经济问题》2014 年第 2 期。

266. M.Hashem Pesaran, Ron Smithb: Estimating long-run relationships from dynamic heterogeneous panels, *Journal of Econometrics*, 1995, 68 (1).

267. M.H. Pesaran, Yongcheol Shin and R.J. Smith: Bounds testing approaches to the analysis of level relationships, *Journal of Applied Econometrics*, 2001, 16 (4).

268. 李哲敏:《近 50 年中国居民食物消费与营养发展的变化特点》,《资源科学》2007 年第 1 期。

269. L. Zhen et al: Arable land requirements based on food consumption patterns: Case study in rural Guyuan District, Western China, *Ecological Economics*, 2010, 69 (7).

270. 吴燕等:《北京市居民食物消耗生态足迹和水足迹》,《资源科学》2011 年第 6 期。

271. J. Liu, H.H.G. Savenije: Food consumption patterns and their effect on water requirement in China, *Hydrology and Earth System Sciences Discussions*, *Copernicus Publications*, 2008, 12 (3).

272. 袁野、胡聃:《基于投入产出方法的中国居民虚拟水消费研究》,《中国人口·资源与环境》2011 年第 S1 期。

273. Steinhart J.S., Steinhart C.E: Energy use in the U.S. food system, *Science*, 1974, 184 (4134).

274. E. Stehfest et al: Climate benefits of changing diet, *Climatic Change*, 2009, 95.

275. Yan L., E.L. Spitznagel and M.C. Bosland: Soy consumption and colorectal

cancer risk in humans：a meta-analysis，*Cancer Epidemiol Biomarkers Prevention*，2010，19（1）．

276. 赵宝晨：《对文化产业的哲学思考》，《理论学刊》2006 年第 5 期。